富媒体 智能化

高等教育财经类核心课程系列教材

高等院校应用技能型精品规划教材

证券投资学

Securities Investment

应用·技能·案例·实训

李　贺 ◎ 主　编

李婷婷　董婉莹　姜云宏 ◎ 副主编

上海财经大学出版社

图书在版编目(CIP)数据

证券投资学:应用·技能·案例·实训/李贺主编．—上海:上海财经大学出版社,2020.2

高等教育财经类核心课程系列教材

高等院校应用技能型精品规划教材

ISBN 978-7-5642-2853-8/F·2853

Ⅰ.①证… Ⅱ.①李… Ⅲ.①证券投资-高等学校-教材 Ⅳ.①F830.91

中国版本图书馆 CIP 数据核字(2019)第 109286 号

□ 责任编辑　台啸天
□ 书籍设计　贺加贝

证券投资学
——应用·技能·案例·实训

李　贺　◎主编

上海财经大学出版社出版发行
(上海市中山北一路 369 号　邮编 200083)
网　　址:http://www.sufep.com
电子邮箱:webmaster @ sufep.com
全国新华书店经销
江苏句容市排印厂印刷装订
2020 年 2 月第 1 版　2020 年 2 月第 1 次印刷

787mm×1092mm　1/16　16 印张　399 千字
印数:0 001—3 000　　定价:45.00 元

前　言

证券投资学是我国高等院校财经类专业的必修课程，本书根据高等院校应用技能型人才培养的特点和岗位需求编写，在编写过程中围绕着我国金融的最新发展，把握金融实践中的最新动态，使全书知识宽泛、理论适中、贴近实际、操作性强，力求课堂教学与实际应用紧密结合。本书以能力为本位，以就业为导向"，把"求新、务实"作为宗旨，求新做到内容要新，讲解最新的证券投资业务，采纳学术领域最新的研究成果，跟上时代的步伐；务实做到内容实用，阐明国家金融发展领域中最迫切需要的金融知识，传授解决实践中诸多纠纷问题的经验和做法，使本书成为破难解惑的工具。

本书遵循"以应用为目的，以够用为原则"，系统地介绍了证券投资学的基本原理、基本技能及基本方法，以最新的知识内容体现知识点的具体应用，兼顾"就业导向"和"生涯导向"，紧紧围绕中国"经济发展新常态"下高等教育和应用技能型人才培养的目标，原理先行、实务跟进、案例同步、实践到位，全面展开金融企业会计的内涵，坚持创新创业和改革的精神，体现新的课程体系、新的教学内容和教学方法，以提高学生整体素质为基础，以能力为本位，兼顾知识教育、技能教育和能力教育，力求做到：从项目引导出发，提出问题，引入概念，设计情境，详尽解读。全书共涵盖 8 个项目，29 个任务，2 个实验项目 6 个情境；在结构安排上，采用"项目引领、任务驱动、实操技能"的编写方式，力求结构严谨、层次分明；在表述上，力求语言平实、通俗易懂；在内容安排上，尽可能考虑到财经类专业不同层次的需求，课后的应知应会结合每个项目的内容技能要求而编写，以使读者在学习每一项目内容时做到有的放矢，增强学习效果。

根据培养高等院校应用技能型人才的需要，本书力求体现如下特色：

1. 结构合理，体系规范。作为教科书，本书在内容上特别注意吸收最新的证券投资学改革与实践，按理论与实务兼顾的原则设置教学内容。本书针对高等教育和应用技能型院校教学课程的特点，将内容庞杂的基础知识系统性的呈现出来，力求做到"必需、够用"原则，体系科学规范，内容简明实用。

2. 与时俱进，紧跟动态。根据证券投资学课程体系和思路，立足于我国金融界改革的现实基础，本着理论联系实际的原则，系统全面地阐述了最新证券投资学的基本内容，根据新修订的相关法律法规对本书进行了精编，最新政策截止出版前半个月。

3. 突出应用，实操技能。本书从高等教育和应用技能型院校的教学规律出发，与实际接轨，介绍了最新的证券投资的发展和改革动态、理论知识和教学案例，在注重必要理论的同时，强调实际的应用；主要引导学生"学中做"和"做中学"，一边学理论，一边将理论知识加以应用，实现理论和实际应用一体化。

4. 栏目丰富，形式生动。本书栏目形式丰富多样，每个项目设有【知识目标】【技能目标】【素质目标】【项目引例】【做中学】【应知考核】【应会考核】【项目实训】等栏目，并添加了二维码和问题解析等，充分体现互联网＋富媒体特色。应知应会考核和项目实训，使学生对所学的内容达到学以致用，丰富了教材内容与知识体系，也为教师教学和学生更好地掌握知识内容提供了首尾呼应、层层递进的可操作性教学方法。

5. 课证融合，双证融通。本书能满足读者对证券投资知识学习的基本需要，符合国务院人力资源社会保障行政部门组织制定的职业标准：实行 1＋X 证书制度，夯实学生可持续发展基础，鼓励院校学生在获得学历证书的同时，积极取得多类职业技能等级证书，拓展就业创业本领，缓解结构性就业矛盾。本书与经济师考试相衔接，做到考证对接，课证融合。

6. 职业素养，素质教育。为体现高等教育和应用技能型教育的特色，我们力求在内容上有所突破，激发学生的学习兴趣和学习热情，设计适合学生掌握的考核要点，以培养和提高学生在特定业务情境中分析问题、解决问题的能力，从而强化学生的职业道德素质。

7. 课程资源，配套上网。为了配合课堂教学，编著者精心设计和制作了教师课件 PPT、习题参考答案、课程教学大纲、配套实验课程大纲、配套习题、模拟试卷等，并实现网上运行。鉴于经济法课程的理论与实践性较强及教材篇幅的限制，我们在教材中利用二维码的形式添加了法律法规，充分发挥网络课程资源的作用，探索课堂教学和网络教育有机结合的新途径，任课教师可登陆上海财经大学出版社网 http://www.sufep.com/，经注册后自行下载或发送邮箱 jxzy666888@126.com，我们将尽快回复读者的信息，并向您发送您需要的教学资源。

本书由李贺担任主编，李婷婷、董婉莹、姜云宏担任副主编，其中李贺撰写项目一、项目二、项目八、实验一和实验二，李婷婷撰写项目五、项目六和项目七，董婉莹撰写项目四，姜云宏撰写项目三。本书由李贺总撰并定稿。李明明、赵昂、李虹、美荣、李林海、王玉春、李洪福 7 人负责全书教学资源包的制作以及写作过程中的资料收集整理。本书适用于高等院校应用型教育层次的工商管理、财务管理、会计学、金融学等财经类专业学生使用，也可作为自学考试和社会从业人员的业务学习辅助教材。

本书得到了校企合作单位秦基伟先生和出版单位的大力支持，以及参考文献中的作者的贡献，谨此一并表示衷心的感谢！本书在编写过程中参阅了参考文献中的教材、著作、法律、法规、网站。由于编写时间仓促，加之编者水平有限，本书难免存在一些不足之处，恳请专家、学者批评指正，以便我们不断地更新、改进与完善。为了做到与时俱进，本书将不断地更新最新的政策调整，并进行改版。

内容更新与修订　　证券从业人员资格考试

编者

2019 年 11 月

目 录

项目一

证券投资概述

○ 知识目标

项目一课件

理解：证券、有价证券和证券市场的概念、特征；证券市场的产生与发展。

熟知：证券、有价证券和证券市场的分类；证券市场的基本功能、法律体系和监管内容。

掌握：证券市场参与者；证券投资及投资过程。

○ 技能目标

能够正确认知证券投资在现代经济中的未来发展趋势，提高专业知识的应用能力、职业判断能力和相关知识的更新能力。

○ 素质目标

能够运用证券市场的基本知识分析证券投资中遇到的问题；能结合社会经济实际提高分析和总结问题的能力、语言表达能力和与人合作的能力。

○ 项目引例

如何在当下股市中获利

一、要学会找到根源

中国的A股分为两种，一种叫资金市，一种叫政策市。国家出什么政策，对应的板块和概念就会随之大涨，这叫“政策市”；市场主力资金运作哪个板块，哪个板块大涨，这就是“资金市”。只要懂得跟随这两个原则，炒股就能赚到钱。在这个信息时代，只要随便翻一翻市场评论，当前政策扶持什么板块、市场热点是哪些题材、正在热炒的是哪些概念，就能一目了然。没有无缘无故的涨，也没有无缘无故的跌，很多朋友买股票都是看这个股的走势如何，但是走势仅仅是一种外在的体现，我们需要知道的是它为什么涨，为什么跌。

二、要学会长远分析

所谓长远分析，其实就是了解国家政策的发展方向，例如去年的雄安板块，例如题材独角兽、5G、中国芯、人工智能等科技股题材遍地开花。可能这样说你们很难理解，举几个例子：当霞客环保涨停板，立即就想到是国家治理雾霾的消息刺激，看见招商证券涨停板，马上明白是暂停IPO带来的利好，后来国家设立“上海自贸区”马上知道这是国家战略，行情力度绝对可以期待，上海物贸、浦东金桥，都收获满满的涨停板，当国家设立“东海识别 区”的时候，密切关注航天长峰，中国卫星等几只军工股票，后来都涨停了。看到这里大家应该明白，能赚钱，是因为能及时分析新闻，并且保持较高的敏感度，及时了解和研究国家政策对股市的影响。但是也有朋友问，怎么可能准确率这么高呢？这很大原因是技术上精通短线和波段操作，擅长量化和程序化交易，并自创多种涨停板战法。有人曾运用涨停板战法抓到中国中车、中科信息、贵州燃气等多只短线翻倍牛股，2018 年 10 月在弱市情况下，更是抓住了绿庭科技、群兴玩具等大牛股。

思考与讨论：

证券投资的过程是怎样的？证券市场有哪些参与者？

○ **知识精讲**

任务一　证券与有价证券

一、证券的概念、特征和分类

(一)证券的概念

证券是指各类记载并代表一定权利的法律凭证，它用以证明持有人有权依其所持凭证记载的内容而取得相应的权益。

①从一般意义上来说，证券是指用以证明或设定权利所生成的书面凭证，它表明证券持有人或第三者有权取得该证券拥有的特定权益，或证明其曾经发生过的行为。

②从法律意义上来说，证券是各类记载并代表一定权利的法律凭证的统称，用以证明持有者有权凭借其所持证券记载的内容而取得相应的权益。

因此，证券本身具有合法性，其所包含的特定内容也具有法律效力。如股票、债券、本票、汇票、支票、保险单、存款单、借据、提货单等各种票证单据都是证券。

(二)证券的特征

1. 法律凭证

证券所反映的是某种法律行为的结果，其发行、持有、使用以及所包含的全部内容都必须符合相关的法律规定，其代表的权利依法受到相应的保障。

2. 书面凭证

证券一般采用书面的形式或者与书面形式具有相同法律效力的形式，并且具有一定的格式，必须按照特定的格式进行书写或制作，券面上载明有关法律法规所规定的全部必要事项。

(三)证券的分类

1. 根据证券性质的不同，可以分为无价证券和有价证券

(1)无价证券可以分为证据证券和凭证证券。①证据证券是指单纯地证实事实的文件，主要有信用证、证据(书面证实)等。在证据证券中，有一种具有非凡效力的证券，被称为“免责证券”，如提单等即属此类。②凭证证券是指认定持证人是某种私权的合法权利者，证明持证人所履行义务的有效的文件，如存款单、借据、收据及定期存款存折等就属于这一类。凭证证券实际上是无价证券，其特点是，虽然代表所有权的凭证，但不能让渡，不能真正独立地作为所有权证书来行使权利。凭证证券不能使第三者取得一定收入，也不能使持有人取得相应收入。

(2)有价证券是指证明持有人有权按期取得一定收入并可自由转让和买卖的所有权或债权凭证。有价证券有广义和狭义之分。

广义的有价证券可分为商品证券、货币证券及资本证券。①商品证券是证明持有人有商品所有权或使用权的凭证,取得这种证券就等于取得这种商品的所有权,持有人对这种证券所代表的商品所有权受法律保护,如提货单、运货单、仓库栈单等。②货币证券是指本身能使持有人或第三者取得货币索取权的有价证券。货币证券主要包括两大类:一类是商业证券,主要是商业汇票和商业本票;另一类是银行证券,主要是银行汇票、银行本票和支票。③资本证券是指由金融投资或与金融投资有直接联系的活动而产生的证券。持有人有一定的收入请求权,如股票、债券、基金、可转换证券等。资本证券是有价证券的主要形式,狭义的有价证券就是指资本证券。

无价证券和有价证券的最大区别是流通性。无价证券是法律和政府规定的不能通过流通来增值的,在经济上缺乏实际的投资价值。而有价证券不仅可以流通,还可以在流通中实现收益的增减,如股票、债券等。

2. 根据证券作用的不同,可以分为设权证券和证权证券

(1)设权证券是指证券所代表的权利本来不存在,而是随着证券的制作而产生,即权利的发生是以证券的制作和存在为条件的,如汇票、本票和支票等。票据签发前,当事人之间虽可有债权债务,但是,出票人签发票据,为持票人设定了一个请求票据上载明的债务人"无条件支付一定金额"的权利,此种权利,与签发票据前的债权债务彻底独立,是"新生之权"。也就是说,票据是为持票人创设了一个新的金钱债权,而不是证明原有债权。

(2)证权证券是指证券是权利的一种物化的外在形式,它是作为权利的载体,权利是已经存在的,如股票、提单等。股票代表的是股东权利,它的发行是以股份的存在为条件的,把已存在的股东权利表现为证券的形式,它的作用不是创造股东的权利,而是证明股东的权利。股东权利不会因股票的损毁、遗失而消失,股东可以依照法定程序要求公司补发新的股票。提单可以证明由运输合同所发生的物品返还请求权。

二、有价证券的概念、特征和分类

(一)有价证券的概念

有价证券是指标有票面金额,用于证明持有人或该证券指定的特定主体对特定财产拥有所有权或债权的凭证。这类证券本身没有价值,但由于它代表着一定量的财产权利,持有人可凭该证券直接取得一定量的商品、货币,或是取得利息、股息等收入,因而可以在证券市场上买卖和流通,客观上具有了交易价格。

有价证券是虚拟资本的一种形式。所谓虚拟资本,是指以有价证券形式存在,并能给持有者带来一定收益的资本。虚拟资本是相对独立于实际资本的一种资本存在形式。通常,虚拟资本的价格总额并不等于所代表的真实资本的账面价格,甚至与真实资本的重置价格也不一定相等,其变化并不完全反映实际资本额的变化。

(二)有价证券的特征

1. 收益性。证券的收益性是指持有证券本身可以获得一定数额的收益,这是投资者转让资本所有权或使用权的回报。证券代表的是对一定数额的某种特定资产的所有权或债权,投资者持有证券也就同时拥有取得这部分资产增值收益的权利,因而证券本身具有收益性。

2. 流动性。证券的流动性是指证券变现的难易程度。证券具有极高的流动性必须满足三个条件:①很容易变现;②变现的交易成本极小;③本金保持相对稳定。证券的流动性可通过到期兑付、承兑、贴现、转让等方式实现。不同证券的流动性是不同的。

3. 风险性。证券的风险性是指实际收益与预期收益的背离,或者说是证券收益的不确定性。从整体上说,证券的风险与其收益成正比。通常情况下,风险越大的证券,投资者要求的预期收益越高;风险越小的证券,预期收益越低。

4. 期限性。债券一般有明确的还本付息期限,以满足不同筹资者和投资者对融资期限以及与此相关的收益率需求。债券的期限具有法律约束力,是对融资双方权益的保护。股票没有期限,可以视为无期证券。

(三)有价证券的分类

按照不同的分类标准,可以将有价证券划分为不同的类型。

1. 根据发行主体的不同,可分为政府证券、政府机构证券和公司证券

①政府证券通常是指由中央政府或地方政府发行的债券。中央政府债券也称国债,通常由一国财政部发行。地方政府债券由地方政府发行,以地方税或其他收入偿还,我国目前尚不允许除特别行政区以外的各级地方政府发行债券。

②政府机构证券是由经批准的政府机构发行的证券,我国目前也不允许政府机构发行债券。

③公司证券是公司为筹措资金而发行的有价证券,公司证券包括的范围比较广泛,有股票、公司债券及商业票据等。此外,在公司证券中,通常将银行及非银行金融机构发行的证券称为金融证券,其中最常见的是金融债券。

2. 根据募集方式的不同,可分为公募证券和私募证券

①公募证券是指发行人通过中介机构向不特定的社会公众投资者公开发行的证券,审核较严格并采取公示制度。

②私募证券是指向少数特定的投资者发行的证券,其审查条件相对宽松,投资者也较少,不采取公示制度。目前,我国信托投资公司发行的信托计划以及商业银行和证券公司发行的理财计划均属私募证券,上市公司采取定向增发方式发行的有价证券也属私募证券。

3. 根据是否在证券交易所挂牌交易,可分为上市证券与非上市证券

①上市证券是指经证券主管机关核准发行,并经证券交易所依法审核同意,允许在证券交易所内公开买卖的证券。如记账式国债、上市公司发行的股票、封闭式基金份额等均属于上市证券。

②非上市证券是指未申请上市或不符合证券交易所挂牌交易条件的证券。非上市证券不允许在证券交易所内交易,但可以在其他证券交易市场发行和交易。如凭证式国债、电子式储蓄国债、普通开放式基金份额和非上市公众公司的股票等均属于非上市证券。

4. 根据证券的性质,可分为基础证券和金融衍生证券

①股票、债券和证券投资基金等属于基础证券,它们是最活跃的投资工具,是证券市场的主要交易对象,也是证券理论和实务研究的重点。

②金融衍生证券是指由基础证券派生出来的证券交易品种,主要有金融期货与期权、可转换证券、存托凭证、认股权证等。

5. 根据收益是否固定,可分为固定收益证券和变动收益证券

①固定收益证券是指持券人可以在特定的时间内取得固定的收益并预先知道取得收益的数量和时间，如固定利率债券、优先股股票等。

②变动收益证券是指因客观条件的变化其收益也随之变化的证券。如普通股，其股利收益事先不确定，而是由公司税后利润的多少决定，又如浮动利率债券也属此类证券。一般来说，变动收益证券比固定收益证券的收益高、风险大，但是在通货膨胀条件下，固定收益证券的风险要比变动收益证券大得多。

6. 根据发行的地域不同，可分为国内证券和国际证券

①国内证券是一国国内的金融机构、公司等经济组织或该国政府在国内资本市场上以本国货币为面值所发行的证券。

②国际证券则是由一国政府、金融机构、公司或国际经济机构在国际证券市场上以其他国家的货币为面值而发行的证券，包括国际债券和国际股票两大类。

任务二　证券市场概述

一、证券市场的产生

（一）证券市场的形成得益于社会化大生产和商品经济的发展

在自给自足的小生产社会中，受生产力水平的制约，生产所需的资本极其有限，单个生产者的积累就能满足再生产的需要，不需要也不可能存在证券和证券市场。从自然经济向商品经济发展的初期，由于社会分工不发达，生产力水平低下，社会生产所需要的资本，除了自身积累外，可以通过借贷资本来筹集，但当时的信用制度仍是简单落后的，证券市场无法形成。随着生产力的进一步发展，社会分工的日益复杂，商品经济日益社会化，社会化大生产产生了对巨额资金的需求，依靠单个生产者自身的积累难以满足需求，即使依靠银行借贷资本也不能解决企业自有资本扩张的需要。因此，客观上需要有一种新的筹集资金的机制以适应社会经济进一步发展的要求。在这种情况下，证券与证券市场就应运而生了。

（二）证券市场的形成得益于股份制的发展

随着商品经济的发展，生产规模日渐扩大，传统的独资经营方式和家族型企业已经不能胜任对巨额资本的需求，于是产生了合伙经营的组织。随后，又由单纯的合伙组织逐步演变成股份公司。股份公司通过发行股票、债券向社会公众募集资金，实现资本的集中，用于扩大生产。股份公司的建立、公司股票和债券的发行，为证券市场的产生提供了现实的基础和客观的要求。

（三）证券市场的形成得益于信用制度的发展

只有当货币资本与产业资本相分离，货币资本本身取得了一种社会性质时，公司股票和债券等信用工具才会被充分运用。随着信用制度的发展，商业信用、国家信用、银行信用等融资方式不断出现，越来越多的信用工具随之涌现。信用工具一般都有流通变现的要求，而证券市场为有价证券的流通、转让创造了条件。因此，随着信用制度的发展，证券市场的产生成为必然。

二、证券市场的概念和特征

(一)证券市场的概念

证券市场是股票、债券、证券投资基金、金融衍生工具等各种有价证券发行和买卖的场所。证券市场通过证券信用的方式融通资金,通过证券的买卖活动引导资金的流动,有效、合理地配置社会资源,支持和推动经济发展,因而是金融市场中最重要的组成部分。

(二)证券市场的特征

1. 证券市场是价值直接交换的场所。有价证券都是价值的直接代表,它们本质上是价值的一种直接表现形式。虽然证券交易的对象是各种各样的有价证券,但由于它们是价值的直接表现形式,所以,证券市场本质上是价值的直接交换场所。

2. 证券市场是财产权利直接交换的场所。证券市场上的交易对象是作为经济权益凭证的股票、债券、投资基金等有价证券,它们本身是一定量财产权利的代表,所以,代表着对一定数额财产的所有权或债权以及相关的收益权。证券市场实际上是财产权利的直接交换场所。

3. 证券市场是风险直接交换的场所。有价证券既是一定收益权利的代表,同时也是一定风险的代表。有价证券的交换在转让出一定收益权的同时,也把该有价证券所特有的风险转让出去。所以,从风险的角度分析,证券市场也是风险直接交换的场所。

三、证券市场的分类

1. 按照证券进入市场的顺序不同,可分为一级市场和二级市场

证券发行市场又称一级市场或初级市场。证券交易市场又称二级市场、流通市场或次级市场。

①一级市场(发行市场)。一级市场是通过发行股票进行筹资活动的市场,一方面为资本的需求者提供筹集资金的渠道,另一方面为资本的供应者提供投资场所。发行市场是资本职能转化的场所,通过发行股票,把社会闲散的资金转化为生产资本。

②二级市场(交易市场)。二级市场是有价证券的交易场所。它是有价证券的流通市场,是已发行的有价证券进行买卖交易的场所。二级市场为有价证券提供流动性,使证券持有者可以随时卖掉手中的有价证券,用以变现。

提示:二级市场与一级市场的联系。它们关系密切,两者既相互依存,又相互制约。一级市场是二级市场的前提和基础,一级市场提供的证券及其发行的种类、数量与方式决定着二级市场上流通证券的规模、结构与速度,而二级市场作为证券买卖的场所,对一级市场起着积极的推动作用。

2. 按上市条件的不同,可分为主板市场和二板市场

①主板市场。主板市场也称为一板市场,是指传统意义上的证券市场(通常是指股票市场),是一个国家或地区证券发行、上市及交易的主要场所。主板市场对发行人的营业期限、股本大小、盈利水平、最低市值等方面的要求标准较高,上市企业多为大型成熟企业,具有较大的资本规模以及稳定的盈利能力。

②二板市场。二板市场又称创业板市场,是指专门协助高成长的新兴创新公司特别是高科技公司筹资并进行资本运作的市场,是一条中小企业的直接融资渠道,是针对中小企业的资本市场。

3. 按照品种的不同，可分为股票市场、债券市场、基金市场和衍生产品市场

①股票市场。股票市场是股票发行和买卖交易的场所。股票市场的发行人为股份有限公司。股份有限公司通过发行股票募集公司的股本，或是在公司营运过程中通过发行股票扩大公司的股本。股票市场的对象是股票，股票的市场价格除了与股份公司的经营状况和盈利水平有关外，还受到政治、社会、经济等其他多方面因素的综合影响，因此，股票价格经常处于波动之中。

②债券市场。债券市场是债券发行和买卖交易的场所。债券的发行人有中央政府、地方政府、中央政府机构、金融机构、公司和企业。债券发行人通过发行债券筹集的资金一般都有期限，债券到期时，债务人必须按时归还本金并支付约定的利息。债券是债权的凭证，债券持有者与债券发行人之间是债权债务关系。债券市场交易的对象是债券。债券因有固定的票面利率和期限，相对于股票价格而言，其市场价格比较稳定。当然，债券存续期变化、市场利率变动、发行人信用状况变化以及其他影响债券供求关系的因素仍然会引起债券价格变动。

③基金市场。基金市场是基金份额发行和流通的市场。封闭式基金在证券交易所挂牌交易，开放式基金则通过投资者向基金管理公司申购和赎回实现流通转让。此外，近年来，全球各主要市场均开设了交易所交易基金（简称 ETF）或上市开放式基金（简称 LOF）交易，使开放式基金也可以在交易所挂牌交易。

④衍生产品市场。衍生产品市场是各类衍生产品发行和交易的市场，随着金融创新在全球范围内的不断变化，衍生产品市场已经成为金融市场不可或缺的重要组成部分。

4. 按组织形式不同，分为场内市场和场外市场

①场内市场。场内市场又称有形市场，是指有固定交易场所的证券交易市场。该市场是有组织、制度化的市场。有形市场的诞生是证券市场走向集中化的重要标志之一。一般而言，证券必须达到证券交易所规定的上市标志才能够在场内交易。

②场外市场。场外市场又称无形市场或柜台市场（简称 OTC 市场），是指没有固定交易场所的市场。随着现代通信技术的发展和电子计算机网络的广泛应用、交易技术和交易组织形式的演进，越来越多的证券交易不在有形的场内市场进行，而是通过经纪人或交易商的电传、电报、电话、网络等洽谈成交。目前，场内市场与场外市场之间的明确界限已经不复存在，出现了多层次的证券市场结构。很多传统意义上的场外市场由于报价商和电子撮合系统的出现而具有了集中交易特征，而证券交易所市场也开始逐步推出兼容场外交易的交易组织形式。

四、证券市场的基本功能

证券市场综合反映国民经济运行的各个维度，被称为国民经济的“晴雨表”，客观上为观察和监控经济运行提供了直观的指标。它的基本功能包括以下几个方面。

（一）筹资—投资功能

证券市场的筹资—投资功能是指证券市场一方面为资金需求者提供了通过发行证券筹集资金的机会，另一方面为资金供给者提供了投资对象。在证券市场上交易的任何证券既是筹资的工具，也是投资的工具；在经济运行过程中，既有资金盈余者，又有资金短缺者。资金盈余者为使自己的资金增值，必须寻找投资对象；而资金短缺者为了发展自己的业务，就要向社会寻找资金。为了筹集资金，资金短缺者可以通过发行各种证券来达到筹资的目的，资金

盈余者则可以通过买入证券而实现投资的目的。筹资和投资是证券市场基本功能不可分割的两个方面，忽视其中任何一个方面都会导致市场的严重缺陷。

（二）资本定价功能

证券市场的第二个基本功能是为资本制定价格。证券是资本的表现形式，所以证券的价格实际上是证券所代表的资本的价格。证券的价格是证券市场上证券供求双方共同作用的结果。证券市场的运行形成了证券需求者和证券供给者的竞争关系，这种竞争的结果是：能产生高投资回报的资本，市场的需求大，相应的证券价格就高；反之，证券的价格就低。因此，证券市场提供了资本的合理定价机制。

（三）资本配置功能

证券市场的资本配置功能是指通过证券价格引导资本的流动从而实现资本合理配置的功能。在证券市场上，证券价格的高低是由该证券所能提供的预期报酬率的高低来决定的。证券价格的高低实际上是该证券筹资能力的反映。能提供高报酬率的证券一般来自经营好、发展潜力巨大的企业，或者是来自新兴行业的企业。由于这些证券的预期报酬率高，其市场价格相应也高，从而筹资能力就强。这样，证券市场就引导资本流向能产生高报酬的企业或行业，使资本产生尽可能高的效率，进而实现资本的合理配置。

五、证券市场的法律体系

为了使证券市场健康发展，必须防止证券市场上隐藏的欺诈、人为操纵市场、内幕交易、不良投机等缺陷，使证券市场发挥最大效能，从而培养投资者的信心，促进资本市场良性发展，为此，世界各国都先后颁布了相关的证券管理法律。根据西方国家证券法规的特点，可将各国证券管理的法律大体分为三个体系——美国体系、英国体系、欧洲大陆体系。

（一）美国体系

美国证券市场的法制建设是从 1929 年股灾之后开始的。1932 年罗斯福总统当政之后，接受了凯恩斯主义的经济学理论，强调政府对宏观经济的调控作用，开创了美国经济历史上的一个全新时代，一系列完整的有关证券市场的法律，在他推行新政的过程中问世了：1933 年《证券法》、1934 年《证券交易法》、1935 年《公共事业控股公司法》。之后，美国还推出了 1939 年《信托契约法》、1940 年《投资公司法》，以及 1970 年《证券投资者保护法》。这些法律由联邦证券交易委员会负责统一执行。此外，各州都制定了本州的证券法，即《蓝天法》。在政府的监督下，证券商自律性组织保留相当的自律权力，可以制定证券交易规则，从而形成了联邦立法、州立法和自律组织规则这样一个完整的证券法律体系，并注重公开原则，通过强制性的手段去保护投资者的知情权。美国证券法律体系在世界上最具代表性。基本上属于该体系的国家有日本、加拿大、菲律宾等。

（二）英国体系

英国法律制度源于普通法，它体现在证券立法中最主要的特点是没有专门的证券法规，而是由公司法中有关公开说明书的规定、有关证券商的登记、防止欺诈条例和有关资本发行的管理等法规组成，对证券交易所及其会员则采取本身自律为主的态度。英国证券市场的自律管理体系是以下列三个机构为基础确立起来的：一是英国证券交易所协会；二是收购和兼并问题专门小组；三是证券业理事会。这些机构负责制定并实施有关证券发行、证券交易等活动的规则，大家定规矩，大家来遵守，这就是自律的基本模式。传统上，伦敦证券交易所是完全自律的，不受政府的干预。

英国的证券市场是世界上最为古老的证券市场，伦敦证券交易所对本所的业务规定有严格的交易规则，并且拥有较高水准的专业性证券商和采取严格的注册制度与公开说明书制度，且这一套完善的自律监管体系经历了数百年的市场磨合与考验。因此，英国基本上可以依靠自律性组织去完成市场的监管任务。许多英联邦的成员国都属于这一法律体系。

但近几年，许多英联邦国家或地区在公开原则与证券商的监管方面也采用了美国的一些做法。例如，1967 年英国新的《公司法》和 1986 年《金融服务法》中有关证券方面的条例，就在某些方面效仿美国证券法中的类似规定；另外，1997 年，英国金融监管局宣告成立，它不仅监管着英国的货币市场和银行体系，同时也担负着证券市场的监管义务。

（三）欧洲大陆体系

欧洲各国对证券市场采用严格的实质性管理，并在公司法里规定有关新公司成立与证券交易等方面的规章。欧陆体系对证券发行人的特殊利益有所限制，它要求公司股东的实际出资一律公平，这一点比美、英体系要严格。但在公开原则的实行方面，欧陆体系做得不够。比如证券的发行人通常只在招股说明书中对公司章程与证券的内容稍作披露，缺少充分的公开。此外，该体系的部分国家还缺少对证券进行全面性管理的专门机构。属于该体系的国家除欧洲大陆的西方国家外，还有拉丁美洲和亚洲的一些国家。

六、证券市场的发展

综观证券市场的发展历史，其进程大致可分为五个阶段。

（一）萌芽阶段

在资本主义发展初期的原始积累阶段，西欧就已经有了证券的发行与交易。15 世纪的意大利商业城市中的证券交易主要是商业票据的买卖。16 世纪，里昂、安特卫普已经有了证券交易所，当时主要交易的是国家债券。1602 年，在荷兰阿姆斯特丹成立了世界上第一家股票交易所。1773 年，英国的第一家证券交易所在“乔纳森咖啡馆”成立，1802 年获得英国政府的正式批准，这家证券交易所就是世界知名的伦敦证券交易所的前身。1790 年，美国国内成立了第一家证券交易所——费城证券交易所。1792 年 5 月 17 日，24 名经纪人在华尔街的一棵梧桐树下聚会，商定了一项名为“梧桐树协定”的协议，约定每日在梧桐树下聚会，从事证券交易，并定出了交易佣金的最低标准及其他交易条款。1793 年，一家名叫“汤迪”的咖啡馆在华尔街落成，于是露天的证券市场就移进咖啡馆经营。1817 年，参与华尔街汤迪咖啡馆证券交易的经纪人通过了一项正式章程，并成立了组织，起名为“纽约证券交易会”，1863 年改名为“纽约证券交易所”。

（二）初步发展阶段

20 世纪初，资本主义从自由竞争阶段过渡到垄断阶段。正是在这一过渡中，为适应资本主义经济发展的需要，证券市场以其独特的形式有效地促进了资本的积累和集中，同时，其自身也获得了高速的发展。股份制公司数量剧增，大量的资本都处于股份公司的控制之下，与此同时，持股公司形成并获得了发展，金融公司、投资银行、信托投资公司、证券公司也形成并获得了发展。在这一时期，有价证券发行总量剧增，有价证券的结构也发生了变化，从政府债券占主要地位到公司股票和债券占主导地位。

（三）停滞阶段

1929～1933 年，资本主义国家爆发了严重的经济危机，导致各国证券市场的动荡，不仅证券市场的价格波动剧烈,而且证券经营机构的数量和业务大减。危机的先兆就是股市的暴跌,而随之而来的经济大萧条更使证券市场遭受严重的打击。危机过后,证券市场仍一蹶不振。

(四)恢复阶段

20 世纪 60 年代,欧美与日本经济的恢复和发展以及各国的经济增长大大促进了证券市场的恢复和发展,公司证券发行量增加,证券交易所开始复苏,证券市场规模不断扩大,买卖越来越活跃。这一时期,世界贸易和国际资本流动得到了一定程度的恢复和发展,因而证券市场国际化的进程也逐渐有所加快。

(五)加速发展阶段

从 20 世纪 70 年代开始,证券市场出现了高度繁荣的局面,不仅证券市场的规模不断扩大,而且证券交易日趋活跃。其重要标志是反映证券市场容量的重要指标——证券化率的提高。根据深圳证券交易所的一项研究,1995 年末发达国家的平均证券化率①(证券市值/GDP)为 70.44%,其中,美国为 96.59%,英国为 128.59%,日本为 73.88%。而到了 2003 年,美国、英国、日本三国证券化率分别提高至 298.66%、296.54%和 209.76%。韩国、泰国、马来西亚等新兴市场经济国家的该项比率也分别达到了 112.4%、119.83%和 240.82%。各种迹象表明,无论从占各类投资方式的比重看,还是从占金融资产的比重看,整个金融部门已经出现了证券化率趋势。

七、我国证券市场的发展历程

(一)1949 年之前的证券市场

证券在我国属于"舶来品",最早出现的股票是外商股票,最早出现的证券交易机构也是由外商开办的"上海股份公所"和"上海众业公所"。上市证券主要是外国公司股票和债券。从 19 世纪 70 年代开始,清政府洋务派在我国兴办工业,随着这些股份制企业的兴起,中国自己的股票、公司债券和证券市场便应运而生。1872 年设立的轮船招商局是我国第一家股份制企业。1914 年北洋政府颁布的《证券交易所法》推动了证券交易所的建立。1917 年,北洋政府批准上海证券交易所开设证券经营业务。1918 年夏天成立的北平证券交易所是中国人自己创办的第一家证券交易所。1920 年 7 月,上海证券物品交易所得到批准成立,是当时规模最大的证券交易所。此后,在全国各地,相继出现了上海华商证券交易所、青岛市物品证券交易所、天津市企业交易所等,逐渐形成了旧中国的证券市场。

(二)1949 年以后的证券市场

1949 年以后的证券市场发展大致可分为三个阶段。

1. 资本市场的萌生(1978～1992 年)

1978 年 12 月,以中国共产党第十一届三中全会的召开为标志,经济建设成为国家的基本任务,改革开放成为中国的基本国策。1981 年 7 月,我国改变传统"既无外债,又无内债"的计划经济思想,重启国债发行。1982 年和 1984 年,企业债和金融债开始出现。随着证券发行的增多和投资者队伍的逐步扩大,证券流通的需求日益强烈,股票和债券的柜台交易陆

① 证券化率指的是一国各类证券总市值与该国国内生产总值的比率(股市总市值与 GDP 总量的比值)。在实际计算中,证券总市值通常用股票总市值来代替。证券化率越高,意味着证券市场在国民经济中的地位越重要,因此它是衡量一国证券市场发展程度的重要指标。一个国家或地区的证券化率越高,意味着证券市场在该国或地区的经济体系中越重要。发达国家由于市场机制高度完善、证券市场历史较长、发展充分,证券化率整体上要高于发展中国家。

续在全国各地出现，二级市场初步形成，证券经营机构的雏形开始出现。1987 年 9 月，中国第一家专业证券公司——深圳特区证券公司成立。1990 年 12 月 19 日和 1991 年 7 月 3 日，上海证券交易所和深圳证券交易所先后正式营业。1991 年 10 月，郑州粮食批发市场开业并引入期货交易机制，成为新中国期货交易的实质性发端。1992 年 10 月，深圳有色金属交易所推出了中国第一个标准化期货合约——特级铝期货标准合同，实现了由远期合同向期货交易的过渡。1993 年，股票发行试点正式由上海、深圳推广至全国，打开了资本市场进一步发展的空间。

2. 全国性资本市场的形成和初步发展(1993～1998 年)

1992 年 10 月，国务院证券管理委员会(简称国务院证券委)和中国证监会成立，标志着中国资本市场开始逐步纳入全国统一监管框架，全国性市场由此开始发展。1997 年 11 月，中国金融体系进一步确定了银行业、证券业、保险业分业经营、分业管理的原则。1998 年 4 月，国务院证券委撤销，中国证监会成为全国证券、期货市场的监管部门，建立了集中统一的证券、期货市场监管体制。伴随着全国性市场的形成和扩大，证券经营机构也得到快速发展。到 2019 年 1 月 1 日，全国有证券公司 131 家，证券营业部 10 458 家。

3. 资本市场的进一步规范和发展(1999 年至今)

1998 年 12 月，我国《证券法》正式颁布，并于 1999 年 7 月实施，这是 1949 年以后我国第一部规范证券发行与交易行为的法律，并由此确认了资本市场的法律地位。自 1998 年建立了集中统一监管体制后，为适应市场发展的需要，证券、期货监管体制不断完善，实施了“属地监管、职责明确、责任到人、相互配合”的辖区监管责任制，并逐步建立了与地方政府协作的综合监管体系。2002 年，我国增设了专司操作市场和内幕交易查处机构。2007 年，为适应市场发展的需要，证券执法体制又进行了重大改革，建立了集中统一指挥的稽查体制。

2009 年 10 月 23 日，创业板正式启动，当年即有 36 家创业板公司上市交易，筹资 204 亿元，总市值 1 610 亿元，成为中国多层次资本市场建设的又一重要里程碑。2009 年末，中国证监会又适时启动了以沪、深 300 股指期货和融资融券制度为代表的重大创新，对中国证券市场的完善和发展具有深远影响。2014 年 11 月，沪港通开通；2016 年 12 月，深港通开通；2017 年 6 月，中国 A 股纳入 MSCI。这些为中国资本市场国际化又添了浓重的一笔。

八、证券市场监管体系及内容

(一)监管原则

1. 保护投资者利益原则

对投资者的保护不仅关系资本市场的规范和发展，而且也关系到整个经济的稳定增长。投资者，尤其是中小投资者，由于信息不对称、持股比例小，相对于控股股东和管理层处于弱势地位，因此，需要重点保护。投资者保护得好，投资者对市场就有信心，入市中的资金和人数就多。从资本市场的发展历程来看，保护投资者利益，让投资者树立信心，是培育和发展市场的重要一环，是监管部门的首要任务和宗旨。国际研究表明，一国或地区对投资者保护得越好，资本市场就越发达，抵抗金融风险的能力就越强，对经济增长的促进作用也就越大。投资者保护不仅在我国有很强的现实性，同时也是全球的一个共性问题。即使在成熟的市场上，侵害中小投资者利益的事件也时有发生，因此，维护中小投资者的利益是证券市场公平的前提。严厉打击损害中小投资者利益的行为，全力维护市场的“三公”，是各国证券监管的首要任务。

2.“三公”原则

①公开原则。即要求证券市场具有充分的透明度，要实现市场信息的公开化。

②公平原则。即要求证券市场不存在歧视，参与市场的主体具有完全平等的权利。

③公正原则。即要求证券监管部门在公开、公平原则基础上，对一切被监管对象给予公正待遇。

对市场的监管者来说，“公开”是最为重要的原则，没有“公开”就无所谓“公平”；没有“公开”也不可能“公正”。正是这样一个简单但却十分深刻的道理，揭示出资本市场监管核心就是实施强制性信息披露制度。

3. 监督与自律相结合原则

这一原则是指在加强政府、证券主管机构对证券市场监管的同时，也要加强从业者的自我约束、自我教育和自我管理。国家对证券市场的监管是证券市场健康发展的保证，而证券从业人员的自我管理是证券市场正常运行的基础。国家监督与自我管理相结合的原则是世界各国共同奉行的原则。

(二)监管要素

1. 监管主体

从监管实践上看，实施证券监管活动的主体是多元化的，可以是国家证券监督管理机构，可以是证券业协会或证券交易商协会或证券交易所等机构，一般根据各国的具体情况而定。大多数是由政府、行业协会和交易所共同完成的。

2. 监管目标

证券市场监管的目标在于：①运用和发挥证券市场机制的积极作用，限制其消极作用；②保护投资者权益，保障合法的证券交易活动，监督证券中介机构依法经营；③防止人为操纵、欺诈等不法行为，维持证券市场的正常秩序；④根据国家宏观经济管理的需要，运用灵活多样的方式，调控证券发行规模与证券交易规模。国际证监会组织(IOSCO)公布了证券监管的三个目标：保护投资者；透明和信息公开；降低系统风险。

3. 监管对象和内容

监管的对象是证券市场，包括证券市场的参与者和他们在证券市场的活动和行为。证券监管的内容包括证券发行、成交、交易、代理、咨询、融资融券活动及参与者之间的关系等。目前中国主要对证券市场的①信息披露②操纵市场③欺诈行为④内幕交易四个方面进行监管。

4. 监管手段

①法律手段。它是通过建立完善的证券法律、法规体系和严格执法来实现的。这是证券市场监管部门的主要手段，具有较强的威慑力和约束力。

②经济手段。它是通过利率政策、公开市场业务、税收政策等经济手段，对证券市场进行干预。这种手段相对比较灵活，但调节过程可能较慢，存在时滞。

③行政手段。它是指通过制订计划、政策等对证券市场进行行政干预。这种手段比较直接，但运用不当可能违背市场规律，无法发挥作用甚至遭到惩罚。一般多在证券市场发展初期，法制尚不健全、市场机制尚未理顺或遇突发事件时使用。

(三)监管体制模式

1. 集中型监管体制模式

它是指政府通过制定专门的证券法规，并设立全国性的证券监管机构，来统一管理全国证券市场。在这种模式下，政府积极参与证券市场管理，并在市场监管中占主导地位，而各种自律性组织，如行业协会则起协助政府监管的作用。美国是这一类监管模式的代表。这类模式的权威性较强，但行政干预过多，自律组织和政府的配合往往难以协调。

2. 自律型监管体制模式

它是指政府除了一些必要的国家立法之外，很少干预证券市场，对证券市场的监管主要由证券交易所、证券商协会等自律性组织进行，强调自我约束、自我管理的作用。英国是这一类监管模式的代表。这类模式的灵活性、针对性较强，但缺乏强有力的立法后盾，监管软弱。

3. 中间型监管体制模式

它是指既强调集中立法管理，又强调自律管理，是二者相互渗透、相互结合的产物。它包括二级监管和三级监管两种子模式。二级监管是中央政府和自律机构结合的监管；三级监管是中央、地方两级政府和自律机构结合的监管。德国是这一类监管模式的代表。这种监管可以结合前两种模式的特点，发挥各自优势，使监管更有效率。这种监管模式越来越广泛地得到各国的认同。

4. 中国的监管体制

我国在总结证券市场发展的经验教训的基础上，确立了指导证券市场健康发展的“法制、监管、自律、规范”八字方针，基本上建立了证券监管的法律法规框架体系，设立有全国性的证券监管机构——中国证券监督管理委员会，同时与中国人民银行、国家发展和改革委员会、地方政府及有关部委、地方监管部门共同组成有机整体。从1997年开始，证券交易所由证监会领导，强化了证券市场监管的集中性和国家证券主管机构的监管权力，初步形成了有中国特色的集中统一监管体系。证监会作为政府对于证券市场的监管机构，通常用两只手：一只手抓住信息披露，以规范上市公司行为；另一只手则抓市场中的自律性组织，以规范市场的交易行为，特别是证券从业人员的职业操守。

(四)中国证券市场法律法规

中国证券市场在形成和发展的20多年间，出台了大量相关法律法规，基本上建立了证券监管的法律法规框架体系，对市场的规范和有序发展发挥了重要作用。

1.《中华人民共和国公司法》

该法于1993年12月29日经第八届全国人民代表大会常务委员会第五次会议通过，并自1994年7月1日起正式实施。此后，于1999年12月25日第九届全国人民代表大会常务委员会第十三次会议通过了《全国人民代表大会常务委员会关于修改〈中华人民共和国公司法〉的决定》，并于同日实施。其调整对象为公司的组织和行为，范围包括股份有限公司和有限责任公司，其核心是保护公司、股东和债券人的合法权益，维护社会经济秩序。2005年10月全国人大修订了该法，并于2006年1月1日开始实施。根据2013年12月28日第十二届全国人民代表大会常务委员会第六次会议《关于修改〈中华人民共和国海洋环境保护法〉等七部法律的决定》进行第二次修正；根据2018年10月26日第十三届全国人民代表大会常务委员会第六次会议《关于修改〈中华人民共和国公司法〉的决定》进行第四次修正。

2.《中华人民共和国证券法》

该法于1998年12月29日经第九届全国人民代表大会常务委员会第六次会议通过，并自1999年7月1日起正式实施，是中国第一部规范证券发行与交易行为的法律，并由此确认了资本市场的法律地位。2005年11月，此法经修订后颁布，这标志着资本市场走向更高程度的规范发展之路，也对资本市场的法规体系建设产生了深远的影响，它是证券领域的母法。根据2013年6月29日第十二届全国人民代表大会常务委员会第三次会议《关于修改〈中华人民共和国文物保护法〉等十二部法律的决定》进行第二次修正；根据2014年8月31日第十二届全国人民代表大会常务委员会第十次会议《关于修改〈中华人民共和国保险法〉等五部法律的决定》进行第三次修正。2018年，证监会将大力推动《证券法》修订、《期货法》制定等立法工作，持续推进依法行政，强化行政执法责任制。

3.《中华人民共和国刑法修正案》

该修正案于1999年12月25日经第九届全国人民代表大会常务委员会第十三次会议通过，此后又不断以修正案的形式做了修正，2002年12月28日公布了第四次修正案；《中华人民共和国刑法修正案(九)》已由中华人民共和国第十二届全国人民代表大会常务委员会第十六次会议于2015年8月29日通过，2015年11月1日起施行。其中，对欺诈发行股票、债券罪，提供虚假财务会计报告罪，擅自发行股票和公司、企业债券罪，内幕交易、泄露内幕信息罪，编造并传播影响证券交易虚假信息罪，诱骗他人买卖证券罪，操纵证券市场罪等进行了明确规定。

4.《中华人民共和国信托法》

该法于2001年4月28日经第九届全国人民代表大会常务委员会第二十一次会议通过，并自2001年10月1日起实施。该法对信托的设立、信托财产、信托当事人、信托的变更与终止、公益信托等方面内容做出了规定。

5.《最高人民法院关于审理证券市场因虚假陈述引发的民事赔偿案件的若干规定》

该规定于2002年12月26日最高人民法院审判委员会第1 261次会议上通过，并于2003年2月1日正式生效。它对规范证券市场民事行为、保护投资人合法权益做出了规定。

6.《中华人民共和国证券投资基金法》

该法于2003年10月28日经第十届全国人民代表大会常务委员会第五次会议通过，并自2004年6月1日起正式实施。调整对象是证券投资基金当事人，包括投资基金的管理人、托管人和基金份额持有人。其核心是规范证券投资基金活动，保护投资人及相关当事人的合法权益，促进证券投资基金和证券市场的健康发展。《中华人民共和国证券投资基金法》已由中华人民共和国第十一届全国人民代表大会常务委员会第三十次会议于2013年12月28日修订通过，2013年6月1日起施行。

7.《中华人民共和国企业破产法》

该法于2006年8月27日经第十届全国人民代表大会常务委员会第二十三次会议通过。

8.《中华人民共和国合伙企业法》

该法于1997年2月23日经第八届全国人民代表大会常务委员会第二十四次会议通过，2006年8月27日第十届全国人民代表大会常务委员会第二十三次会议修订。

除了以上基本法律以外，还公布实施了《中国证监会股票发行核准程序》《合格境外机构投资者境内证券投资管理暂行办法》《外资参股证券公司设立规则》《外资参股基金管理公司设立规则》《上市公司信息披露管理办法》《上市公司章程指引》《上市公司治理准则》《上市公司股东大会规则》《上市公司股权激励管理办法(试行)》《上市公司收购管理办法》《上市公司证券发行管理办法》《首次公开发行股票并上市管理办法》《证券发行与承销管理办法》《冻结、查封实施办法》《上市公司章程指引(2006年修订)》《上市公司非公开发行股票实施细则》

《证券公司董事、监事和高级管理人员任职资格监管办法》《证券结算风险基金管理办法》《首次公开发行股票并在创业板上市管理暂行办法》《股票发行与交易管理暂行条例》《期货交易管理条例》《上市公司重大资产重组管理办法(2016 年修订)》《上市公司股权激励管理办法》《内地与香港股票市场交易互联互通机制若干规定》等一批规章和规范性文件,基本形成了与《公司法》《证券法》"两法"配套的法规体系。

任务三　证券市场参与者

证券市场由证券发行人、证券投资者、证券市场中介机构、自律组织和监管机构等要素构成。

一、证券发行人

证券发行人是指为筹措资金而发行股票、债券等证券的发行主体,是证券市场的证券供应者和资金需求者。发行人的数量和发行证券的数量、发行方式决定了发行市场的规模和发达程度。证券发行人主要是公司、金融机构、政府部门和其他经济组织。

二、证券投资者

证券投资者是指通过买入证券而进行投资的各类机构法人和自然人,是证券市场的资金供应者和证券需求者。投资者人数多少和资金实力的大小同样制约着证券市场的发展规模。投资者分为个人投资者和机构投资者。

(1)个人投资者(Individual Investors)。它是指从事证券投资的社会自然人,是证券市场上最广泛的投资者。

(2)机构投资者(Institutional Investors)。它是指从事证券买卖的法人单位,主要有金融机构、企业法人、事业单位及政府机构、社会团体等。

机构投资者一般具有资金实力雄厚,收集和分析信息能力强,能够分散投资于多个证券来建立投资组合以降低风险,对整个市场影响力较大等特点。

①金融机构是证券市场上主要的证券需求者和机构投资者。参加证券投资的金融机构可以分为四大类:

- 商业银行和保险公司。商业银行投资证券的主要目的是保持银行资产的流动性和分散风险,所以多投资于期限短、信用等级高的证券。

- 证券经营机构。主要是指证券公司、基金管理公司等。他们既从事证券承销、证券经纪、资本管理等中介业务,也从事证券自营等业务,因此,他们也是证券市场的机构投资者,且是证券市场上最活跃的投资者。

- 各类基金。证券市场已发展到各类投资基金、社保基金、保险基金、养老基金、私募基金等成为基金市场主力的阶段。各类投资基金在市场中成为市场价格的主要引导者和决定者。

- 合格的境外机构投资者(QFII)。QFII 制度是指允许经核准的合格境外机构投资者,在一定规定和限制下汇入一定额度的外汇资金,并转换为当地货币,通过严格监管的专门账户投资于当地证券市场,其资本利得、股息等经审核后可转为外汇汇出的一种资本市场开放模式。这是一种有限度地引进外资、开放资本市场的过渡性制度。在一些国家和地区,特别是新兴市场经济国家和地区，由于货币没有完全可自由兑换，资本项目尚未完全开放，外资介入有可能给其证券市场带来较大的负面冲击。而通过 QFII 制度，管理层可以对外资进入进行必要的限制和引导，使之与本国的经济发展和证券市场发展相适应，控制外来资本对本国经济独立性的影响，抑制境外投机性游资对本国经济的冲击，推动本国资本市场国际化。

②企业法人不仅是证券市场上的发行者，也是证券市场上的投资者。他们投资的目的，有的是为了资金的保值、增值，有的是想通过股票投资对其他公司进行参股、控股，参与这些公司的经营管理，从而建立起企业集团。

目前，中国资本市场中的机构投资者具体主要有：基金公司、证券公司、信托投资公司、财务公司、社保基金、保险公司、三类企业(国有企业、国有控股企业、上市公司)、合格的境外机构投资者等。

三、证券市场中介机构

证券市场中介机构是指为证券市场参与者如发行人、投资者等提供各种服务的专职机构。中介机构是连接证券投资人与筹资人的桥梁，是证券市场运行的组织系统，主要包括证券经营机构和证券服务机构两大类。

(一)证券经营机构

证券经营机构又称证券商，是由证券主管机关依法批准设立的在证券市场上经营证券业务的金融机构。证券经营机构又分为证券专营机构和证券兼营机构。

①证券专营机构是专门从事与证券经营有关的各项业务的证券公司，美国称为投资银行，英国称为商人银行，我国称为证券公司。

②证券兼营机构除了经营证券业务外，还经营其他金融业务，主要是指非银行金融机构证券部，如信托投资公司。

(二)证券服务机构

证券服务机构是指依法设立的从事证券服务业务的法人机构，主要包括证券投资咨询机构、证券登记结算机构、财务顾问机构、资信评级机构、资产评估机构、会计师事务所、律师事务所等。

从《中华人民共和国证券法》(以下简称《证券法》)对证券服务机构的规定来看，证券服务机构的特点表现为以下几个方面。

1. 证券服务机构是依法设立的专门从事证券服务的机构

《证券法》第 169 条规定，投资咨询机构、财务顾问机构、资信评级机构、资产评估机构、会计师事务所从事证券服务业务，必须经国务院证券监督管理机构和有关主管部门批准。

投资咨询机构、财务顾问机构、资信评级机构、资产评估机构、会计师事务所从事证券服务业务的审批管理办法，由国务院证券监督管理机构和有关主管部门制定。

2. 证券服务机构是一种从事证券服务业务的高度专业化的机构

《证券法》第 170 条规定，投资咨询机构、财务顾问机构、资信评级机构从事证券服务业务的人员，必须具备证券专业知识和从事证券业务或者证券服务业务二年以上的经验。认定证券从业资格的标准和管理办法，由国务院证券监督管理机构制定。

四、自律性组织

按照《证券法》的规定，我国的证券自律管理机构是证券交易所、证券业协会。根据《证券登记结算管理办法》,我国的证券登记结算机构实行行业自律管理。

(一)证券交易所

根据《证券法》的规定,证券交易所是为证券集中交易提供场所和设施,组织和监督证券交易,实行自律管理的法人。证券交易所的监管职能包括对证券交易活动进行管理,对会员进行管理,以及对上市公司进行管理。

(二)证券业协会

中国证券业协会是依法注册的具有独立法人地位的、由经营证券业务的金融机构自愿组成的行业性自律组织,是社会团体法人。中国证券业协会采取会员制的组织形式,协会的权力机构为全体会员组成的会员大会。中国证券业协会的自律管理体现在保护行业共同利益、促进行业共同发展方面,具体表现为:对会员单位的自律管理、对从业人员的自律管理和对代办股份转让系统的自律管理。

(三)证券登记结算机构

中国证券登记结算公司是为证券交易提供集中登记、存管与结算服务,不以营利为目的的法人。它是专门为证券与证券交易办理集中登记、存管、过户和资金结算交收业务的中介服务机构。证券登记结算业务是保障证券交易连续进行必不可少的环节,世界各国的证券交易所都有专门的证券登记结算系统。

五、证券监管机构

根据证券市场监管模式的不同,政府监管机构在各个国家有着不同的形式。

美国证券市场由 1934 年成立的证券交易管理委员会统一管理,它是美国联邦政府的一个独立的金融管理机构。其下设公司管理局、市场管理局、投资银行管理局和司法执行局等若干职能部门,主要负责市场规章制度的制定、解释和执行,以及市场秩序的维护和信息的收集与传播。

英国证券市场的监管体系相当完善,其两大特点是自律和立法。英国证券市场的自律体系由三个机构构成:证券交易商协会、收购与合并问题专家组和证券业理事会。三个机构与政府相对独立,在一定程度上进行非正式合作。证券交易所在政府有关部门的指导下实行自我监督和管理。英国的自律和立法管理体系对证券业的管理相当成功。

在中国,证券监管机构是指中国证券监督管理委员会(证监会)及其派出机构。中国证监会成立于 1997 年 11 月,是国务院直属的证券监督管理机构。中国证监会的主要职责是:①负责行业性法规的起草;②负责监督有关法律法规的执行;③负责保护投资者的合法权益,对全国的证券发行、证券交易、中介机构的行为等依法实施全面监管,维持公平而有序的证券市场。

2018 年 3 月中国金融监管框架将形成“一委一行两会”:国务院金融稳定发展委员会、中国人民银行、中国银行保险监督管理委员会和中国证券监督管理委员会。

任务四　证券投资及投资过程

一、证券投资的概念

证券投资(Investment in Securities)是指个人或机构购买股票、债券、基金等有价证券以及这些有价证券的衍生品，以获取红利、利息及资本利得的投资行为和投资过程，是直接投资的重要形式。

二、证券投资的原则及过程

(一)证券投资的原则

1. 效益与风险最佳组合原则

效益与风险最佳组合原则是指在风险一定的前提下，尽可能使收益最大化；或在收益一定的前提下，尽可能使风险最小化。

2. 分散投资原则

分散投资原则是指证券投资的多元化，建立科学的有效证券组合。不同类型的资产相关性较低，即一般不会一起波动，不一起波动的证券组合在一起可以有效地减少总风险水平。

3. 理智投资原则

理智投资原则是指证券投资分析在前，投资行动在后，即要在分析、比较后审慎地进行证券投资。

(二)证券投资的过程

证券投资过程是指一个投资者进行投资决策并实施投资的过程。投资过程是复杂的，投资分析工作也是永无止境的，通常需要几个阶段或步骤才能做出正确的选择，同时还存在后续的投资管理问题。

一个优秀的投资管理人的证券投资过程基本上由五个步骤组成：明确投资目的，了解投资环境(工具)，制定投资策略，实施投资策略，监控及评价。图 1—1 说明了证券投资过程各部分的相互联系。

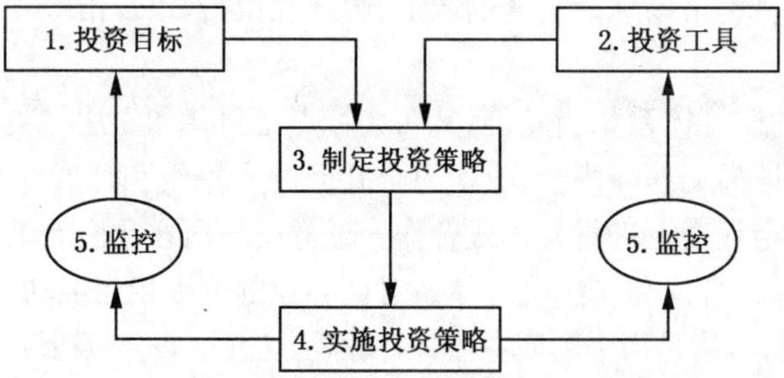

图 1—1 证券投资流程

1. 明确投资目标

投资者在投资过程中的首要因素就是确定投资目标，然后根据目标制订一个投资计划。一般来说，普通股的平均回报率显著高于储蓄账户或债券的利息率，但是，不是所有的普通股都如此，回报较高的投资必须承担较高的风险。因此，投资计划应当包括有关收益要求和风险承受能力的具体目标。例如，某投资者对证券组合投资的要求是平均收益应当高于 8%且损失不得超过 10%。

制订投资计划时还应当考虑到：投资者目前的财务状况是怎样的，资金来源有哪些，在可以预见的未来时期能用来投资的收入有多少，在未来的不同时期需要花费的现金是多少，投资者能够承担的风险是多少，投资者更适合选择哪一种投资方式，投资的税收情况又如何，等等。

2. 了解投资环境

在确定了投资者的投资目标之后就应该考虑适当的投资机会了，既要了解目前的市场投资环境、市场上都有哪些投资工具，更要了解不同投资工具本身的状况，以便在众多的投资工具中进行选择。总的来说，不同的投资工具具有不同的投资收益和风险，对不同投资工具的选择就是对不同的收益和风险进行权衡。以金融资产投资为例，图1—2描述了金融资产的预期回报和风险的选择范围。

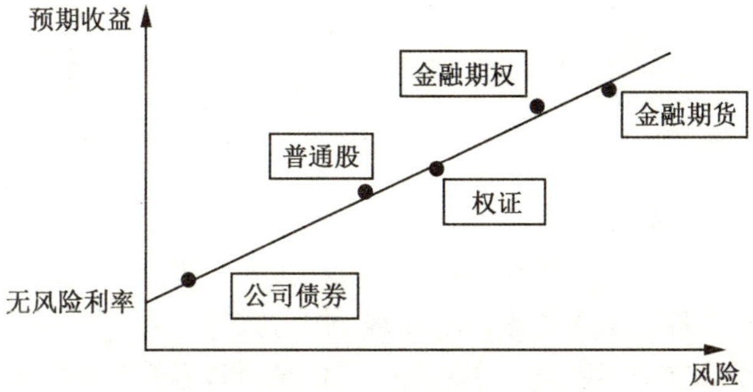

图1—2　金融资产预期回报和风险的选择

3. 制定投资策略

在充分了解各种投资工具的收益与风险及市场状况之后，投资过程的下一步是协调各种投资工具，使其与投资者的投资目的相适应。

在制定策略时，有些投资者喜欢尽可能地回避风险。例如，如果你需要一笔钱来支付下一年的学费，你将会把自己所有的钱都投到非常安全的证券上，如短期债券。一些不愿失掉获得高收益机会的投资者则愿意冒风险，把他们所有的资金都投资于股票或衍生证券上。但是，以上两例都是比较极端的选择，没有必要做出这种把所有钱都投到一种证券上的极端选择。"不要把鸡蛋放到一个篮子里"是进行投资的至理名言。

"不要把鸡蛋放到一个篮子里"就是指投资要注意分散风险，要确定各种不同资产的投资比例进行组合投资。典型的资产有货币市场证券、债券、股票和不动产。组合投资在投资管理中举足轻重。在各类资产中的证券，如股票，趋向于一起波动，这种具有统一性的运动变化就叫作相关性(Correlation)，因此资产配置是很关键的，因为不同类型的资产相关性较低，一般不会一起波动，不一起波动的资产组合在一起就可以有效地减少总风险水平。

4. 实施投资策略

这一步骤，实际上是通过选择投资工具、实施资产配置和对资产配置进行修正三个环节来完成的。

要成功地实施资产配置策略是很难的，这主要是受到以下三个因素的影响：①交易费用，要改变资产配置就会增加交易费用，交易费用增加会直接减少因改变资产配置而带来的期望收益；②经济和市场是不断发生变化的，这会改变人们追求的最佳配置策略；③投资者的目标和限制也在不断发生变化，随着时间的推移，个人的需求或资金的变化都会要求资产重新配置。例如，若一位投资者继承了一大笔钱，则他对风险的厌恶态度就会发生改变。

5. 监控及评价投资业绩

一旦投资过程开始，定期重新评价投资方案就会变得非常重要。投资者要根据收益与风险之间的关系来评价资产配置方案取得的实际业绩，这是因为市场是处于变动之中的，国内外经济环境、国家政策以及其他一些事件的发生都会改变既定的目标，投资者必须定期检查投资策略，提出质疑，以使其保持最佳。

关键术语

证券　有价证券　证券市场　QFII

应知考核

一、单项选择题

1. 有价证券是(　　)的一种形式。

A. 金融资本　B. 实际资本　C. 虚拟资本　D. 权益资本

2. 按是否在证券交易所挂牌交易，有价证券可分为(　　)。

A. 上市证券和非上市证券　B. 场内证券和场外证券

C. 公募证券和私募证券　D. 上市证券和挂牌证券

3. 向少数特定的投资者发行，其审查条件相对较松，不采用公示制度的证券是(　　)。

A. 国际证券　B. 特定证券　C. 私募证券　D. 固定收益证券

4. QFII 指的是(　　)。

A. 合格境外机构投资者　B. 合格境外个人投资者

C. 合格境内个人投资者　D. 合格境内机构投资者

5. 证券市场上最活跃的投资者是(　　)。

A. 证券经营机构　B. 金融机构

C. 各类基金　D. 企业和事业法人

6. 证券业协会的权力机构是(　　)。

A. 理事会　B. 会员大会　C. 股东大会　D. 董事会

7. 世界上第一个证券交易所是(　　)。

A. 纽约证券交易所　B. 阿姆斯特丹证券交易所

C. 伦敦证券交易所　D. 美国证券交易所

8. 证券自律性组织包括(　　)。

A. 证券交易所和证券监管机构　B. 证券交易所和证券行业协会

C. 证券监管机构和证券行业协会　D. 证券公司和证券行业协会

9. 证券发行市场又称(　　)。

A. 一级市场　B. 次级市场　C. 二级市场　D. 场外市场

10. 证券市场上最活跃的投资者是(　　)。

A. 证券经营机构　B. 金融机构

C. 各类基金　D. 企业和事业法人

二、多项选择题

1. 证券是指(　　)。

A. 各类记载并代表一定权利的法律凭证

B. 各类证明持有者身份和权力的凭证
C. 用以证明或设定权利而做成的书面凭证
D. 用以证明持有人或第三者有权取得该证券拥有的特定权益的凭证

2. 有价证券是指(　　)的凭证。

A. 标有票面金额　　B. 证明持有人有权按期取得一定收入
C. 持有人可以自由转让和买卖　　D. 反映所有权或债权关系

3. 按证券发行主体不同,有价证券可分为(　　)。

A. 政府证券　　B. 政府机构证券
C. 公司证券　　D. 商业证券

4. 关于证券市场的特征,说法正确的是(　　)。

A. 证券市场是价值直接交换的场所　　B. 证券市场是收益直接交换的场所
C. 证券市场是风险直接交易的场所　　D. 证券市场是商品买卖的场所

5. 证券市场的主要功能包括(　　)。

A. 筹投资功能　　B. 证券资产的定价功能
C. 资本配置功能　　D. 宏观调控功能

三、判断题

1. 证券是指用以证明或设定权利所做成的书面凭证。(　　)
2. 虚拟资本是以有价证券形式存在,并能给持有者带来一定收益的资本。(　　)
3. 凭证式国债和封闭式基金交易凭证属于非上市证券。(　　)
4. 证券在我国属于“舶来品”,最早的股票是外商股票。(　　)
5. 中国人自己创办的最早的证券交易所是上海证券交易所。(　　)

四、简述题

1. 简述有价证券的特征。
2. 简述证券市场监管原则。
3. 简述证券市场监管要素。
4. 简述证券市场参与者。
5. 简述证券投资的过程。

应会考核

■观念应用

【背景资料】

深圳证券交易所

1991年7月3日,成立于1990年12月1日的深圳证券交易所(以下简称“深交所”)正式开业。截至2007年3月底,深交所散户开户总数为4 481万户,机构投资账户为18万户。深交所的开业,实现了股票的集中交易,标志着中国证券市场正式形成。这是继上海证券交易所之后我国第二家交易所。

深交所以建设中国多层次资本市场体系为使命,全力支持中国中小企业发展,推进自主创新国家战略实施。2004年5月,中小企业板正式推出;2006年1月,中关村科技园区非上市公司股份报价转让开始试点;2009年10月,创业板正式启动,深交所主板、中小企业板、创业板以及非上市公司股份报价转让系统协调发展的多层次资本市场体系架构基本确立。深交所坚持从严监管根本理念，贯彻"监管、创新、培育、服务"八字方针，努力营造公开、公平、公正的市场环境。

【考核要求】

什么是证券市场？它有哪些类型和功能？在证券市场中有哪些参与者和中介机构？它经历了哪些发展阶段？证券市场由谁来监管？

■技能应用

了解证券从业及证券交易所市场

1. 登录中国证券业监督管理委员会网站了解证券中介"合法机构名录""业务资格"和"人员资格"等相关内容：http://www.csrc.gov.cn/pub/newsite/zjjg/。

2. 登录上海证券交易所 http://www.sse.com.cn/aboutus/overview/和深圳证券交易所 http://www.szse.cn/main/aboutus/进一步了解证券交易所市场的基本情况。

【技能要求】

写一份你查找之后的感想，以及如何做好证券从业资格考试的打算。

■案例分析

【情境与背景】

上交所债券市场近况(2019－10－28)

在10月22日至10月28日的5个交易日里(以下简称"本期")，上证国债指数均值为175.731点，收于10月28日的175.862点。上证企债指数均值为236.783点，收于10月28日的236.907点。沪公司债指数均值为201.44点，收于10月28日的201.538点。

本期1天期回购定盘利率均值为2.887%，收于10月28日的2.938%。7天期回购定盘利率均值为2.871%，收于10月28日的2.94%。

上交所市场，本期债券成交4 4367.396亿元。其中国债现券成交18.63亿元，企业债现券成交66.43亿元，公司债现券成交556.483亿元，可转债现券成交77.778亿元，分离交易可转债现券成交0亿元，回购成交43 162.079亿元。本期债券日均成交8 873.479亿元。

截至10月28日，上交所债券现券挂牌品种共14 704只，托管量为94 163.96亿元。其中，国债193只，托管量5 565.36亿元；地方债3 791只，托管量3 418.52亿元；金融债17只，托管量829.2亿元；企业债2 160只，托管量6 274.88亿元；非公开发行公司债券2 895只，托管量29 831.02亿元；可交换债73只，托管量为1 626.35亿元；公开发行公司债券2 565只，托管量为34 723.24亿元；可转换公司债80只，托管量为2 033.78亿元；资产支持证券2 930只，托管量为9 861.61亿元。

【分析要求】

结合情境与背景，分析说明什么是证券交易所，以及证券交易所的监管职能。

项目实训

【实训项目】

证券投资者及证券投资过程。

【实训情境】

请根据上海证券交易所网站(http://www.sse.com.cn/)上的主要权重投资者持有机构(见下图),分析应该如何进行证券投资。

■ 主要券种投资者持有结构

年份:2019 ▼ 月份:9 ▼ 查询

日期:2019年9月

市场参与者类别	合计持有市值(亿元)	合计占比(%)	记账式国债持有市值(亿元)	地方政府债券持有市值(亿元)	普通金融债持有市值(亿元)	企业债券持有市值(亿元)	中小企业持有市值
信托	3685.03	3.93	1.13	3.70	0.03	149.11	
券商资产管理	12 083.64	12.89	159.71	397.80	59.97	708.80	
自然人	178.31	0.19	23.22	0.13	4.55	16.58	
一般法人	44 478.49	47.44	1 198.91	460.63	229.40	1 559.74	1
其他	276.30	0.29	1.16	63.19	0.00	27.73	
基金	6 668.02	7.11	352.60	84.89	299.18	557.41	
保险	11 788.09	12.57	2 874.80	1 087.22	48.27	1 814.55	
社保	1 989.54	2.12	118.99	15.50	24.50	344.83	
券商自营	7 562.89	8.07	791.32	1 265.35	33.88	786.16	
QFII	528.01	0.56	278.99	0.00	1.19	45.63	
专户理财	582.60	0.62	0.04	0.00	0.34	25.48	
年金	3 933.43	4.20	10.65	0.19	8.69	367.16	

【实训任务】

1. 证券市场的投资者有哪些?
2. 做出证券投资流程图,并填写实训报告。

<table>
<tr><th colspan="3">《证券投资者及证券投资过程》实训报告</th></tr>
<tr><td>项目实训班级:</td><td>项目小组:</td><td>项目组成员:</td></tr>
<tr><td>实训时间:　　年　　月　　日</td><td>实训地点:</td><td>实训成绩:</td></tr>
<tr><td colspan="3">实训目的:</td></tr>
<tr><td colspan="3">实训步骤:</td></tr>
<tr><td colspan="3">实训结果:</td></tr>
<tr><td colspan="3">实训感言:</td></tr>
</table>

项目二

证券投资工具

○ 知识目标

理解:股票、债券、证券投资基金、金融衍生工具的概念。

熟知:股票、债券、证券投资基金、金融衍生工具的分类、特征。

掌握:股权结构、股票价值和价格、影响股票价格变动的基本因素;债券与股票的比较;证券投资基金与股票、债券的区别;基础金融衍生工具。

项目二课件

○ 技能目标

能够正确认知证券投资工具在金融投资中的运用,提高专业知识的应用能力、职业判断能力和相关知识的更新能力。

○ 素质目标

能够运用证券投资工具基本知识,分析证券投资中遇到的问题;能结合社会经济实际,提高分析和总结问题的能力、语言表达能力和与人合作的能力。

○ 项目引例

新中国第一只股票

1984 年 11 月 18 日,新中国首只股票"飞乐音响"正式发行。虽然它不够规范,但却引领出中国人 30 多年财富梦想的悲欢离合。而在 1606 年,荷兰东印度公司发行了有据可查的历史上最早的股票,由此把人类的贪婪与恐惧,在这一舞台上进行了 400 多年的淋漓展现。无论是世界还是新中国的首只股票,其背后都是企业与个人财富梦想的结合。在飞乐音响股票发行的背后,一方面是当时企业没有资金自主权,另一方面则是音响设备的市场需求很大,能够带来较好的利润回报。

1986 年 11 月 14 日,美国纽约证券交易所董事长约翰·范尔林访华,向邓小平赠送了一枚纽约证券交易所证章。礼尚往来,中国领导人回赠了一张 50 元面值的"飞乐音响"股票。国际社会因此发出惊呼:"中国与股市握手。"

思考与讨论:

股票是什么样的投资工具?它会对人们的生产生活带来什么样的影响?除了股票以外,市场上还有哪些投资工具?投资这些工具需要注意哪些问题?

○ **知识精讲**

任务一　股　票

一、股票的概念

股票(Stock)是一种有价证券，它是股份有限公司发行的，用以证明投资者股东身份权益，并据以获得股息和红利的凭证。股票一经发行，购买股票的投资者即成为公司的股东。股票实质上作为股份公司的股份证明，它表示其持有者在公司的地位与权利，以及承担的相应的责任与风险。股票一经认购，持有人不得以任何理由要求退还股本，只能通过证券市场将股票转让和出售。

股份有限公司的全部资本被分成许多等值的单位，称为"股份"。它是股份公司资本的基本单位和股东法律地位的计量单位，占有一个单位，就称占有一股，每一股代表对公司的资产占有一定的份额。将"股份"印制成一定的书面形式，记载表明其价值的事项及有关股权等条件的说明，就是股票。股票与股份，前者是形式，后者是内容。股份有限公司依照公司法的规定，为筹集资金向社会发行股票，股票的持有人就是公司的投资者，即股东。股票是投资入股、拥有股份所有权的书面证明。拥有某种股票，就证明该股东对公司的净资产占有一定份额的所有权。例如，某公司发行了 1 000 万股股票，则每一股代表公司净资产的千万分之一，若某股东持有其中的 100 万股，则他拥有该公司的十分之一股权。股票虽然是所有权证书，但股东的权利是有限制的，股东无权处置公司的资产，而只能通过处置持有的股票来改变自己的持股比例。

就股票的本质属性来看，它不同于商品证券和货币证券，它是代表股份所有权的股权证书，是代表对一定经济利益分配请求权的资本证券，是资本市场上流通的一种有价证券，是虚拟资本。

二、股票的性质

(一)股票是有价证券

有价证券是财产价值和财产权利的统一表现形式，它包含两层概念：①表明拥有一定价值量的财产，②表明有价证券持有人可以行使证券所代表的的权利，股东权利的转让应与股票所有权的转移同时进行，即股票与它代表的财产权合二为一，不可分离。

(二)股票是要式证券

股票应具备《公司法》规定的有关内容，如果缺少规定的要件，股票就无法律效力。而且，股票的制作和发行须经过证券主管机关的审核和批准，任何个人和团体不得擅自印制、发行股票。

(三)股票是证权证券

证券可以分为设权证券和证权证券。①设权证券是指证券所代表的权利本来不存在，而是随着证券的制作而产生，即权利的发生是以证券的制作和存在为条件的。②证权证券是指证券是权利的一种物化的外在形式，它是权利的载体，权利是已经存在的。股票代表的是股东权利，其发行是以股份的存在为前提条件的，股票只是把已经存在的股东权利表现为证券形式。股东权利不随股票的毁损、遗失而消失，这也是股票无纸化发行得以推广的原因。

(四)股票是资本证券

股票是投入股份公司资本份额的证券化，属于资本证券。但是股票又不是一种现实的资本，股份公司通过发行股票筹措的资金，是公司用于营运的真实资本。股票是一种虚拟资本，它只是凭借着它所代表的资本额和股东权益在股票市场上进行独立的价值运动。

(五)股票是综合权利证券

股票既不属于物权证券，也不属于债权证券，而是一种综合权利证券。物权证券是指证券持有者对公司的财产有直接支配处理权的证券。债权债券是指证券持有者为公司债权人的债券。股东权利是一种综合权利，包括资产收益权、重大决策权、选举管理权等。股东虽然是公司财产的所有人，享有种种权利，但对公司财产不能直接支配处理。

三、股票的特征

(一)收益性

收益性是股票最基本的特征，它是指股票可以为持有人带来收益的特性。持有股票的目的在于获取收益。股票的收益来源可分成两类：①来自股份公司。认购股票后，持有者即对发行公司享有经济权益，这种经济权益的实现形式是从公司领取股息和分享公司的红利。股息红利的多少取决于股份公司的经营状况和盈利水平。②来自股票流通。股票持有者可以持股票到依法设立的证券交易场所进行交易，当股票的市场价格高于买入价格时，卖出股票就可以赚取差价收益。这种差价收益称为资本利得。

(二)风险性

股票风险是指股票投资收益的不确定性，或者说实际收益与预期收益之间的偏离。投资者在买入股票时，对其未来收益会有一个预期，但真正实现的收益可能会高于或低于原先的预期，这就是股票的风险。很显然，风险不等于损失，高风险的股票可能给投资者带来较大损失，也可能带来较大的预期收益。风险本身是一个中性概念，但是，多数理性的投资者厌恶风险，如果要引导投资者投资风险较高的股票，就必须提供更高的预期收益，这就是“高风险高收益”的概念。

(三)流动性

流动性是指股票可以通过依法转让而变现的特性，即在本金保持相对稳定、变现的交易成本极小的条件下，股票很容易变现的特性。股票持有人不能从公司退股，但股票转让为其提供了流动性。通常，判断股票的流动性强弱主要分析三个方面：①市场深度，以每个价位上报单的数量来衡量，如果买卖盘在每个价位上均有较大报单，则投资者无论买进或是卖出股票都会较容易成交，不会对市场价格形成较大冲击。②报价紧密度，指买卖盘各价位之间的价差。若价差较小，则新的买卖发生时对市场价格的冲击也会比较小，股票流动性就比较强。在有做市商的情况下，做市商双边报价的买卖价差通常是衡量股票流动性的最重要指标。③股票的价格弹性或者恢复能力，指交易价格受大额交易冲击而变化后，迅速恢复原先水平的能力。价格恢复能力越强，股票的流动性越高。

(四)永久性

永久性是指股票所载有权利的有效性是始终不变的，因为它是一种无期限的法律凭证。股票的有效期与股份公司的存续期间相联系，二者是并存的关系。这种关系实质上反映了股东与股份公司之间比较稳定的经济关系。股票代表着股东的永久性投资，当然股票持有者可以出售股票而转让其股东身份，而对于股份公司来说，由于股东不能要求退股，所以通过发行股票募集到的资金，在公司存续期间是一笔稳定的自有资本。

(五)参与性

参与性是指股票持有人有权参与公司重大决策的特性。股票持有人作为股份公司的股东，有权出席股东大会，行使对公司经营决策的参与权。股东参与公司重大决策权利的大小通常取决于其持有股份数量的多少，如果某股东持有的股份数量达到决策所需要的有效数时，就能实质性地影响公司的经营方针。

四、股票的类型

(一)按股东权利，可分为普通股和优先股

1. 普通股。普通股是最基本、最常见的一种股票，其持有者享有股东的基本权利和义务。普通股票的股利完全随公司盈利的多少而变化。在公司盈利较多时，普通股股东可以获得较高的股利收益，但在公司盈利和剩余财产的分配顺序上列于债权人和优先股股东之后，故其承担的风险也较高。与优先股相比，普通股是标准的股票，也是风险较大的股票。按照我国《公司法》的规定，普通股股东享有公司：①重大决策参与权；②盈余分配权；③剩余财产分配权；④优先认股权。

2. 优先股。优先股是一种特殊的股票，在其股东权利、义务中附加某些特别条件。优先股的股息率是固定的，其持有者的股东权利受到了一定的限制，但在公司盈利和剩余财产的分配顺序上比普通股股东享有优先权。其具体特征包括：①股息率固定；②股息分派优先；③剩余财产分配优先；④一般无表决权等。

优先股的种类主要包括：

①累积优先股(Cumulative Preferred Stock)与非累积优先股(Non Cumulative Preferred Stock)。累积优先股的基本特征为：当公司本年度没有盈利因而不能分派股息，或者盈利不足以满额分派股息时，公司可以把未分派或未满额分派的股息累积到以后年度补付。累积优先股股票是一种最常见、发行比较广泛的优先股股票。而非累积优先股股票则以当年公司所得盈利为限分派股息，若当年未能分派股息或未能足额分派股息则不进行累积，当然也不存在次年补付的问题。

②参与优先股(Participating Preferred Stock)与非参加优先股(Non Participating Preferred Stock)。参加优先股按参与分配比例多少又可分为全部参加优先股和部分参加优先股。非参加优先股是指除获得固定股息外没有剩余利润参与权的优先股。由于参与优先股对普通股股东的利益有很大影响，所以，大多数优先股股票都属于非参与优先股股票。

③可转换优先股(Convertible Preferred Stock)和不可转换优先股(Non Convertible Preferred Stock)。按公司章程规定，允许股东以一定的比例转换成普通股的优先股，称为可转换优先股；反之，那些不能转换成普通股的优先股称为不可转换优先股。可转换优先股只表明一种权利，至于优先股是否真的实行转换，这要看投资者的决定。

④可赎回优先股(Callable Preferred Stock)与不可赎回优先股(Non Callable Preferred Stock)。可赎回优先股在发行时股份公司就已做出决定，在将来公司不再需要此项资金时，公司有权按一定的价格将股份收回注销。这种优先股股票一般是在公司经营不利，一时急需

资金,并且预计今后某一时期有能力也有必要用公司收益偿还股本的情况下发行的。一般来说,回购价格都定得很高,以补偿该类股票购买者因公司回购所遭受的经济损失。所谓不可赎回优先股,是指股票一经投资者认购,在任何条件下都不能由股份公司赎回。

⑤股息率可调整优先股与股息率固定优先股。股息率可调整优先股是指股票发行后,股息率可以根据情况按规定进行调整的优先股。而发行后股息率不再变动的优先股股票,则称为股息率固定优先股。大多数优先股的股息率是固定的,一般的优先股股票就是指这种股票。股息率可调整优先股的产生,是为了适应国际金融市场不稳定、各种有价证券价格和银行存款利率经常波动的情况。股息率可调整优先股的特性在于股息率是可以变动的,但股息率的变化一般又与公司经营状况无关,主要是随着市场上其他证券价格或银行存款利率的变化调整。发行这种股票的目的是为了保护股票持有者的利益,同时也有利于股份公司扩大股票的发行量。

(二)按照股票或股东名称是否记载股东姓名,可分为记名股票和无记名股票

1. 记名股票。记名股票是指在股票票面和股份公司的股东名册上记载股东姓名的股票。我国《公司法》规定,公司发行的股票可以为记名股票,也可以为无记名股票。股份有限公司向发起人、法人发行的股票,应当为记名股票,并应当记载该发起人、法人的名称或者姓名,不得另立户名或者以代表人姓名记名。公司发行记名股票,应当置备股东名册,记载下列事项:股东的姓名或者名称及住所、各股东所持股份数、各股东所持股票的编号及取得的日期。

2. 无记名股票。无记名股票是指在股票票面和股份公司股东名册上均不记载股东姓名的股票。其与记名股票的差别不是在股东权利方面,而是在股票的记载方式上。我国《公司法》规定,发行无记名股票的,公司应当记载其股票数量、编号及发行日期。

(三)按是否在股票票面标明金额或电子股票的设计方案中设计票面金额,可分为面额股票和无面额股票两种

1. 面额股票。面额股票是指在股票票面上或股票的设计方案中记载一定金额的股票。这一记载的金额也称为票面金额、票面价值或股票面值。股票票面金额是用资本总额除以股份数的计算方法求得的,但实际上很多国家是通过法律法规直接规定,而且一般是限定了这类股票的最低票面金额。另外,同次发行的面额股票的每股票面金额是相等的。现在各国股份有限公司发行的股票仍旧以面额股票居多。我国《公司法》规定,股份有限公司的资本划分为若干股份,每股的金额相等。

2. 无面额股票。无面额股票是指在股票票面上不记载股票面额,只注明它在公司总股本中所占比例的股票,因此也称为比例股票或份额股票。无面额股票的价值随股份公司净资产和预期未来收益的增减而相应增减。公司净资产和预期未来收益增加,每股价值上升;反之,每股净资产和预期未来收益减少,每股价值下降。

五、股权结构

股权结构有着自身的特征,包括内资股、外资股等。

(一)内资股

1. 国家股

国家股是指有权代表国家投资的部门或机构以国有资产向股份有限公司投资形成的股

份。国家股是国有股权的一个组成部分(另一个组成部分是国有法人股)。我国国家股的构成从资金来源来看,主要包括三部分:①现有国有企业改组成股份有限公司时所拥有的净资产;②现阶段有权代表国家投资的政府部门向新组建的股份有限公司的投资;③经授权代表国家投资的投资公司、资产经营公司、经济实体性总公司等机构向新组建股份有限公司的投资。

2. 法人股

法人股是指企业法人或具有法人资格的事业单位和社会团体以其依法可支配的资产投入公司形成的股份。法人持股所形成的也是一种所有权关系,是法人经营自身财产的一种投资行为。法人股应记载法人名称,不得以代表人姓名记名。法人不得将其持有的公有股份、认股权证和优先认股权证转让给本法人单位的职工。

如果是具有法人资格的国有企业、事业单位及其他单位以其依法占有的法人资产向独立于自己的股份有限公司出资形成或依法定程序取得的股份,可称为国有法人股。国有法人股属于国有股权,这部分股权由出资的法人持有。

3. 社会公众股

社会公众股是指社会公众依法以其拥有的财产投入公司所形成的可上市流通的股份。在社会募集方式下,股份有限公司发行的股份,除了由发起人认购一部分外,其余部分应该向社会公众公开发行。我国《证券法》规定,社会募集公司申请股票上市的条件之一是向社会公开发行的股份达到公司股份总数的25%以上。公司股本总额超过人民币4亿元的,向社会公开发行股份的比例为10%以上。

上述国家股、法人股和社会公众股都属于A股。A股的正式名称是人民币普通股票,是指由我国境内的股份有限公司发行,供境内机构、组织和个人(不含中国港澳台投资者)以人民币认购和交易的普通股。

(二)外资股

外资股是指境内股份有限公司向境外和我国香港、澳门、台湾地区投资者发行的股票。这是我国股份有限公司吸收外资的一种方式。外资股按上市地域划分可以分为境内上市外资股和境外上市外资股。

1. 境内上市外资股

境内上市外资股原来是指股份有限公司向境外投资者募集并在我国境内上市的股份。投资者仅限于:外国的自然人、法人和其他组织;我国香港、澳门、台湾地区的自然人、法人和其他组织;定居在国外的中国公民等。这类股票称为B股。B股的正式名称是人民币特种股票,采取记名股票形式,以人民币标明股票面值,以外币认购、买卖,在境内证券交易所交易上市。

2. 境外上市外资股

境外上市外资股是指股份有限公司向境外投资者募集并在境外上市的股票。它也采取记名股票的形式,以人民币标明面值,以外币认购。在境外上市时,可以采取境外存托凭证形式或者股票的其他派生形式。在境外上市的外资股除了应符合我国的有关法规外,还须符合上市所在地国家或地区证券交易所规定的上市条件。依法持有境外上市外资股,其姓名或者名称登记在公司股东名册上的境外投资人,为公司的境外上市外资股股东。公司向境外上市外资股股东支付股利及其他款项,以人民币计价和宣布,以外币支付。

境外上市外资股主要由H股、N股、S股等构成。H股是指注册地在我国内地，上市地在我国香港的外资股。在纽约、新加坡、伦敦上市的外资股分别称为N股、S股和L股。

六、股票的价值

股票的价值、价格有多种提法，而且在不同的场合有不同的概念，需要加以区分。

(一)股票的票面价值

股票的票面价值又称面值，即在股票票面上标明的金额。股票的票面价值并不是股票的价值：首先，股票通常不按票面价值发行，一般是以高于票面价值的价格发行，低于或等于面值发行的情况很少；其次，即使按照票面价值发行，公司在后续的经营活动中，由于盈利或者亏损，其票面价值也不能代表公司的实际资本额。

(二)股票的账面价值

股票的账面价值又称股票净值或每股净资产。股票净值是指公司的资产净值，等于总资产减去总负债，用股票的净值除以股票的发行数量，就是每股净值。

(三)股票清算价值

股票的清算价值是指公司清算时，每股股票所代表的实际价值。大多数公司的市价清算价值低于其股票净值。

(四)股票的内在价值

股票之所以具有价值，是因为它能给股票持有者带来股息收入，但这种股息收入是未来的收益而非当前的收益。因此，要用一定的方法将未来股息收入按一定比例的折现率折算成现在的收入，即现值。这样，股票的价值也就是未来股息收入的现值和，可认为是股票的内在价值。股票的内在价值决定着股票的价格，股票的市场价格总是围绕着其内在价值波动。

七、股票的价格

(一)股票的理论价格

股票的理论价格即股票的内在价值，是决定股票市场价格的重要因素。股票的理论价格由其预期收入和当时的市场利率两个因素决定，其公式为：

$$股票价格=预期股息收入/市场利率$$

(二)股票的市场价格

股票的市场价格又称股票行市，一般是指股票在二级市场上的价格。股票的价格是由股票的价值决定的，但同时受到许多其他因素的影响，其中供求关系是最直接的因素，其他因素都是通过作用于供求关系从而影响股票的价格。股票市场价格的变动直接影响着投资者的收入，因此股票市场价格是投资者最为关心的价格。

八、影响股价变动的基本因素

(一)影响股票价格变动的内部因素

一般来讲，影响股票投资价值的内部因素主要包括公司净资产、公司盈利水平、公司股利政策、公司股份分割、增资和减资以及公司资产重组等。

①公司净资产。净资产或资产净值是总资产减去总负债后的净值，是全体股东的权益，是决定股票投资价值的重要基准。公司经过一段时间的营运，其资产净值必然有所变动。股

票作为投资的凭证，每一股代表一定数量的净值。从理论上讲，净值应与股价保持一定的比例，即净值增加，股价上涨；净值减少，股价下跌。

②公司盈利水平。公司业绩好坏集中表现在盈利水平的高低。公司的盈利水平是影响股票投资价值的基本因素之一。在一般情况下，预期公司盈利增加，可分配的股利会相应增加，股票市场价格上涨；预期公司盈利减少，可分配的股利相应减少，股票市场价格下降。值得注意的是，股票价格的涨跌和公司盈利的变化并不完全同时发生。

③公司的股利政策。股份公司的股利政策直接影响股票投资价值。在一般情况下，股票价格与股利水平成正比。股利水平越高，股票价格就越高；反之，股利水平越低，股票价格越低。股利来自公司的税后盈利，但公司盈利的增加只是为股利分配提供了可能，并非盈利增加股利就一定增加。公司为了合理地扩大再生产和在股东之间分配盈利，会有一定的股利政策。股利政策体现了公司的经营作风和发展潜力，不同的股利政策对各期股利收入有不同的影响。此外，公司对股利的分配方式也会给股价波动带来影响。

④股份分割。股份分割又称拆股或拆细，是将原有股份均等地拆成若干较小的股份。股份分割一般在年度决算月份进行，通常会刺激股价上升。股份分割给投资者带来的不是现实的利益，因为股份分割前后投资者持有的公司净资产和以前一样，得到的股利也相同。但是，投资者持有的股份数量增加了，给投资者带来了今后可多分股利和更高收益的预期，因此，股份分割往往比增加股利分配对股价上涨的刺激作用更大。

⑤增资和减资。公司因业务发展需要增加资本额而发行新股的行为，对不同公司股票价格的影响不尽相同。在没有产生相应的效益之前，增资可能使每股净资产下降，因而可能促使股价下跌。但对于那些业绩优良、财务结构健全、具有发展潜力的公司而言，增资意味着将增加公司的经营实力，会给股东带来更多回报，股价不仅不会下跌可能还会上涨。当公司宣布减资时，多半因为经营不善、亏损严重，需要重新整顿，所以股价会大幅下降。

⑥公司资产重组。公司资产重组总会引起公司价值的巨大变动，因而其股价也随之产生剧烈的波动。但需要分析公司资产重组对公司是否有利，公司资产重组是否会改善公司的经营状况，因为这些是决定股价变动方向的决定因素。

（二）影响股票价格变动的外部因素

一般来说，影响股票投资价值的外部因素主要是宏观经济因素、行业因素以及市场因素等。

①宏观经济因素。宏观经济走向和相关政策是影响股票投资价值的重要因素。宏观经济走向包括经济周期、通货变动以及国际经济形势等因素。国家的货币政策、财政政策、收入分配政策和对证券市场的监管政策等都会对股票的投资价值产生影响。

②行业因素。产业的发展状况和趋势对于该产业上市公司的影响是巨大的，因而产业的发展状况和趋势、国家的产业政策和相关产业的发展都会对该产业上市公司的股票投资价值产生影响。

③市场因素。证券市场上投资者对股票走势的心理预期会对股票价格走势产生重要的影响。市场中的散户投资者往往有从众心理，对股市产生助涨助跌的作用。

任务二　债　券

一、债券的概念

债券(Bond)是一种有价证券,是社会各类经济主体为筹集资金而向债券投资者出具的、承诺按一定利率定期支付利息并到期偿还本金的债权债务凭证。债券所规定的资金借贷双方的权责关系主要有:①所借贷货币资金的数额;②借贷的时间;③在借贷时间内的资金成本或应有的补偿(即债券的利息)。

债券所规定的借贷双方的权利义务关系包含四个方面的概念:①发行人是借入资金的经济主体;②投资者是出借资金的经济主体;③发行人必须在约定的时间付息还本;④债券反映了发行者和投资者之间的债权债务关系,而且是这一关系的法律凭证。

二、债券的性质

1. 债券属于有价证券。首先,债券反映和代表一定的价值。债券本身有一定的面值,通常它是债券投资者投入资金的量化表现;另外,持有债券可按期取得利息,利息也是债券投资者收益的价值表现。其次,债券与其代表的权利联系在一起,拥有债券就拥有了债券所代表的权利,转让债券也就将债券代表的权利一并转移。

2. 债券是一种虚拟资本。债券尽管有面值,代表了一定的财产价值,但它也只是一种虚拟资本,而非真实资本。因为债券的本质是证明债权债务关系的证书,在债权债务关系建立时所投入的资金已被债务人占用,债券是实际运用的真实资本的证书。债券的流动并不意味着它所代表的实际资本也同样流动,债券独立于实际资本之外。

3. 债券是债权的表现。债券代表债券投资者的权利,这种权利不是直接支配财产权,也不以资产所有权表现,而是一种债权。拥有债券的人是债权人,债权人不同于公司股东,是公司的外部利益相关者。

三、债券的票面要素

债券作为证券债务关系的凭证,一般以具有一定格式的票面形式来体现。通常,债券票面上有四个基本要素:

(一)债券的票面价值

债券的票面价值是票面标明的货币价值,是债券发行人承诺在债券到期日偿还给债券持有人的金额。债券的票面价值包括币种和金额。

(二)债券的到期期限

债券的到期期限是指债券发行日起至偿清本息之日止的时间,也是债券发行人承诺履行合同义务的全部时间。发行人在确定偿债期时,要考虑多种因素,主要有资金使用方向、市场利率变化、债券的变现能力等。根据期限长短,债券一般分为短期债券、中期债券和长期债券。

(三)债券的票面利率

债券的票面利率也称名义利率,是债券年利息与债券面值的比率。债券利率的高低,主要受借贷资金市场利率水平、发行者资信级别、偿还期限、利率计算方式和资本市场资金供求关系等因素的影响。

(四)债券发行者的名称

债券发行者的名称指明了该债券的债务主体,也为债权人到期追索本金和利息提供了依据。

以上四个要素虽然是债券票面的基本要素,但它们也并不是一定要在债券上印制出来。此外,债券票面上有时还包括一些其他因素,如分期偿还并附有一定选择权的债券、附有可转换条款的债券、附有交换条款的债券、附有新股认购权条款的债券等。

四、债券的特征

(一)偿还性

偿还性是指债券有规定的偿还期限,债务人必须按期向债权人支付利息和偿还本金。这一特征与股票的永久性有很大的区别。

(二)流动性

流动性是指债券持有人可按需要和市场的实际状况,灵活地转让债券,以提前收回本金和实现投资收益。流动性首先取决于市场为转让所提供的便利程度;其次取决于债券在迅速转变为货币时,是否在以货币计算的价值上蒙受损失。

(三)安全性

安全性是指债券持有人的收益相对稳定,不随发行者经营收益的变动而变动,并且可按期收回本金。一般来说,具有高度流动性的债券同时也是较安全的,因为它不仅可以迅速地转换为货币,而且还可以按一个较稳定的价格转换。

债券投资不能收回的两种情况:①债务人不履行债务,即债务人不能按时足额履行约定的利息支付或者偿还本金。②流通市场风险,即债券在市场上转让时因价格下跌而承受损失。

(四)收益性

收益性是指债券能为投资者带来一定的收入,即债券投资的报酬。在实际经济活动中,债券收益可以表现为三种形式:①利息收入;②资本损益,即债权人到期收回的本金与买入债券或中途卖出债券与买入债券之间的价差收入;③再投资收益。

五、债券的分类

(一)按发行主体分类,可分为政府债券、金融债券和公司债券

1. 政府债券

政府债券的发行主体是政府。中央政府发行的债券也称为国债,发行国债的主要目的是解决由政府投资的公共设施或重点建设项目的资金需要和弥补国家财政赤字。根据不同的发行目的,政府债券有不同的期限,从几个月到几十年。政府债券的发行和收入的安排使用是从整个国民经济的范围和发展来考虑的。政府债券的发行规模、期限结构、未清偿余额,关系着一国政治、经济发展的全局。与公司债券相比,政府债券具有安全性高、收益稳定、流动性强和免税待遇等特征。

2. 金融债券

金融债券的发行主体是银行或非银行金融机构。金融机构一般拥有雄厚的资金实力，信用度较高。因此，金融债券往往也有良好的信誉。银行和非银行金融机构是社会信用的中介，它们的资金来源主要靠吸收公众存款和金融业务收入（例如保险公司的保费收入），他们发行债券的目的主要是筹资用于某种特殊用途，或是改变自身的资产负债结构。对于金融机构来说，吸收存款和发行债券都是它的资金来源，构成了它的负债。二者的区别在于：①被动负债，②主动负债。

3. 公司债券

公司债券的发行主体是股份公司，公司发行债券的目的主要是出于经营需要。由于公司的情况千差万别，因此其风险性相对于政府债券和金融债券要大得多。其具体包括以下几种：

①信用公司债券。此债券是一种不以公司任何资产作为担保而发行的债券，属于无担保证券范畴。

②不动产抵押债券。该债券是以公司的不动产（如房屋、土地等）作抵押而发行的债券，是抵押证券的一种。

③质押债券。该证券又称抵押信托债券，是指以公司的其他有价证券（如子公司股票或其他债券）作为担保所发行的公司债券。

④保证公司债券。该证券是公司发行的由第三者作为还本付息担保人的债券，是担保证券的一种。

⑤收益公司债券。该债券是一种具有特殊性质的债券，它与一般债券相似，有固定的到期日，清偿时债权排列顺序先于股票。但它又与一般债券不同，其利息只有在公司有盈利时才支付，即发行公司利润扣除各项固定支出后的余额用作债券利息的来源。如果余额不足支付，未付利息可以累加，待公司收益增加后再补发。所有应付利息付清后，公司才可对股东分红。

⑥可转换公司债券。该债券是发行人按照法定程序进行的，在一定期限内依据约定的条件可以转换成股份的公司债券。这种债券附加认股权，在转换前是公司债券形式，转换后相当于增发了股票。可转换公司债券兼有债权投资和股权投资的双重优势。该债券还可以进一步划分为两种类型：一种是可分离型，指债券和认股权可以分离，可独立转让，即可分离交易的附认股权公司债券；另一种是非分离型，即不能把认股权从债券上分离，认股权不能成为独立买卖的对象。

（二）按付息方式分类，可分为付息债券、一次还本付息债券、贴现债券、零息债券

1. 付息债券

付息债券是指在券面上附有各项息票的中长期债券。息票上标明利息额、支付利息的期限和债券号码等内容。通常息票以 6 个月为一期。付息日凭息票领取本期利息。中长期国债及公司债券大多为附息票债券。

2. 一次还本付息债券

一次还本付息债券又称累息债券，它规定票面利率，但不设息票，不分期付息，也不计复利，只是在到期时将本金和多期利息一并支付给投资者。我国发行的中期国债多为累息债券。

3. 贴现债券

贴现债券又称贴水债券，其券面上不附息票，发行时按规定的折扣率(贴现率)以低于债券面值的价格发行，到期时按债券面值兑付而不另付利息，其发行价与面值的差额即为当付的利息。短期国债的发行常采用贴现方式。

4. 零息债券

零息债券是指在存续期内不支付利息，发行价格是债券面值按票面利率折现后的现值，到期按票面额还本付息的债券。投资者以低于面值的价格购买，收益是债券面值与购买价格的差额。由于零息债券的期限一般大于1年，因此实际上是一种以复利方式计息的债券。零息债券与贴现债券的区别在于：贴现债券期限通常短于1年，发行价格是债券面值扣除贴息后的差额；零息债券的期限一般长于1年，发行价格是债券面值按票面利息折现后的现值。零息债券于20世纪80年代初首次在美国债券市场上出现。

(三)按债券形态分类，可分为实物债券、凭证式债券、记账式债券

1. 实物债券

实物债券是一种具有标准格式的实际印刷的债券，需要具有很高的防伪性能。在标准格式的债券券面上，一般印有债券面额、债券利率、债券期限、债券发行人全称、还本付息方式等各种债券票面因素。有时，利率、期限等因素也可以通过公告向社会公布，而不在债券券面上注明。无记名国债就属于这种实物债券，它以实物券的形式记录债权、面值等，不记名，不挂失，可上市流通。实物债券是一般意义上的债券，很多国家通过法律法规对实物债券的格式予以明确的规定。

2. 凭证式债券

凭证式债券是债权人认购债券的一种收款凭证，即购买债券的依据，而不是债券发行人制定的标准格式的债券。我国1994年开始发行凭证式国债，主要通过各商业银行储蓄网点和财政部门国债服务部面向社会发行，券面上不印制票面金额，而是根据认购额填写实际的缴款金额，是一种国家储蓄债，可记名、挂失，以“凭证式国债收款凭证”记录债权，不能上市流通，从购买之日起计息。在持有期内，持券人如遇特殊情况需要提取现金，可以在原购买网点提前兑取。

3. 记账式债券

记账式债券是没有实物形态的票券，利用账户通过计算机系统完成国债发行、交易及兑付的全过程。目前，上海证券交易所和深圳证券交易所已为证券投资者建立了电子证券账户，发行人可以利用证券交易所的交易系统来发行债券。投资者进行记账式债券买卖，必须在证券交易所设立账户。记账式国债可以记名、挂失，安全性较高，同时由于记账式债券的交易和发行均无纸化，所以发行时间短、发行效率高，交易手续简便、成本低，交易较为安全。

(四)按照偿还期限分类，可分为长期债券、短期债券和中期债券

1. 短期债券(Treasury Bill)。它是指偿还本金的期限在1年以下的债券，通常有3个月、6个月、9个月和12个月等。例如，美国的短期国库券期限通常为3个月、6个月，最长不超过1年，英国的国库券通常为3个月，日本的短期国债为2个月等。

2. 中期债券(Treasury Note)。它是指本金偿还期限在1年以上、10年以下的债券。例如，美国联邦政府债券中的1～10年期的债券；日本的中期附息国家债券的期限为2～4年，贴现国家债券的期限为5年；中国发行的国库券大多为3～5年等。

3. 长期债券(Treasury Bond)。它是指本金偿还期限在10年以上的债券。例如，美国联邦政府债券中有 10～30 年期的国家债券；日本的长期附息国家债券的期限为 10 年；英国的长期金边债券为 15 年以上等。这里需要强调的是，有的长期债券不偿还本金，只是按期支付利息，除因发行公司破产或有重大债务不能履行其义务等情况外，一般不能要求偿还本金，也有人称这种债券为无期债券。

我国国债的期限划分与上述标准相同，但我国企业债券的期限划分有所不同：我国短期企业债券的偿还期限在 1 年以内；偿还期限在 1 年以上 5 年以下的为中期企业债券；偿还期限在 5 年以上的为长期企业债券。

(五)按照债券利率在偿还期内是否变化分类，可分为固定利率债券、浮动利率债券和累进利率债券

1. 固定利率债券

固定利率债券是指在偿还期内利率固定不变的债券。在偿还期内，无论市场利率如何变化，债券持有人只能按债券票面载明利率获取利息。在偿还期内，当市场利率高于票面利率时，债券持有人就要承担收益率相对较低的风险；当市场利率低于票面利率时，债券持有人可以获得由于市场利率下降带来的额外收益。

2. 浮动利率债券

浮动利率债券是指利率可以定期变动的债券。这种债券的利率按预先确定的基准利率予以定期调整，一般高于基准利率一定的百分点。当市场利率上升时，债券的利率也相应上浮；反之，当市场利率下降时，债券利率就相应下调。这样，浮动利率债券就可以避开因市场利率波动而产生的风险。

【做中学 2－1】 累进利率债券

累进利率债券又称利率递增债券，是指以利率逐年累进方法计息的债券。其利率随着时间的推移，后期利率将比前期利率更高，有一个递增率，呈累进状态。

例如，中国工商银行 1987 年 10 月发行的金融债券，期限为 5 年，满 1 年兑付，利率按 9% 计算；满 2 年兑付，第一年利率为 9%，第二年利率为 10%；满 3 年兑付，第一年利率为 9%，第二年利率为 10%，第三年利率为 11%。第四年、第五年依此类推。

(六)按债券面值货币和市场所在地分类，可分为国内债券和国际债券

1. 国内债券

国内债券是指发行人在本国境内发行，以本国货币为面值的债券。

2. 国际债券

国际债券是指发行人在国外市场发行，且不以发行人所在国货币为面值的债券。国际债券又可以分为以下两种：

①外国债券。外国债券是指发行人在外国证券市场发行的以市场所在国货币为面值的债券。例如，外国发行人在美国发行的美元债券又称“扬基债券”，在日本发行的日元债券又称“武士债券”，在中国发行的人民币债券又称“熊猫债券”。

②欧洲债券。欧洲债券是指发行人在外国证券市场发行的以市场所在国以外的第三国货币为面值的债券，又称境外债券。欧洲债券起源于欧洲，但现在它的市场所在地早已不限于欧洲。

(七)按债券募集方式分类，可分为公募债券和私募债券

1. 私募债券。它是指仅向发行单位内部或与发行单位有特殊关系的投资人发售的债券。私募债券发行的范围较小,不需要公开申报,债券的转让也受到一定限制,流动性较差。

2. 公募债券。它是指向社会公开销售的债券。这种债券不是向指定的少数投资者出售,而是向社会所有可能的投资者出售。因此,必须遵守信息公开制度,以保护投资者利益。一般发行公募债券时要请有关部门审批,并需经公认的资信评价机构评级。

六、债券与股票的比较

(一)债券与股票的相同点

1. 债券与股票都属于有价证券。尽管债券和股票有各自的特点,但它们都属于有价证券。债券和股票作为有价证券体系中的一员,是虚拟资本,它们本身无价值,但又都是真实资本的代表。持有债券或股票,都有可能获取一定的收益,并能行使各自的权利和流通转让。债券和股票都在证券市场上交易,是各国证券市场的两大支柱类交易工具。

2. 债券与股票都是筹措资金的手段。债券和股票都是有关经济主体为筹资需要而发行的有价证券。经济主体在社会经济活动中必然会产生对资金的需求,从资金融通角度看,债券和股票都是筹资手段。与向银行贷款间接融资相比,发行债券和股票筹资的数额大,时间长,成本低,且不受贷款银行的条件限制。

3. 债券与股票收益率相互影响。从单个债券和股票看,它们的收益率经常会发生差异,而且有时差距还很大。但是,总体而言,如果市场是有效的,则债券的平均收益率和股票的平均收益率会大体保持相对稳定的关系,其差异反映了二者风险程度的差别。这是因为,在市场规律的作用下,证券市场上一种融资手段收益率的变动,会引起另一种融资手段收益率发生同向变动。

(二)债券与股票的不同点

1. 权利不同。股票表示的是对公司的所有权,而债券所表示的只是一种债权;股票投资者有参加公司经营管理的权利,而债券投资者则没有参加经营管理的权利。

2. 目的不同。发行股票是股份公司筹集资本的需要;发行债券则是追加资金的需要。发行股票所筹措的资金列入公司资本;发行债券所筹措的资金列入公司负债。

3. 期限不同。股票通常是不能偿还的,没有到期日,股东把资本交给公司后,资本即归公司支配,非到停业清理或解散,资本是不能退还给股东的。因此股票是一种无期投资,或称永久投资。债券有到期日,期满时债务人必须按时归还本金,因此,债券是一种有期投资。

4. 收益不同。债券通常有规定的利率,可获得固定的利息。股票的股息红利不固定,一般视公司的经营情况而定。

5. 风险不同。股票的风险大于债券。因为:①从报酬支付顺序上看,债券获得报酬优先于股票。因为债券利息是公司的固定支出,属于费用范围,在上缴所得税之前支付;股票的股息红利要看公司经营的盈亏而定,多盈可以多分、亏损可以不分,股利要在税后盈利中支付,而且支付顺序列在债券利息支付和上缴所得税之后。②倘若公司破产,清算资产有余额偿还时,债券偿付在前,股票偿付在后。③在二级市场上,债券因其利率固定,期限固定,因此,市场价格也较稳定,投机性很小。而股票无固定的期限和利率,受各种宏观因素和微观因素的影响,市场价格波动频繁,有时猛涨,有时暴跌,投机性很强。

6. 流通性不同。股票和债券都具有很强的流通性,但程度有明显差别。一般情况下,债券因有期限,流通性远不如股票。

7. 发行单位不同。发行债券的经济主体很多，中央政府、地方政府、金融机构、公司组织等一般都可以发行债券，但能发行股票的经济主体只有股份有限公司。

任务三　证券投资基金

一、证券投资基金的概念

证券投资基金(Securities Investment Fund)是指通过发售基金份额，将众多投资者的资金集中起来，形成独立财产，由基金托管人托管、基金管理人管理，以组合投资的方法进行证券投资的一种利益共享、风险共担的集合投资方式。

作为一种大众化的信托投资工具，各国对证券投资基金的称谓不尽相同，如美国称“共同基金”，英国和我国香港地区称“单位信托基金”，日本和我国台湾地区则称“证券投资信托基金”等。

二、证券投资基金的当事人

我国的基金依据基金合同设立，基金投资者、基金管理人和基金托管人是基金的当事人。

(一)基金投资者

基金投资者即基金份额持有人，是基金的出资者、基金资产的所有者和基金投资收益的受益人。按照《中华人民共和国证券投资基金法》(以下简称《证券投资基金法》)的规定，我国基金投资者享有以下权利：分享基金财产收益，参与分配清算后的剩余基金财产，依法转让或者申请赎回其持有的基金份额，依据规定要求召开基金份额持有人大会，对基金份额持有人大会审议事项行使表决权，查阅或复制公开披露的基金信息资料，对基金管理人、基金托管人、基金份额发售机构损害其合法权益的行为依法提出诉讼。

(二)基金管理人

基金管理人是基金产品的募集者和基金的管理者，其最主要的职责就是按照基金合同的约定，负责基金资产的投资运作，在风险控制的基础上为基金投资者争取最大的投资收益。基金管理人在基金运作中具有核心作用，基金产品的设计、基金份额的销售与注册登记、基金资产的管理等重要职能多半都要由基金管理人或基金管理人选定的其他服务机构承担。在我国，基金管理人只能由依法设立的基金管理公司担任。

(三)基金托管人

为了保证基金资产的安全，《证券投资基金法》规定，基金资产必须由独立于基金管理人的基金托管人保管，从而使得基金托管人成为基金的当事人之一。基金托管人的职责主要体现在基金资产的保管、基金资产清算、会计复核以及对基金投资运作的监督等方面。在我国，基金托管人只能由依法设立并取得基金托管资格的商业银行担任。

三、证券投资基金的特点

(一)集合理财，专业管理

证券投资基金将零散的资金汇集起来，交给专业机构投资于各种金融工具，以谋取资产的增值。基金实行专业理财制度，由受过专门训练、具有比较丰富的证券投资经验的专业人员运用各种技术手段收集、分析各种信息资料，预测金融市场上各种证券品种的价格变动趋势，制定投资策略和投资组合方案，从而最大限度地避免投资决策失误，提高投资收益。

（二）组合投资，分散风险

以科学的投资组合分散风险、提高收益是基金的另一个特点。在投资活动中，风险和收益总是并存的，因此，必须进行分散投资。但是要实现投资资产的多样化，需要一定的资金实力。对小额投资者而言，由于资金有限，很难做到这一点，而基金则可以帮助中小投资者解决这个困难，即可以凭借其集中的巨额资金，在法律规定的投资范围内进行科学的组合，分别投资于各种证券，实现资产组合的多样化。通过多元化的投资组合，一方面借助资金庞大的优势和投资者众多的优势，使每个投资者面临的投资风险变小；另一方面可以利用不同投资对象之间收益率变化的相关性，达到分散风险的目的。

（三）专家管理，服务专业

证券投资基金由专业的基金管理人进行投资管理。基金管理人比一般的中小投资者在信息、经验、时间、研究能力和投资技巧等方面更具有优势，同时，证券投资基金从发行、交易、申购、赎回到收益分配和再投资，都有专门的机构负责管理，因此，基金投资者能享受到专业的投资管理和服务所带来的好处。

（四）监管严格，信息透明

证券投资基金拥有较大的资金量，其交易行为会对市场产生一定的影响，因此各国的法律法规都对基金业实行严格的监管，对于基金发起人、管理人、托管人的资格和职责，基金的投资对象和数量，基金的交易行为都有一定的限制。同时，关于证券投资基金的多种信息都会被要求进行及时规范的披露，从而有效地保护基金持有人的利益。

（五）独立托管，保障安全

基金管理人只负责基金资产的投资运作，不负责基金财产的保管，基金财产由独立于基金管理人的基金托管人负责。二者之间相互制约、相互监督的制衡机制保护了投资者的利益。

四、证券投资基金的分类

（一）根据组织形式的不同，可分为契约型基金和公司型基金

①契约型基金是基于一定的信托契约进行代理投资的组织形式，通过基金投资者和基金管理人、基金托管人签订基金契约而设立的。基金契约是一种信托合同，基金投资者作为受托人，将自有资金委托基金管理人进行投资运作，委托基金托管人保管其基金财产。基金管理人和基金托管人依据基金契约进行运作，基金投资者依据基金契约分享投资收益。

②公司型基金是依据《公司法》和基金公司章程，通过向基金投资人募集基金股份而设立的。在公司型基金中，投资者是基金公司的股东，享有股东权，按所持基金股份分享投资收益，并承担有限责任。公司型基金在形式上类似于一般的股份公司，只是它通常不像普通的股份公司一样直接经营和管理资产，而是委托基金公司作为专门机构来经营和管理基金资产。

契约型基金和公司型基金的主要区别见表2—1。

表 2—1　　契约型基金与公司型基金比较

比较点	契约型基金	公司型基金
法律依据	依据基金契约组建,《信托法》是基金成立的依据	依照《公司法》组建
法人资格	契约型基金不具有法人资格	公司型基金本身就是具有法人资格的股份有限公司
投资者的地位	契约型基金的投资者作为信托契约中规定的受益人,对基金如何运用所做的重要投资决策通常不具有发言权	公司型基金的投资者作为公司的股东有权对公司的重大决策进行审批,并发表自己的意见
融资渠道	契约型基金因不具有法人资格,一般不向银行借款	公司型基金由于具有法人资格,在资金运用状况良好、业务开展顺利,又需要扩大公司规模、增加资产时,可以向银行借款
经营财产的依据	契约型基金凭借基金契约经营基金财产	公司型基金则依据公司章程来经营
基金运营	契约型基金依据基金契约建立、运作,契约期满,基金运营也就终止	公司型基金像一般的股份公司一样,除非依据《公司法》到了破产、清算阶段,否则公司一般都具有永久性

(二)根据基金运作方式的不同,可分为封闭式基金和开放式基金

①封闭式基金是指经核准的基金份额总额在基金合同期限内固定不变,基金份额可以在依法设立的证券交易所交易,但基金份额持有人不得申请赎回的基金运作方式。

②开放式基金是指基金份额总额不固定,基金份额可以在基金合同约定的时间和场所申购或赎回的基金运作方式。两者在运作中有很多不同,见表 2—2。

表 2—2　　封闭式基金与开放式基金比较

比较点	封闭式基金	开放式基金
交易场所	深圳证券交易所、上海证券交易所	基金管理公司或代销机构网点(主要指银行等网点)
基金存续期限	有固定的期限	没有固定期限
基金规模	固定额度,一般不能再增加发行	没有规模限制(但有最低的规模限制)
赎回限制	在期限内不能直接赎回基金,需通过上市交易套现	可以随时提出购买或赎回申请
交易方式	上市交易	基金管理公司或代销机构网点
价格决定因素	交易价格主要由市场供求关系决定	价格则依据基金的资产净值而定
分红方式	现金分红	现金分红、再投资分红
费用	交易手续费：成交金额的 2.5‰	申购费:不超过申购金额的 5% 赎回费:不超过赎回金额的 3%
投资策略	封闭式基金不可赎回,无须提取准备金,能够充分运用资金进行长期投资,取得长期经营绩效	随时面临赎回压力,需更注重流动性等风险管理,要求基金管理人具有更高的投资管理水平

(三)根据募集方式的不同,可分为公募基金和私募基金

①公募基金是指受政府主管部门监管的向不特定投资者公开发行受益凭证的证券投资

基金。这些基金在法律的严格监管下，有着信息披露、利润分配、运行监制等行业规范。

②私募基金又称向特定对象募集的基金，是指通过非公开方式面向少数投资者募集资金而设立的基金，其销售和赎回都是基金管理人通过私下与投资者协商进行的。

（四）根据投资目标不同，可分为收入型基金、成长型基金和平衡型基金

①收入型基金是以获取最大的当期收入为目标的基金。其特点是风险较小，但长期成长的潜力也较小。收入型基金主要以政府债券、公司债券和高比例分红的大盘蓝筹股等稳定收益证券为投资对象。

②成长型基金是以资本的长期增值为目标的基金，特点是能够获取较大的收益，但风险较大。成长型基金主要投向新兴行业中有成长潜力的中小企业。成长型基金还可以进一步分为积极成长型基金和稳健成长型基金。

③平衡型基金则介于收入型基金和成长型基金两者之间，既注重当期收入，又追求资本的长期增值，收益和风险都适中。

（五）根据投资对象的不同，可分为股票型基金、债券型基金、混合基金和货币市场基金等

①股票型基金是指以股票为主要投资对象的基金。根据所投资股票的不同特性，股票型基金还可以进一步细分。例如，根据其所投资股票平均市值的大小不同，股票型基金可以分为大盘基金、中盘基金和小盘基金。

②债券型基金是指主要以各种债券为投资对象的基金。根据投资债券类型的不同，债券型基金还可以细分为国债基金、公司债券基金和可转换债券基金等。

③混合基金是指同时投资于股票和债券的基金。根据股票和债券在混合基金中比例的不同，这类基金还可以进一步细分为偏股型基金、偏债型基金和配置型基金。

④货币市场基金是指投资于货币市场中高流动性证券的基金，这些证券包括国库券、大额可转让定期存单、商业票据、承兑汇票、银行同业拆借、回购协议等。货币市场基金的最大特点是投资收益自动转成新的基金份额。

（六）根据资金来源或资金投资投向地域的不同，可分为国内基金、国际基金、离岸基金和海外基金

①国内基金。它是指仅投资于国内有价证券，且投资者多为本国居民的投资基金。

②国际基金。它是指在境内发行基金份额筹集资金，然后投资于境外某一特定国家或地区资本市场的投资基金。国际基金可以为本国投资者带来更多的投资机会和在更大的范围内分散风险。国际基金还可以分为区域基金和环球基金。

③离岸基金。它是从境外募集资金，并投资于境外金融市场的基金。离岸基金的注册登记一般在素有“避税天堂”之称的离岸金融中心，因为这些国家和地区对个人投资的所得不征税。

④海外基金。它是从境外募集资金投资于国内金融市场的基金。海外基金是资本市场没有对外开放或实行外汇管制的发展中国家利用外资的一种方式。

（七）根据一、二级市场差异得不同，可分为交易型开放式指数基金和上市交易型开放式基金

①交易型开放式指数基金（ETF）。它一般由证券交易所或大型基金管理公司、证券公司发起设立。首先，投资人向ETF的发起人交付一定金额的股票篮子，该股票篮子中各股票的权重与基准指数中各成分股票的权重完全一致。其次，ETF的发起人将众多投资和交付的

股票篮子汇合在一起，将其交付给银行、信托投资公司等机构托管，从而形成信托资产。最后，ETF 的发起人以此为实物担保向投资人发行 ETF。ETF 在一级市场上主要是投资者和基金管理公司之间进行基金申购和赎回，在二级市场上主要是投资者之间进行交易所挂牌交易，通过两个市场的价格差异进行套利。

②上市交易型开放式基金(LOF)。它并不是一种新的基金，而是指发行结束后，既可以在一级市场办理日常的申购和赎回，又可以在证券交易所进行实时交易，还可以在一、二级市场上进行套利的开放式基金。只是由于申购和赎回是在指定网点进行的，因而需要办理基金份额的转托管手续。LOF 是我国借鉴 ETF 运作机制的独创产品。二者的区别见表 2—3。

表 2—3 **ETF 与 LOF 比较表**

区别点	ETF	LOF
产品类型	绝大多数为指数型股票基金	多样
管理费用	低，如国外指数型 ETF 产品费率多为 0.1%～0.6%	高，如我国内地现有积极管理型股票基金费率一般为 1.5%
投资组合透明度	高，每日公告投资组合	低，每季度公告持股前 10 名
申购赎回	采用组合证券换取基金份额的方式	采用现金申购赎回方式
申购赎回费用	低，不超过 0.5%	高，如我国内地现有股票基金一般申购费为 1.5%，赎回费为 0.5%
两个交易渠道之间的连通	套利交易当日即可完成	转托管需要 2 个工作日

(八)其他特殊类型的基金

①对冲基金。它的本意是指利用各种衍生工具，对所持资产组合进行套期保值，从而能有效控制风险的基金。但是近年来，"对冲基金"名称的适用范围扩大，泛指以追求最大绝对收益为目标的基金。

②指数基金。它设立的动机是源于资本市场的有效性，是一种被动投资型的基金。如果基金管理人相信市场是有效的，那么任何试图战胜市场而获得超额收益的行为都是徒劳的。因此，选择某一市场指数作为特定的基准指数，构造一个投资组合，以该指数中各成分证券的相对权重作为投资组合中各证券的相对权重，就能复制基准指数的收益。只要指数成分证券不发生频繁变动，基金管理人就无须花大量精力来调整投资组合。对于投资者而言，指数基金除了能获得与基准指数大致相当的收益之外，另一重要优势就是管理费用低廉。

五、证券投资基金的风险

(一)市场风险

基金实行组合投资确实可以分散和降低风险，但不能完全消除风险。事实上，不同种类的基金仍然存在不同程度的风险。由于基金主要把资金投资于股票和债券上，那么这些有价证券的价格波动就可能给基金资产带来风险。这种证券价格波动造成的风险可以分解为系统风险(市场风险)和非系统风险。系统风险通过分散投资是无法避免的，而非系统风险一般可以通过投资组合技术分散和化解，因而对投资基金影响不大。

(二)流动性风险

封闭式基金无法赎回,只能在证券市场交易收回资金,投资者在急于出售封闭式基金时就不得不被动地接受市场价格,而且目前在我国市场上,封闭式基金的折价尤其严重,最初的投资者在卖出时很难避免损失。对于开放式基金而言,投资者在当日进行申购、赎回基金单位时,所参考的单位资产净值是上一个交易日的数据,而对于基金单位资产净值在自上一个交易日至交易当日所发生的变化,投资人无法预知,因此投资人在申购赎回时无法知道以什么价格成交。这种风险就是开放式基金的申购赎回价格未知的风险。

(三)管理风险

管理风险是基金运作各当事人的管理水平对投资人带来的风险。例如,基金管理人的管理能力有限,对市场无法做出很好的判断,使基金的收益出现不正常的情况。

(四)机构运作风险

开放式基金由多个机构提供服务,这些机构的运作存在着诸多风险,主要包括:①系统运作风险,是指基金管理人、基金托管人、注册登记机构或代销机构等当事人的运行系统出现问题时,给投资者带来损失的风险。②经营风险,指基金运作当事人因不能履行业务,如经营不善、亏损或破产等给基金投资人带来的资产损失风险。

六、证券投资基金与股票、债券的区别

1. 反映的经济关系不同。股票表示的是对公司的所有权,是一种所有权关系;债券所表示的是一种债权,形成债权债务关系;契约型基金反映的是一种信托投资关系,并不涉及所有权的转移。

2. 发行目的不同。发行股票是股份公司筹集资本的需要,发行股票所筹集的资金列入公司资本;发行债券是公司追加资金的需要,发行债券所筹措的资金列入公司负债;而发行基金股份或受益证券是为了形成一个以分散组合投资为特色、以降低风险达到资产增值为目的的基金组织,基金组织是一个标准的投资人,发行基金所筹集的资金构成基金的组成单位。

3. 发行者不同。股票发行者是股份公司,债券发行者是政府、金融机构、公司企业等,而基金的发行者是一个比较松散的组织。

4. 所筹集资金的投向不同。股票、债券是一种投资工具,筹集的资金投向实业;基金是一种信托工具,投资面向其他证券。如果说股票、债券是一次投资范畴,基金则属于再投资或二次投资的范畴。

5. 期限不同。债券是债权的代表,债券的性质决定了债券要在一定时期内还本付息;股票是公司所有权的代表,没有到期日;基金较灵活,可有期,可无期,有期限的,在到期时,经基金证券持有人大会同意、主管机关批准,还可以延期。

6. 风险和收益不同。债券反映债权债务关系,其特点是事先双方约定借贷的利率与时间,债务人对债权人的这种承诺是无条件执行的,因此债权人风险较小,债务人风险较大。与之相比,股票投资者在其投资时没有定期取得收入的任何保证,股票收益要看公司经营的盈亏而定,且没有到期日,不能赎回,只能在二级市场上通过交易获得现金,有可能出现亏损,所以股票投资风险大。基金与股票的相同点是基金投资者在其投资时并不能得到一个确定的利率,也没有定期取得收入的任何保证,基金经营业绩良好,投资者会得到较好的报酬,反之则报酬较低,投资者必须要承担一定的风险。但基金主要投资于有价证券,专业性投资机构

对投资者资金的运用能实现稳定收益，且有可能获得比债券更高的收益；基金的组合投资也避免了投资一般股票的高风险，所以基金的风险介于股票和债券之间。

7. 返还性不同。债券到期必须还本付息；而股票投资人一旦出资购买了某公司的股票，投资者就再不能向发行股票的公司退还股票索回资金，具有不可返还性，但可以在二级市场上通过交易换回现金。基金则较灵活，在基金的存续期内封闭式基金同股票一样不能赎回，但可以在二级市场上通过交易换回现金；开放式基金可以自由赎回，而股票则不行。

8. 投机性不同。债券一般只是单纯的投资对象，投机性很小；而股票则不但是投资对象，还有很强的投机性，股票价格的频繁波动，就给股票的买卖投机带来了可能性。基金是一种中长期信托投资工具，不能当成股票来炒；基金又不同于债券，基金的价格是随着投资的经营效益的高低而发生变化，具有波动性。所以，基金的投机性介于股票和债券之间。

任务四 金融衍生工具

一、衍生类证券投资工具

(一)衍生证券的概念

衍生证券又称衍生工具，是一种证券，其价值依赖于其他更基本的标的(underlying，也称基本的)变量。目前，衍生证券包括远期合约、期货、期权、互换等金融衍生品。衍生证券，如期权和期货，是收益取决于其他资产价格(如债券或股票价格)的合约。衍生证券因其价值取决于其他资产的价格而得名。

(二)衍生证券的产生

衍生证券产生的动力，主要来自金融市场的价格风险。20 世纪 70 年代以后，金融环境发生很大的变化，利率、汇率和通货膨胀呈现极不稳定和高度易变的状况，使金融市场价格风险大增。

(1)从汇率看：1973 年布雷顿森林体系崩溃后，以美元为中心的固定汇率制完全解体，西方主要国家纷纷实行浮动汇率制，加之 20 世纪 70 年代国际资本流动频繁，特别是欧洲美元和石油美元的冲击，使得外汇市场的汇率变化无常，大起大落。

(2)从利率看：从 20 世纪 60 年代末开始，西方国家的利率开始上升，20 世纪 70 年代的两次石油危机更是使国际金融市场的利率水平扶摇直上，将金融市场的投资者和借贷者暴露在高利率风险中。20 世纪 60 年代，西方货币学派兴起，到 20 世纪 70 年代对西方国家的领导人产生影响，西方国家普遍以货币供应量取代利率作为货币政府的中介目标，从而放松对利率的管制，所以利率变动频繁。

汇率、利率以及相关的股市价格的频繁变动，使企业、金融机构和个人时时刻刻生活在金融市场价格变动风险之中，迫切需要规避市场风险。由此，作为新兴风险管理手段的以期货、期权和互换为主体的衍生证券应运而生。进入 20 世纪 80 年代后，美国、英国、日本等发达国家不断放松金融管制，实行金融自由化措施，创造更为宽松的金融竞争环境。这一方面使得利率、汇率等市场行情更加频繁地波动，规避风险的要求进一步扩大；另一方面为新市场的创立和新业务的开展提供了更多的机会和可能，从而促进衍生证券的持续发展。

(三)衍生证券的特征

衍生证券是一种契约，其交易属于“零和游戏”，衍生证券的交易实际上是进行风险的再分配，但它不会创造财富。衍生证券具有很高的杠杆效应，它是以小博大的理想工具。这既会加大市场的风险，又会降低交易成本，提高市场的流动性。其特点具体包括：

1. 跨期交易

衍生证券是为了规避或防范未来价格、利率、汇率等变化风险而创设的合约，合约标的物的实际交割、交收或清算都是约定在未来的时间进行的。跨期可以是即期与远期的跨期，也可以是远期与远期的跨期。

2. 杠杆效应和高风险

衍生证券具有以小博大的能量，借助不到合约标的物市场价值5%～10%的保证金，或者支付一定比例的权益费而获得一定数量合约标的物在未来时间交易的权限。无论是保证金还是权益费，与合约标的物价值相比都是很小的数目，衍生证券交易相当于以0.5～1折买到金融资产，具有10～20倍的交易放大效应。只要实际的变动趋势与交易者预测的相一致，即可获得丰厚的收益。但是，一旦预测有误，就可能使投资者遭受严重损失。1995年2月英国巴林银行倒闭事件，就是因为交易员运用日经股票指数期货过度投机导致的悲剧。

3. 不确定性

衍生证券所产生的收益，来自于标的物价值的变动，即约定价格与实际价格的差额，将随着未来利率、证券价格、商品价格、汇率或相应的指数变动而变动。

4. 套期保值和投机套利共存

衍生证券产生的直接动因是规避风险，进行套期保值，然而，要求保值的交易者不可能都恰好相互达成协议。衍生证券在集中了社会经济各种风险之后，需要得以释放和分配，需要有大量活跃的参与者承担风险，即投机者的加入。衍生证券的杠杆效应具备了吸引投机者的条件，这种低成本、高收益的交易使相当多的人甘愿冒高风险去一试高低。

(四)衍生证券的功能

1. 规避风险

该功能也是衍生证券被金融企业界广泛应用的初衷所在。它能将价格变动风险同其他正常商业活动风险分离开来，通过使用衍生工具，投资者可以把所承担的价格波动风险予以转移，这样就实现了金融衍生工具规避风险的功能。此类主体的活动是金融衍生市场较为主要的部分。

2. 投机套利

投机者利用金融衍生工具市场中保值者的头寸并不恰好互相匹配对冲的机会，通过承担保值者转嫁出去的风险的方法，博取高额投机利润。还有一类是套利者，他们的目的与投机者差不多，但不同的是套利者寻找的是几乎无风险的获利机会。金融衍生市场交易机制和衍生证券本身的特征，使投机套利功能得以发挥。

3. 降低交易成本

与传统的融资方式相比，市场参与者一方面可以利用衍生工具把各个市场的各种不同的有利因素有机地联系起来，减少以至消除最终产品市场上的价格风险；另一方面又可以根据金融衍生工具市场所揭示的价格趋势信息，制定经营策略，从而降低交易成本，增加经营的收益。同时，拥有不同目的的从事交易的参与者可以在市场交易中满足自己的需求，最终形成双赢的局面。

4. 价格发现

衍生证券的价格受制于基础产品的价格，同时，来自四面八方的交易者通过公开竞价形成一种市场均衡价格，这样所形成的价格能够在相当程度上反映出交易者对衍生工具价格的预期，不仅有指示性功能，而且有助于金融产品价格的稳定。

(五)衍生证券的种类

1. 按产品形态，可分为独立衍生工具和嵌入式衍生工具

①独立衍生工具。它是指本身即为独立存在的金融合约，例如期权合约、期货合约或者互换交易合约等。

②嵌入式衍生工具。它是指嵌入到非衍生合同（以下简称“主合同”）中的金融衍生工具。该衍生工具使主合同的部分或全部现金流量按照特定利率、金融工具价格、汇率、价格或利率指数、信用等级或信用指数，或类似变量的变动而发生调整，例如，目前公司债券条款中包含的赎回条款、返售条款、转股条款、重设条款等。

2. 按交易场所，可分为交易所交易的衍生工具和 OTC 交易的衍生工具

①交易所交易的衍生工具。它是指在有组织的交易所进行竞价交易的衍生工具，例如股票期权产品、各类期货合约、期权合约等。

②OTC 交易的衍生工具。它是指不通过集中的交易所，交易双方直接成为交易对手交易的衍生工具，例如各类互换交易和信用衍生品交易。

3. 按基础工具，可分为股权类产品的衍生工具、货币衍生工具、利率衍生工具、信用衍生工具以及其他衍生工具

①股权类产品的衍生工具。它是指以股票或股票指数为基础工具的金融衍生工具，主要包括股票期货、股票期权、股票指数期货、股票指数期权以及上述合约的混合交易合约。

②货币衍生工具。它是指以各种货币作为基础工具的金融衍生工具，主要包括远期外汇合约、货币期货、货币期权、货币互换以及上述合约的混合交易合约。

③利率衍生工具。它是指以利率或利率的载体为基础工具的金融衍生工具，主要包括远期利率协议、利率期货、利率期权、利率互换以及上述合约的混合交易合约。

④信用衍生工具。它是指以基础产品所蕴含的信用风险或违约风险为基础变量的金融衍生工具，用于转移或防范信用风险，是 20 世纪 90 年代以来发展最为迅速的一类衍生产品，主要包括信用互换、信用联结票据等。

⑤其他衍生工具。除以上 4 类金融衍生工具之外，还有相当多数量的金融衍生工具是在非金融变量的基础上开发的，例如用于管理气温变化风险的天气期货、管理政治风险的政治期货、管理巨灾风险的巨灾衍生产品等。

4. 按衍生证券自身交易的方法及特点，可分为远期合约、期货合约、期权合约、互换合约和结构化金融衍生工具

①远期合约。它是指合约双方同意在未来日期按照固定价格买卖基础金融资产的合约。金融远期合约主要包括远期利率协议、远期外汇合约和远期股票合约。

②期货合约。它是买卖双方在有组织的交易所内以公开竞价的形式达成的，在将来某一特定时间交收标准数量特定金融工具的协议，主要包括货币期货、利率期货、股票指数期货和股票期货 4 种。近年来，不少交易所又陆续推出更多新型的期货品种，例如房地产价格指数期货、通货膨胀指数期货等。

③期权合约。它是合约买方向卖方支付一定费用，在约定日期内(或约定日期)享有按事

先确定的价格向合约卖方买卖某种金融工具的权利的契约，包括现货期权和期货期权两大类。除交易所交易的标准化期权、权证之外，还存在大量场外交易的期权，这些新型期权通常被称为奇异型期权。

④互换合约。它是指两个或两个以上的当事人按共同商定的条件，在约定的时间内定期交换现金流的金融交易，可分为货币互换、利率互换、股权互换、信用违约互换等类别。

⑤结构化金融衍生工具。以上 4 种常见的金融衍生工具是最简单和最基础的金融衍生工具，而利用其结构化特性，通过相互结合或者与基础金融工具相结合，能够开发设计出更多具有复杂特性的金融衍生产品，后者通常被称为结构化金融衍生工具。例如，在股票交易所交易的各类结构化票据，目前我国各家商业银行推广的外汇结构化理财产品等都是其典型代表。

二、基础金融衍生工具

前面我们提到衍生证券按照自身交易的方法及特点，可以分为远期合约、期货合约、期权合约、互换合约和结构化金融衍生工具等。

(一)远期合约

1. 远期合约的概念和特点

远期合约是最早出现也是最基础的金融衍生产品，是交易双方约定在未来某一确定的时间，按确定的价格(如汇率、利率价格等)买卖一定数量的某种金融资产的合约。它通常是在金融机构或大型工商企业间签署的，一般不在规范的交易所内交易。

金融远期合约规定了将来交割的资产、日期、价格和数量，合约条款根据双方需求协商确定，以便尽量满足交易双方的需要，因此灵活性较大，这也是它的主要优点。但是远期合约由于没有固定、集中的交易场所，没有统一的合同形式，不利于信息交流与传递，具有搜索困难、交易成本较高、流动性较差和存在对手违约风险等缺点。随着远期市场规模的扩大，部分市场出现了专门的报价商，其有助于提高交易效率。

2. 远期合约的种类

根据远期合约的基础资产划分，常见的金融远期合约包括 3 个大类。

①远期利率合约。远期利率合约是指交易双方按照约定的名义本金，在约定的未来日期按协议利率借贷一笔数额确定、以具体货币表示的本金的协议。借贷双方不必交换本金，只是在结算日由交易一方将协议利率和参考利率之间的差额的贴现额度(结算金)付给另一方。

远期利率是指现在时刻的将来一定期限的利率。例如，1×4 远期利率，表示 1 个月之后开始的期限为 3 个月的远期利率；3×6 远期利率，则表示 3 个月之后开始的期限为 3 个月的远期利率。

结算金的计算公式为(空方支付多方)：

$$\text{结算金}=\frac{(\text{参考利率}-\text{协议利率})\times\dfrac{\text{合同期限}}{\text{天数基数}}\times\text{合同金额}}{1+\left(\text{参考利率}\times\dfrac{\text{合同期限}}{\text{天数基数}}\right)}$$

式中：参考利率——在确定日(决定参考利率的日期)市场决定的利率；协议利率——合同中规定的固定利率；合同期限——在结算日(名义贷款或存款开始日)和到期日(名义贷款或存款到期日)之间的天数；合同金额——名义上借贷本金数额；天数基数——又称天数计算

惯例,如美元为360天,英镑为365天。

②远期外汇合约。远期外汇合约是指交易双方约定在将来某一时间按约定的汇率买卖一定数量的某种外汇的合约。按照远期的开始时期划分,远期外汇合约又可分为直接远期外汇合约和远期外汇综合协议。

远期外汇合约的主要目的就是规避汇率风险,有远期外汇收支企业,都可以与银行订立远期外汇合约,按预约的价格,在将来到期时进行交割,避免进口产品成本上升和出口销售收入减少的损失,以控制结算风险。

③远期股票合约。远期股票合约是指交易双方在将来某一特定日期按特定价格交付一定数量单个股票或一揽子股票的协议。由于远期股票合约出现得时间不长,总交易规模也不大,这里不作详述。

(二)期货合约

1. 期货合约的概念

期货合约是指在交易所交易的、交易双方约定在将来某个日期按事先确定的条件(包括交割价格、交割地点和交割方式等)买入或卖出一定标准数量的特定金融工具的标准化协议。同样,我们称在合约中未来将买入标的物的一方为多方,而在未来卖出标的物的一方为空方。合约中规定的价格就是期货价格。

从本质上说,期货与远期完全是相同的,都是在当前时刻约定未来的各交易要素。其主要区别就在于交易机制的差异。与场外交易的非标准化远期合约相反,期货是在交易所内交易的标准化合约。交易所同时还规定了一些特殊的交易和交割制度,如每日盯市结算和保证金制度等,可以降低合约双方的违约风险。

2. 期货合约的功能

期货合约具有三大主要功能:

①套期保值。吸引套期保值者利用期货市场买卖合约,锁定成本,规避因现货市场的商品价格波动风险而可能造成的损失。

②价格发现。交易双方在标准化和在交易所集中交易,通过集中竞价有助于形成较为公正的期货价格。

③增强市场流动性。吸引投机者进行风险投资交易,增加市场流动性。

3. 期货合约的种类

与远期合约的分类相似,根据基础资产的不同,常见的金融期货主要可分为利率期货、外汇期货和股票指数期货等。

①利率期货。利率期货是指标的资产价格依赖于利率水平的期货合约,它可以规避银行利率波动所引起的证券价格变动的风险。最早的利率期货合约是1975年10月由芝加哥期货交易所推出的美国国民抵押协会的抵押凭证期货合约。

通常,利率期货按照合约标的的期限,可分为短期利率期货、长期利率期货以及指数利率期货三大类。

②外汇期货。外汇期货是指以一定数量的货币(如美元、英镑、日元、澳元和加元等)作为标的资产的期货合约。外汇期货是为适应各国从事对外贸易和金融业务的需要而产生的,目的是规避汇率风险。目前,外汇期货交易的主要品种有:美元、英镑、欧元、日元、瑞士法郎、加拿大元、澳元、新西兰元等。从世界范围看,外汇期货的主要市场在美国,其中又基本上集中

在芝加哥商业交易所的国际货币市场(IMM)和费城期货交易所(PBOT)。

③股票指数期货。股票指数期货是指以特定股票指数为标的资产的期货合约。股票指数期货是为适应人们管理股市风险而产生的期货合约,是金融期货中产生最晚的一个类别。在具体交易时,股票指数期货合约的价值是用指数的点数乘以事先规定的单位金额来加以计算的,如标准·普尔指数规定每点代表500美元,香港恒生指数每点为50港元等。著名的股票价格指数期货合约有:S&P500股票指数、NYSE综合股票指数、KCBT价值线综合平均股票指数、CBOT主要市场指数等。

中国证监会有关部门负责人2010年2月20日宣布,证监会已正式批复中国金融期货交易所沪深300股指期货合约和业务规则,至此,股指期货市场的主要制度已全部发布。2010年2月22日9时起,其正式接受投资者开户申请,并公布沪深300股指期货合约自2010年4月16日起正式上市交易。

(三)期权合约

1. 期权合约的概念

期权(又称选择权)合约是指由交易所统一制定的规定买方有权在合约规定的有效期限内以事先规定的价格买进或卖出相关期货合约的标准化合约。为了取得这样一种权利,期权合约的买方必须向卖方支付一定数额的费用,即期权费。

期权合约是期货合约的一个发展,它与期货合约的区别在于期权合约的买方有权利而没有义务履行合约。期权合约开始于1973年芝加哥期权交易所(CBOE)推出的股票看涨期权。

2. 期权合约的种类

(1)按照期权买方的权利,可分为看涨期权和看跌期权

①看涨期权(买权)赋予合约买方在规定的时期内(或规定的日期)以约定的价格从合约卖方处买进一定数量的金融资产的权利。

②看跌期权(卖权)赋予合约买方在规定的时期内(或规定的日期)以约定的价格向合约卖方卖出一定数量的金融资产的权利。

(2)按照期权买方执行期权的时限不同,可分为欧式期权、美式期权和修正的美式期权

①欧式期权只能在期权到期日执行;

②美式期权则可在期权到期日或到期日之前的任何一个营业日执行;

③修正的美式期权也称为百慕大期权或大西洋期权,可以在期权到期日之前的一系列规定日期执行。

(3)按照期权合约的基础资产,可分为股票期权、利率期权、货币期权(又称外汇期权)、股票指数期权、金融期货期权以及互换期权等

此外,与标准的交易所交易相比,还有被称为奇异型期权的期权类产品。奇异型期权通常在选择权性质、基础资产以及期权有效期等内容上与标准化的交易所交易期权存在差异,种类庞杂,较为流行的就有数十种之多。例如,有的期权合约具有两种基础资产,可以择优执行其中一种(任选期权);有的可以在规定的一系列时点行权(如百慕大期权);有的对行权设置一定条件(如障碍期权);有的行权价格可以取基础资产在一段时间内的平均值(如平均期权),等等。

3. 权证

(1)权证的概念

权证(Warrant)又称“认股证”或“认股权证”，通常是指由发行人所发行的附有特定条件的一种有价证券。权证实质上反映的是发行人与持有人之间的一种契约关系，持有人向权证发行人支付一定数量的价金之后，就从发行人那获取了一种权利。这种权利使得持有人可以在未来某一特定日期或特定期间内，以约定的价格向权证发行人购买或出售一定数量的资产。权证作为一种新兴的与股票紧密联系的投资工具，具有与期权很相近的本质特征。

(2)权证的种类

①根据权证的买卖方向，分为认购权证和认沽权证。认购权证持有人有权按约定价格在特定期限内或到期日向发行人买入标的证券；认沽权证持有人则有权卖出标的证券。

②根据权利行使期限，分为欧式权证、美式权证和修正的美式权证。美式权证的持有人在权证到期日前的任何交易时间均可行使权利；欧式权证持有人只能在权证到期日当日行使权利；修正的美式权证则可在失效日之前规定的一段时间内行权。

③根据基础资产或标的资产，分为股权类权证、债权类权证以及其他权证。目前，我国证券市场推出的权证均为股权类权证，其标的资产可以是单只股票或股票组合(如 ETF)。

④根据发行人，分为股本权证和备兑权证。股本权证一般由上市公司发行，备兑权证一般由证券公司等金融机构发行。

⑤根据行使价格是否高于标的证券价格，分为价内权证、价平权证和价外权证。如果行使价格高于标的证券价格，对于认购权证为价外权证，对于认沽权证则为价内权证；如果行使价格低于标的证券价格，对于认购权证为价内权证，对于认沽权证则为价外权证；如果行使价格等于标的证券价格，则不管是认购权证还是认沽权证均为价平权证。由于正股价格总是不断波动，严格的平价权证较为少见，通常权证总是处于价内或者价外两种。

⑥根据结算方式，分为证券给付结算型权证和现金结算型权证。如采用证券给付结算方式，其标的证券的所有权发生转移；如采用现金结算方式，则仅按照结算差价进行现金兑付，标的证券所有权不发生转移。

(3)权证的优点

可以确定投资的最大风险，在标的股票下跌时，权证持有人的最大损失限定为投资权证的全部成本；

可以利用权证的高杠杆性，在股票上涨时，充分享受股票上涨的收益。

(四)互换合约

1. 互换合约的概念

互换是 20 世纪 80 年代在平行贷款和背靠背贷款的基础上发展起来的。金融互换是约定两个或两个以上的当事人按照商定的条件，在约定的时间内，交换货币种类、利率基础或其他资产的一种合约。1981 年 IBM 与世界银行之间签署的货币互换协议是世界上第一份货币互换协议。

2. 互换合约的种类

(1)利率互换。利率互换是指交易双方互相交换以同种货币表示、以不同利率基础计算的现金流的一种预约业务。其中一方的现金流根据浮动利率计算出来，而另一方的现金流根据固定利率计算。互换的期限通常在 2 年以上，有时甚至在 15 年以上。利率互换主要特征就是互换双方使用同种币种，本金不交换。

(2)货币互换。货币互换是将一种货币的本金和固定利息与另种一货币的等价本金和固定利息进行交换。其主要原因是双方在各自国家中的金融市场上具有比较优势。

(3)其他互换

①基差互换。其交换的利息支付额以两种不同的浮动利率指数进行核算,如3个月期的美元伦敦银行同业拆放利率对美国商业票据利率的互换交易。

②交叉货币利率互换。它是利率互换和货币互换的结合,是用一种货币的固定利率交换另一种货币的浮动利率。

③股票互换。它是以股票指数产生的红利和资本利得与固定利率或浮动利率交换。

(五)可转换债券

1. 可转换债券的概念

可转换债券是指其持有者可以在一定时期内按一定比例或价格将之转换成一定数量的另一种证券的证券。可转换债券通常是转换成普通股票,当股票价格上涨时,可转换债券的持有人行使转换权比较有利。因此,可转换债券实质上嵌入了普通股票的看涨期权,正是从这个意义上说,我们将其列为期权类衍生产品。

2. 可转换债券的分类

在国际市场上,按照发行时证券的性质,可将其分为可转换债券和可转换优先股票两种。①可转换债券是指证券持有者依据一定的转换条件,可将信用债券转换成为发行人普通股票的证券。②可转换优先股票是指证券持有者可依据一定的转换条件,将优先股票转换成发行人普通股票的证券。目前,我国只有可转换债券。

3. 可转换债券的特征

①可转换债券是一种附有转股权的特殊债券。在转换以前,它是一种公司债券,具备债券的一切特征,有规定的利率和期限,体现的是债权债务关系,持有者是债权人;在转换成股票后,它变成了股票,具备股票的一般特征,体现所有权关系,持有者由债权人变成了股权所有者。

②可转换债券具有双重选择权的特征。可转换债券具有双重选择权。一方面,投资者可自行选择是否转股,并为此承担转债利率较低的机会成本;另一方面,转债发行人拥有是否实施赎回条款的选择权,并为此要支付比没有赎回条款的转债更高的利率。双重选择权是可转换公司债券最主要的金融特征,它的存在使投资者和发行人的风险、收益限定在一定的范围以内,并可以利用这一特点对股票进行套期保值,获得更加确定的收益。

4. 可转换债券的要素

可转换债券有若干要素,这些要素基本决定了可转换债券的转换条件、转换价值、市场价格等总体特征。

①有效期限和转换期限。就可转换债券而言,其有效期限与一般债券相同,指债券从发行之日起至偿清本息之日止的存续时间。转换期限是指可转换债券转换为普通股票的起始日至结束日的期间。大多数情况下,发行人都规定一个特定的转换期限,在该期限内,允许可转换债券的持有人按转换比例或转换价格转换成发行人的股票。我国《上市公司证券发行管理办法》规定,可转换公司债券的期限最短为1年,最长为6年,自发行结束之日起6个月后方可转换为公司股票。

②票面利率或股息率。可转换公司债券的票面利率(或可转换优先股票的股息率)是指

可转换债券作为一种债券的票面年利率(或优先股股息率),由发行人根据当前市场利率水平、公司债券资信等级和发行条款确定,一般低于相同条件的不可转换公司债券(或不可转换优先股票)。可转换公司债券应半年或1年付息1次,到期后5个工作日内应偿还未转股债券的本金及最后1期利息。

③转换比例或转换价格。

转换比例是指一定面额可转换债券可转换成普通股票的股数。用公式表示为:

转换比例=可转换债券面值/转换价格

转换价格是指可转换债券转换为每股普通股份所支付的价格。用公式表示为:

转换价格=可转换债券面值/转换比例

④赎回条款与回售条款。赎回是指发行人在发行一段时间后,可以提前赎回未到期的发行在外的可转换公司债券。

赎回条件一般是当公司股票价格在一段时间内连续高于转换价格达到一定幅度时,公司可按照事先约定的赎回价格买回发行在外尚未转股的可转换公司债券。

回售是指公司股票在一段时间内连续低于转换价格达到某一幅度时,可转换公司债券持有人按事先约定的价格将所持可转换债券卖给发行人的行为。

赎回条款和回售条款是可转换债券在发行时规定的赎回行为和回售行为发生的具体市场条件。

⑤转换价格修正条款。转换价格修正是指发行公司在发行可转换债券后,由于公司的送股、配股、增发股票、分立、合并、拆细及其他原因导致发行人股份发生变动,引起公司股票名义价格下降时而对转换价格所做的必要调整。

(六)存托凭证

存托凭证(Depositary Receipts,DR)又称预托凭证、存券收据或存股证,是指在一国证券市场流通的代表外国公司有价证券的可转让凭证。存托凭证一般代表外国公司股票,有时也代表债券。存托凭证之所以能够得到快速发展,除了资本市场国际化这个大背景之外,对发行人和投资者都有吸引力。

1. 对发行人而言

①市场容量大,筹资能力强。存托凭证通过扩大发行公司的有价证券市场,增加其在国外的股东,大大扩展了其国外融资的渠道。以美国存托凭证为例,美国证券市场最突出的特点就是市场容量极大,这使在美国发行 ADR 的外国公司能在短期内筹集到大量的外汇资金,拓宽公司的股东基础,提高其长期筹资能力,提高公司证券的流动性并分散风险。

②避免直接发行股票与债券的法律要求,上市手续简单,发行成本低。

除此之外,发行存托凭证还能吸引投资者关注,增强上市公司曝光度,扩大股东基础,增加股票流动性;可以通过调整存托凭证比率将存托凭证价格调整至美国同类上市公司股价范围内,便于上市公司进入美国资本市场,提供新的筹集渠道。对于有意在美国拓展业务、实施并购战略的上市公司尤其具有吸引力;便于上市公司加强与美国投资者的联系,改善与投资者的关系;便于非美上市公司对美国雇员实施员工持股计划等。

2. 对投资者而言

①以美元交易,且通过投资者熟悉的美国清算公司进行清算。

②上市交易的 ADR 须经美国证券与交易委员会(SEC)注册,有助于保障投资者利益。

③上市公司发放股利时，ADR 投资者能及时获得，而且是以美元支付。

④某些机构投资者受投资政策限制，不能投资非美上市证券，ADR 可以规避这些限制。

(七)资产证券化与证券化产品

资产证券化是以特定资产组合或特定现金流为支持，发行可交易证券的一种融资形式。传统的证券发行是以企业为基础，而资产证券化则是以特定的资产池为基础发行证券。

在资产证券化过程中发行的以资产池为基础的证券就称为证券化产品。通过资产证券化，将流动性较低的资产(如银行贷款、应收账款、房地产等等)转化为具有较高流动性的可交易证券，提高了基础资产的流动性，便于投资者进行投资；还可以改变发起人的资产结构，改善资产质量，加快发起人资金周转。

关键术语

股票　债券　证券投资基金　衍生工具

应知考核

一、单项选择题

1. 股票按照股东享有权利的不同，可以分为(　　)。

A. A 股与 B 股　　B. 普通股票与优先股票

C. 有面额股票与无面额股票　　D. 记名股票与不记名股票

2. 每股股票所代表的实际价值是指股票的(　　)。

A. 票面价值　　B. 账面价值　　C. 清算价值　　D. 内在价值

3. 股票的理论价值是指股票的(　　)。

A. 票面价值　　B. 账面价值　　C. 清算价值　　D. 内在价值

4. 债券与股票相同点在于(　　)。

A. 都是筹资手段　　B. 收益率一致

C. 风险一样　　D. 具有同样权利

5. 证券投资基金通过发行基金单位集中的资金，交由(　　)管理和运作。

A. 基金托管人　　B. 基金承销公司

C. 基金管理人　　D. 基金投资顾问

6. 证券投资基金在美国的称谓是(　　)。

A. 股票基金　　B. 单位信托基金

C. 证券投资信托基金　　D. 共同基金

7. 证券投资基金的资金主要投向(　　)。

A. 实业　　B. 邮票　　C. 有价证券　　D. 珠宝

8. 契约型基金是基于(　　)而组织起来的代理投资行为。

A. 委托原理　　B. 代理原理　　C. 契约原理　　D. 公约原理

9. 只能在期权到期日行使的期权是(　　)。

A. 看涨期权　　B. 看跌期权　　C. 欧式期权　　D. 美式期权

10. 期权交易中的选择权，属于交易中的(　　)。

A. 买方　　B. 卖方　　C. 双方　　D. 第三方

二、多项选择题

1. 下面关于股票描述,正确的有(　　)。

A. 股票是一种有价证券

B. 股票是股份有限公司发行的凭证

C. 股票是证明投资股东身份的凭证

D. 股票发行人定期支付利息并到期偿付本金

2. 股票是一种资本证券,但是它不属于(　　)。

A. 实物资本　　B. 真实资本　　C. 虚拟资本　　D. 风险资本

3. 公司债券可分为(　　)。

A. 信用公司债券　　B. 不动产抵押公司债券

C. 保证公司债券　　D. 收益公司债券

4. 按基金的组织形式的不同,证券投资基金可分为(　　)。

A. 开放式基金　　B. 封闭式基金

C. 契约型基金　　D. 公司型基金

5. 金融衍生工具的基本特征有(　　)。

A. 杠杆效应　　B. 跨期交易

C. 不确定性和高风险　　D. 套期保值和投资套利共存

三、判断题

1. 股票是投入股份公司的资本份额的证券化,属于资本证券。(　　)

2. 股票的风险性是指股票持有人有权参与公司重大决策的特征。(　　)

3. 债券具有永久性的特性。(　　)

4. 证券投资基金是指一种利益共享、风险共担的集合证券投资方式。(　　)

5. 金融期货主要有三种类型:外汇期货、利率期货和股票价格指数期货。(　　)

四、简述题

1. 简述股票的特征。

2. 简述债券的特征。

3. 简述债券和股票的比较。

4. 简述契约型基金和公司型基金的比较。

5. 简述封闭式基金和开放式基金的比较。

应会考核

■观念应用

【背景资料】

金融衍生工具的认知

某人买入一份看涨期权,有效期为 3 个月,当时该品种市价为 20 元。合约规定,他有权在 3 个月中任何一天按协定价格每股 21 元购入该品种 100 股,期权费每股 2 元。如若干天后,行情上升到 25 元,与此同时,期权费也上升到 5 元。

【考核要求】

请分析该投资者如何操作才能获利最大。

■技能应用

了解债券

1. 登陆上海证券信息网站(http://bond.sse.com.cn/home/),了解债券市场发展概况、债券市场发展大事记、债券市场交易品种、交易机制、市场数据、信息披露等信息。

2. 登录上海债券信息网(http://bond.sse.com.cn/market/Products/convertible),了解更多可转换债券等的相关信息/。

【技能要求】

写一份你查找之后的感想,以及如何债券和可转换债券的投资。

■案例分析

【情境与背景】

小林的损失

小林原来没做过金融投资,听邻居小李说股指期货投资很赚钱,便整日跟着小李研究股指期货。研究了3个月后,小林自认为对股指期货交易技巧及交易风险已经很了解了,于是对小李说自己也想参与股指期货。小李听了小林的想法后,对小林说:"好啊,我这里就有期货经纪合同,你直接签下名字就可以参与股指期货了。"小林图省事,直接签下名字并存入资金在指定的保证金账户。小林交易了几天后,账户出现一定的亏损。小林随即发现自己交易的股指期货并不是中国金融期货交易所的股指期货合约,期货经纪合同的乙方也不是期货公司而是某个投资公司。于是,小林将该公司诉至法庭。法院以该投资公司并无代理期货经纪的资质而判决赔偿小林所受损失。

【分析要求】

结合情境与背景,分析上述案例。

项目实训

【实训项目】

证券投资工具。

【实训情境】

1. 查阅辽宁省上市公司股票代码。了解各上市公司背景资料及股价波动情况。寻找相应的证券软件或相应网站;查找辽宁省内上市公司;分别记录各上市公司股票代码、上市时间及股权性质;选择近一个月的股市行情,绘制其中一只股票的股价变动图。

2. 金融衍生工具的交易在一国证券市场上具有举足轻重的作用。针对我国已经开展的金融衍生品交易,了解我国不同期货交易所交易的金融衍生品及其交易规则。查看我国三家商品期货交易所和一家金融期货交易所的有关金融衍生工具的交易业务。了解我国不同期货交易所交易的金融衍生品及其交易规则。登录期货交易所网站,查找其交易业务的相关资料;查阅有关金融衍生品交易的书籍、报纸、杂志;整理资料。

【实训任务】

1. 回答上述实训情境的问题。

2. 填写实训报告。

《证券投资工具》实训报告		
项目实训班级：	项目小组：	项目组成员：
实训时间：　　年　　月　　日	实训地点：	实训成绩：
实训目的：		
实训步骤：		
实训结果：		
实训感言：		

项目三

证券发行与承销

○ **知识目标**

理解:股票发行目的;股票发行制度;债券的发行主体及发行目的。

熟知:股票发行的种类和方式;股票发行程序;债券的发行条件;债券的信用评级。

项目三课件

掌握:股票发行的价格;债券的公开发行方式;证券投资基金发行与认购。

○ **技能目标**

能够正确认知证券发行与承销的实际运用,提高专业知识的应用能力、职业判断能力和相关知识的更新能力。

○ **素质目标**

能够运用证券发行与承销基本知识,分析证券发行与承销中遇到的问题;能结合社会经济实际,提高分析和总结问题的能力、语言表达能力和与人合作的能力。

○ **项目引例**

天齐锂业配股公开发行证券

2019 年 4 月 12 日,天齐锂业(002466)公布了 2019 年度配股公开发行证券预案,公司拟以每 10 股配售不超过 3 股的比例向全体股东配售总量不超过 3.43 亿股股份,募资总额不超过 70 亿元,扣除发行费用后的净额拟全部用于偿还购买 SQM23.77%股权的部分并购贷款。分析人士表示,本次配股募集资金用于偿还公司的银行借款,将有利于减少财务费用支出、增强公司的盈利能力和保障公司的安全运营。

思考与讨论:

你知道股票发行的的种类吗?影响股票发行价格的因素有哪些?

○ **知识精讲**

任务一　股票发行与承销

一、股票发行目的

(一)新设立股份公司发行股票

新设立股份公司需要通过发行股票来筹集资本,达到预定的资本规模,为公司开展经营活动提供必要的资金条件。股份公司的设立一般又分为发起设立或者募集设立两种形式。

(1)发起设立。它是指由发起人认购公司应发行的全部股份而设立公司。在这种情况下,股份有限公司创建时的资金来源,就只是发起人认购股票所缴资金,这样,每个发起人就都是公司的原始股东。发起人在认购股份后,可以一次缴足认购款,也可以分期交纳,期限由发起人共同议定。股款可以用现金支付,也可以按事先的协议用设备、房屋、地产等实物资产,经作价后抵缴股款。发起设立方式比较省事,只要注册申请,经过批准,即可开始新公司的营业活动,这类公司规模通常较小。

(2)募集设立。它是指由发起人认购公司应发行股份的一部分,其余股份向社会公开募集或者向特定对象募集而设立公司。我国《公司法》规定,以募集设立方式设立股份有限公司的,发起人认购的股份不得少于公司股份总数的35%。但是,法律、行政法规另有规定的,从其规定。为此,发起人应先向主管机关申请,经核准后,公布招股书。股票发行结束后,发起人应通知所有股东参加公司创立大会,讨论公司章程,选举董事会,之后公司宣告成立,开始营业。这类公司规模一般较大,但公司只有等到筹集到必要股份后才能成立,所以公司自发起到设立需要相当长的时间。

(二)现有股份公司为改善经营而发行股票

现有股份公司为改善经营而发行股票的目的主要有以下几点:

(1)为发展已有公司即老公司的资本规模而发行增资股票。这种股票的发行情况一般复杂一些。老公司发行增资股票,主要是为了扩大本公司的生产经营规模,扩充资本总量,以加强其市场竞争力;或者是为了筹措设备资本,即增加设备投资,购买新的机器和扩建厂房;或者是为了筹措营运资本,即增加流动资本,特别是在银根紧缩,难以通过银行贷款解决流动资金需要时,发行股票增资是一种较好的方式。

(2)调整公司财务结构,保持适当的资产负债比率。自有资本在资金来源中所占比率的高低是衡量公司财务结构和实力的重要标志。资产负债率通常反映股份公司的负债能力和经营的稳定性。必要时,公司可以通过发行新股提高自有资本的比率,降低负债率。同时,由于股份公司发行债券的额度是根据公司的净资产额确立的,因此,增加自有资本还可以扩大公司债券的发行额度,为公司筹集到更多的资金用于拓展业务。

(3)满足证券交易所的上市标准。各国证券交易所都对股票上市做出了严格的规定,如最低的股本数额、最低的公众持股比例、符合要求的业绩记录等。只有符合标准的股票才有可能获准挂牌上市。而一个公司股票上市与否,是判定该公司经营状况与信誉良好与否的主要标准之一。因此,公司为了争取自己的股票在证券交易所挂牌上市,往往通过发行新股票的办法来增加资本额,满足上市标准。

(4)公司兼并重组。这种发行是出于两方面的考虑:①维护公司经营支配权,防止被其他公司兼并而发行股票;②为本公司经营前景考虑,谋求与其他公司合并,以股权交换方式实现购并重组,达到减少竞争对手、扩大市场份额、引进其他公司先进生产技术等目的。

(5)维护股东直接利益。经营状况良好的股份公司可以将超过规定比例的法定公积金和任意公积金,全部或部分地转为资本金,并按增加的资本金额发行股票,无偿地交付股东。另外,还可以将本应分派的现金红利转入股本,发行相应数额的新股票分配给股东,这种股票股息可以使股东从中受益。

(6)转换证券行使权利。例如,当可转换优先股股票或可转换公司债的转换请求权生效后,股份公司须发行新股票来注销原来的可转换优先股股票或可转换公司债。

(7)股份的分割与合并。股份的分割又称拆细,是指公司为了争取更多投资者而降低每股股票票面价格并对股票进行分割,向原股东换发拆细后的股票;或为了便利业务处理而对面额过低的股票进行合并。

(8)公司缩股。公司在减资时,需要发行新股票来替换原来发行的老股票。

二、股票发行的种类

按股票发行与公司组建的关系,可将股票发行分为初次发行和增资发行。

(一)初次发行

初次发行是指新组建股份公司时或原非股份制企业改制为股份公司时或原私人持股公司要转为公众持股公司时,公司首次发行股票。前两种情形又称设立发行,后一种发行又称首次公开(募)发行(Initial Public Offerings,IPO)。初次发行一般都是发行人在满足发行人必须具备的条件,并经证券主管部门审核批准或注册后,通过证券承销机构面向社会公众公开发行股票。通过初次发行,发行人不仅募集到所需资金,而且完成了股份有限公司的设立或转制。

(二)增资发行

股份有限公司增资是指公司依照法定程序增加公司资本和股份总数的行为。增资发行(Seasoned Offering)是指股份公司组建、上市后为达到增加资本金的目的而发行股票的行为。股份有限公司增资应当修改公司章程,须经出席股东大会的股东所持表决权的2/3以上通过。变动后应由法定验资机构出具验资证明,并依法向公司登记机关办理变更登记。

公司增资的方式有:①向社会公众发行股份;②向现有股东配售股份;③向现有股东派送红股;④以公积金转增股本;⑤公司债转换为公司股份等。

股票增资发行,按照股东取得股票时是否缴纳相应的价款来划分,可分为有偿增资发行、无偿增资发行和有偿无偿混合增资发行。

(1)有偿增资发行

有偿增资发行是一种旨在筹集资金的增资发行,是认股人必须按股票的发行价格支付现款方能获取股票的发行方式。股票发行与公司资本同时增加,是最典型的股票发行方式,可分为股东分摊、第三者分摊和公开招股三种形式,其中以公开招股形式发行的股票数量最大。

①股东分摊形式简称配股,是公司按股东的持股比例向原股东分配该公司的新股认购权,准其优先认购增资的方式,即旧股一股可摊配若干新股,以保护原股东的权益及其对公司的控制权。这种新股发行价格往往低于市场价格,事实上是对原股东的一种优惠,一般股东

都乐于认购。配股,没有必须应募的义务,可以放弃新股认购权,也可以把认购权转让他人。

②第三者分摊形式又称第三者配股,定向增发,是给股东以外的本公司的管理人员、一般职员和往来客户等与本公司有特殊关系的特定者以新股认购权的方式。这种发行方式是为了解决某些重要问题,诸如公司经营不利、资本筹措困难,或是有些公司破产后力图重建等。当不同公司进行业务合作时也可能采用第三者分摊的形式,这时,新股的发行价格低于市场价格,第三者可获得价格上的优惠,但发行价格与市场价格不能相差过大,否则将会损害原来以时价购进股票的股东的利益。这种增资方式须经股东大会特别批准。

③公开招股形式简称增发(非定向),是以不特定的多数投资者为发行对象,由应募者认购新发行的股票。采用这种方式,既能扩大资金的筹集量,增强股票的流通性,又可避免股票过分集中、分散股权,是常用的增资方式。公开招股一般以市场价格为基础确定发行价格。

(2)无偿增资发行方式

这种方式是指股东无须缴付股款而取得新股的增资方法。通常此次股票的发行一般是赠送给原来的老股东,其目的并非直接筹资,而是为调整资本结构或把积累资本化。无偿增资发行又可以分为无偿交付、股票分红、股份分割和债券股票化四种形式。

①无偿交付即公积金转增,又称累积转增资,是股份公司将公积金转为资本时,将公积金折成股票无偿地分发给股东,使股东无偿取得新发行的股票。公积金转增资可以进一步明确产权关系,有助于投资者正确认识股票的投资价值。公积金转增资应遵循国家有关法律的规定,我国公司法规定,公司的公积金可用于弥补公司亏损、扩大生产经营或者转为公司资本,但是资本公积金不得用于弥补公司亏损。另外,法定公积金的余额必须达到注册资本的50%,才可将其中不超过一半的数额转为增资,任意公积金则可由股东大会决定全部或部分转为增资。

②红利增资又称股票分红、股票股息或送红股,即将应分派给股东的现金股息转为增资,用新发行的股票代替准备派发的股息红利。这种无偿增资的方式使现金派息应流出的现金保留在公司内部,将当年的股息红利开支转化为经营性资金。公司股东既取得了参与盈余分配的同样效果,又可免缴个人所得税(大多数国家规定收入再投资免交所得税),而且派息的股票有将来增加股息收入的希望。从宏观上讲,有助于将消费转化为投资。

③股票分割又称股票拆细,是将原有的大面额股票细分为小面额股票。股票分割的结果只是增加股份公司的股份总数,而资本额并不发生变化。股票分割的目的在于降低股票价格,便于小投资者购买,以利于扩大股票发行量和增强流动性,是无偿发行的一种特殊形式。

④债券股票化是一种将股份公司已发行的可转债券转化为股票的形式。债券股票化可以使股份资本增加,却不能使实际资产增加。

(3)有偿无偿混合增资发行

这是指公司对原股东发行新股票时,按一定比例同时进行有偿无偿增资。在这种增资方式下,公司增发的新股票一部分由公司的公积金转增资,这部分增资是无偿的;一部分由原股东以现金认购,这部分增资是有偿的,增资分配按原股东的持股比例进行。这种方式一方面可促使股东认购新股,迅速完成增资计划;另一方面也是对原有股东的优惠,使他们对公司的前途充满信心。

三、股票发行方式

（一）按发行对象分类，可分为公开发行与内部发行

（1）公开发行又称公募发行（Public Issue），是指发行人向不特定的社会公众和法人公开发售股票，同时也可在规定比例内，向公司内部职工发售。按现行规定，只有社会募集公司的股票可向社会公开发行，且公司向社会公开发行的股票应占总股份额的25%以上，公司内部职工购买部分不得超过向社会公开发行股票总额的10%。

（2）内部发行又称私募发行，是指以特定少数投资者为对象的发行。私募发行的对象有两类，一类是公司的老股东或公司的员工，一类是投资基金、社会保险基金、保险公司、商业银行等金融机构以及与发行人有密切往来关系的企业等机构投资者。私募发行有确定的投资者，发行手续简单，可以节省发行时间和发行费用。其不足之处是投资者数量有限，证券流通性较差，而且不利于提高发行人的社会信誉。

公募发行和私募发行各有优劣。公募发行是证券发行中最常见、最基本的发行方式，适合于证券发行数量多、筹资额大、准备申请证券上市的发行人。然而，在成熟的证券市场中，随着投资基金、养老基金、保险公司等机构投资者的增加，私募发行也呈逐年增长的趋势。

（二）按有无发行中介分类，可分为直接发行与间接发行

（1）直接发行（Direct Issue）。它是指由发行公司自己办理公司股票的发行业务。采取股票直接发行方式，发行公司可直接控制股票发行过程，也可降低发行费用，但由于发行准备工作时间较长，发行公司对股票市场信息掌握不足，加之推销能力有限，一般股票发行时间较长。

（2）间接发行（Indirect Issue）又称代销型发行。它是指发行公司委托投资银行、证券公司等证券中介机构代为向广大投资者发售证券。一般来说，新建公司初次公开发行证券都要委托证券中介机构进行承销。由于承销方式不同，委托人和承销商之间的承销风险和权利、义务也就不同。所以，各方当事人都应根据市场条件、客观可能性和自身需要与能力确定承销方式。承销方式主要有代销和包销两种类型。

①代销（Best Effort Selling）。它是指承销商只作为发行公司的证券销售代理人，按照规定的发行条件尽力推销证券，发行结束后未售出的证券退还给发行公司，承销商不承担发行风险。因此，代销又称尽力推销（Best Efforts）。采用这种方式时，承销商与发行公司之间纯粹是代理关系，承销商为推销证券而收取代理手续费，因其不承担销售风险，因此，代销佣金很低。代销一般在以下情况下采用：

- 公司信用度很高。知名度很高的大中型企业，其证券容易被社会公众所接受，用代销方式可以降低发行成本。
- 承销商对发行公司信心不足时提出采用代销方式，以降低自身的风险。

②包销（Underwriting）。它分为全额包销和余额包销两种。

- 全额包销

全额包销又称承购包销，是指由一家或数家证券承销机构与证券发行公司签订承购包销合同，由证券承销机构以双方协商决定的价格将准备发行的证券全额买下，并按合同规定的时间将价款一次付给发行公司，然后证券承销机构再以略高的价格向社会公众出售的发行方式。在全额包销过程中，承销商与证券发行人并非是委托代理关系，而是买卖关系，即承销商将证券以批发形式低价买进然后再以零售方式高价卖出，赚取中间的差价。对于发行人来说，采用全额包销方式既能保证如期得到所需要的全额资金，又无须承担证券发行过程中价格变动的风险，因此，支付的发行费用高于其他方式。对承销商来说，要先垫付自有资金买入所有证券，还要承担证券不能按期全部销售和发行价格下跌的风险。承购包销方式又可分为协议发售、等额包销、银团包销三种方式。

协议发售是指由一个承销商单独包销发行人待发行的全部证券。在证券发行规模小、发行人与承销商关系密切的情况下，通常采用这种方式。采用协议发售时，承销商会提供最佳发行方案和咨询意见，但不足之处在于承销商购买证券的价格没有经过竞争投标过程，有时包销价格不尽合理。

等额包销是指由若干承销商合作包销，每个承销商包销的份额、所承担的风险以及所获得的手续费都平均分摊。

银团包销是指由主承销商牵头，若干承销商参与包销活动，以竞争的形式确定各自的包销额，并按其包销额承担发行风险，收取手续费。

● 余额包销

余额包销（Standby Commitment）是指证券承销机构必须先向社会代理发售证券，到发售期结束时，如有未售出的证券由承销商自行认购，并按约定时间向发行人支付全部证券款项的承销方式。余额包销实际上是先代理发行，后全额包销，是代销和全额包销的结合。采用这种方式，发行风险大部分由承销商承担，所以它的发行手续费比代销方式高，但比全额包销方式低。对发行人来说，筹资计划完成有保证，在协议规定的发行期限结束时，承销商要将规定资金全额划给发行人。余额包销比较适合于有既定筹资计划，但用款又不是很急的企业。

我国证券发行基本采用余额包销方式，因为《中华人民共和国证券法》规定，证券公司在承销期内应保证先行出售给认购人，不得为本公司预先购入并保留所包销的证券。

四、股票发行价格

（一）股票发行价格的种类

股票发行价格是指股份公司在发行新股时所确定和使用的价格。股票发行价格是股票发行中最重要的内容，股票发行价格确定得合适与否直接关系到股票销售的成败。一般而言，股票的发行价格有如下几种：

（1）平价发行。平价发行又称面值发行或等价发行，指股票的发行价格与面额的价格相等。例如，股票面额为1元，则发行价格也为1元。这种发行价格一般不被实力雄厚的公司采用，因为这样会减少公司的资本收益。但是按这种价格发行，对发行工作来说会顺利得多。一般在新公司成立时或向老股东配股时采用这种方法。

（2）溢价发行。股票以高于其票面金额的价格在发行市场上销售称为溢价发行，二者的差价称为溢价，溢价带来的收益计入资本公积。股票首次发行时，根据公司的实际情况一般有平价发行和溢价发行两种。但在发行增资股票时，一般根据公司原发行股票内在价值的增值，考虑溢价发行。溢价发行股票应考虑的主要因素有：当前股市总水平；本公司实际盈利能力；每股资产净值；类似公司股价水平；大众承受心理等。溢价发行是成熟市场的最基本、最常用的方式。

(3)时价发行。它是指发行价格以股票在流通市场上的价格为基准来确定,因为股票的时价要高于股票的面额价格。时价发行在股票实行公开招股和配股给第三者时都予以采用,一般有两种情况,一是按超过面值的价格发行面额股票,二是按时价发行无面额股票。时价发行时的具体价格一般会低于市场价格的5%~10%左右。

股票溢价发行与时价发行的主要区别在于:前者注重考虑资产增值;后者既考虑资产增值,又考虑该股票在流通市场上的价格。

(4)折价发行。它是以低于面值的价格发行,折扣的大小主要取决于发行公司的业绩和承销商的能力。如某种股票的面额为1元,如果发行公司与承销商之间达成的协议折扣率为5%,那么该股票的发行价格为每股0.95元。目前,世界上很多国家法律不允许股票按折价发行。我国《公司法》规定:"股票发行价格可以按票面金额,也可以超过票面金额,但不得低于票面金额。"

(5)中间价发行。即以时价和股票面值确定发行价格,分两种情况:一是介于时价和面值中间,但以接近时价为发行价格;二是介于时价和面值中间,但以接近于面值并加些微溢价增益为发行价格。

(二)影响股票发行价格的因素

1. 经营业绩。公司的经营业绩特别是税后利润水平直接反映了一个公司的经营能力和上市时的价值,每股税后利润的高低直接关系着股票发行价格。

2. 净资产。经资产评估机构评估确认的每股净资产是定价的重要参考。

3. 发展潜力。公司经营的增长率(特别是盈利的增长率)和盈利预测是关系股票发行价格的又一重要因素。在总股本和税后利润既定的前提下,公司的发展潜力越大,未来盈利趋势越确定,市场所接受的发行市盈率也就越高,发行价格也就越高。

4. 发行数量。不考虑资金需求量,单从发行数量上考虑,若本次股票发行的数量较大,为了能保证销售期内顺利地将股票全部出售,取得预定数额的资金,价格应适当定得低一些;若发行量小,考虑到供求关系,价格可定得高一些。

5. 行业特点。发行公司所处行业的发展前景会影响到公众对本公司发展前景的预期,同行业已经上市企业的股票价格水平,剔除不可比因素以后,也可以客观地反映本公司与其他公司相比的优劣程度。如果本公司各方面均优于已经上市的同行业公司,则发行价格可定高一些;反之,则应低一些。此外,不同行业的不同特点也是决定股票发行价格的因素。

6. 股市状态。二级市场的股票价格水平直接关系到一级市场的发行价格。在制定发行价格时,要考虑到二级市场股票价格水平在发行期内的变动情况。若股市处于"熊市",定价太高会无人问津,使股票销售困难,因此,要定得低一些;若股市处于"牛市[①]",价格太低会使发行公司受损,股票发行后易出现投机现象,因此,可以定得高一些。同时,发行价格的确定要给二级市场的运作留有适当的余地,以免股票上市后在二级市场上的定位发生困难,影响公司的声誉。

(三)股票发行定价方式

股票发行的定价方式是指决定股票发行价格的制度安排,主要有议价法、拟价法、竞价

---

① 多头市场(bull market)又称牛市,指价格长期呈上涨趋势的证券市场。价格变化的总趋势是不断走高,特征是大涨小跌。

空头市场(Bear Market)又称熊市,指价格走低的市场。价格变化的总趋势是不断走低,特征是大跌小涨。

法、定价法等。我国股票发行定价的方式有以下几种：

1. 自主协商直接定价方式。在溢价发行情况下，发行人和主承销商协商议定参与网下询价投资者的条件、有效报价条件、配售原则、配售方式、承销价格和公开的发行价格，并报证券监管部门批准，承销价格与发行价格之差额即为承销商的报酬；也可以仅协商议定公开发行价格并报证券监管部门批准，承销商按发行总额的一定比例收取承销费用。

2. 询价方式。在对一般投资者上网发行和对机构投资者配售相结合的发行方式下，发行人和主承销商事先确定发行量和发行价格区间（即对其最高报价和最低报价的价差做出限定），通过网下向机构投资者询价，网下投资者报价后，发行人和主承销商剔除拟申购总量中报价最高的部分，剔除部分不得低于所有网下投资者拟申购总量的10%，然后根据剩余报价及拟申购数量协商确定发行价格，以同一价格向机构投资者配售和对一般公众投资者上网发行。

3. 累计投标询价方式。它是一种根据不同价格下投资者的认购意愿确定发行价格的定价方式。具体做法是主承销商确定并公布发行价格区间，投资者在此区间内按照不同的发行价格申报认购数量。通过累计计算，主承销商得出不同价格的累积申购量，并根据超额认购倍数确定发行价格。

4. 上网竞价方式。它是指利用证券交易所的交易系统，主承销商作为新股发行的唯一卖方，以发行人宣布的发行底价为最低价格，以新股发行量为总的卖出数，由投资者在指定的时间内竞价委托申购，发行人和主承销商以价格优先的原则，将投资者的认购委托由高价位向低价位排队，并由高价位到低价值累计有效认购数量，当累计数量恰好达到或超过本次发行数量的价格，即为本次股票发行的价格。如果发行底价不能满足本次发行股票的数量，则底价为发行价。我国只有少数股票以上网竞价方式进行过试点。

中国证券监督管理委员会发布的《证券发行与承销管理办法》中规定，我国发行人首次公开发行股票，可以通过向网下投资者询价的方式确定股票发行价格，也可以通过发行人与主承销商自主协商直接定价等其他合法可行的方式确定发行价格。

(四)股票发行定价方法

无论采取哪种定价方式，发行人和主承销商都要事先商定发行价格区间。这一发行底价或价格区间可以通过一定的方法估算。

(1)市盈率法

市盈率又称本益比（Price to Earnings，P/E），是指股票二级市场价格与每股盈利的比率。其计算公式为：

$$\text{市盈率}=\frac{\text{每股市价}}{\text{每股盈利}}$$

通过市盈率法确定股票发行价格，首先应根据注册会计师审核后的盈利预测计算出发行人的每股收益；然后可根据二级市场的平均市盈率、发行人的行业情况（同行业公司股票的市盈率）、发行人的经营状况及其成长性等拟定发行市盈率；最后依发行市盈率与每股收益之乘积决定发行价格。

按市盈率法确定发行价格的计算公式为：

$$\text{发行价格}=\text{每股盈利}\times\text{拟定的发行市盈率}$$

【做中学3—1】 某公司预测2017～2019年公司的每股盈利(EPS)分别为0.39元、0.50元及0.61元，综合考虑公司未来的成长性，以及市场上可以参考对比的同行业公司的市盈率

20～25 倍进行估值，公司确定发行市盈率按照 20 倍计算，则该公司发行价格定为：0.39×20=7.8(元)。

确定每股盈利有两种方法，采用不同的方法会得到不同的发行价格。

①完全摊薄法。它是指用发行当年预测全部税后利润除以总股本，直接得出每股税后利润。

②加权平均法。因股票发行的时间不同，资金实际到位的先后对企业效益影响较大，而且，投资者在购股后才能享受应有的权益。

加权平均法计算公式为：

$$股票发行价格=\frac{发行当年预测利润}{发行前总股本数+本次公开发行股本数\times(12-发行月份)\div 12}\times 市盈率$$

【做中学 3-2】 某公司 2019 年全资改组为股份公司，总股本达 242 187 500 股，该公司于 2019 年 10 月 16 日向社会公开发行股票 85 000 000 股，发行当年预测利润 76 012 284 元，发行市盈率按照 14.5 倍计算，则发行价格定为 4.30 元。

$$股票发行价格=\frac{76\ 012\ 284}{242\ 187\ 500+85\ 000\ 000\times(12-10)\div 12}\times 14.5=4.30(元/股)$$

从例题可以看出，每股税后利润的确定采用加权平均法较为合理。

(2)市净率法

市净率法又称净资产倍率法(Price/ Book Value Ratio，P/B)，是指通过资产评估(物业评估)和相关会计手段确定发行人拟募股资产的每股净资产值；然后根据证券市场的状况、发行人的经营情况等拟定发行市净率；最后，将每股净资产值乘以市净率，以此确定股票发行价格的方法。其公式是：

$$市净率=\frac{市场价格}{每股净资产}$$

$$发行价格=每股净资产值\times 拟定的发行市净率$$

净资产倍率法在国外常用于房地产公司或资产现值要重于商业利益的公司的股票发行，但在国内一直未被采用。以此种方式确定每股发行价格不仅应考虑公平市值，还须考虑市场所能接受的溢价倍数。

(3)现金流量折现法

现金流量折现法通过预测公司未来盈利能力，据此计算出公司净现值，并按一定的折扣率折算，从而确定股票发行价格。该方法首先是用市场接受的会计手段预测公司每个项目未来若干年内每年的净现金流量，再按照市场公允的折现率，分别计算出每个项目未来的净现金流量的净现值。公司的净现值除以公司股份数，即为每股净现值。由于未来收益存在不确定性，发行价格通常要对上述每股净现值折让 20%～30%。

国际主要股票市场对新上市公路、港口、桥梁、电厂等基建公司股票的估值和发行定价一般采用现金流量折现法。这类公司的特点是前期投资大，初期回报不高，上市时的利润一般偏低，如果采用市盈率法确定发行价格会低估股票的真实价值，而对公司未来收益(现金流量)的分析和预测能比较准确地反映其整体和长远价值。用现金流量折现法定价的公司，其市盈率往往远高于市场平均水平，但这类公司发行上市时套算出来的市盈率与一般公司发行的市盈率之间不具可比性。

五、股票发行制度

世界各国的证券发行制度可以概括为注册制和核准制两类。

(一)注册制

注册制(Registering System)又称形式审查。它遵循公开管理原则,要求发行人提供关于股票发行本身以及与发行有关的一切信息,证券监管机构只对发行人的信息材料做形式审查,而不对股票做价值判断,发行人只要充分披露了有关信息,在注册申报后的规定时间内证券监管机构未提出不同意见,即可发行股票,无须再经过批准。注册制是以美国联邦证券法为代表的一种股票发行审核方式,在注册制下,发行人的发行权无须国家授予,注册制为投资者创造了一个高度透明的市场和公平竞争的环境。但由于它的前提是信息充分披露,投资者能够根据所获得的信息做出理性投资决策,因此,它较适用于历史悠久、市场发育成熟的国家。

(二)核准制

核准制(Authorizing System)又称实质审查。它要求股票发行人不仅要充分公开其真实状况,而且必须符合证券监管机构制定的若干关于股票发行的实质条件,证券监管机构有权否决不符合实质条件的股票发行申请。

核准制是以欧洲各国公司法为代表的一种股票发行审核方式。在核准制下,发行人的发行权由审核机构以法定方式授予。实行核准制的目的在于,尽管理部门所能保证发行的证券符合公共利益和社会安定的需要。相比较而言,注册制适用于发达证券市场,而核准制则较为适用于证券市场发展历史不长、投资者素质不高的国家和地区。

注册制与核准制的不同可参见表 3—1。

表 3—1　　注册制与核准制的不同

	核准制	注册制
发行证券的权利取得方式	证券监管机关批准获得	自然取得,无须政府特别授权
信息披露	强调信息披露	完全信息披露,注册制的核心
证券监管机关的审查性质	实质审查	形式审查
控制方向	事前控制与事后控制并举	强调事后控制

(三)我国的证券发行制度

在过去 20 多年里,我国证券市场为实体经济发展做出了重要贡献,股票发行融资制度也经历了从审批制到核准制的不同发展阶段。

(1)行政审批制。从 1990 年开始到 2000 年,我国股票发行采取的是行政审批制,这期间大量国有企业通过改制完成了上市融资。

(2)核准制下的"通道制"。2001 年 3 月 17 日,我国启动证券发行核准制。公司上市由证券公司进行辅导,由证监会发审委审核。但这一阶段,综合类券商只要具有主承销商资格就可以获得 2～9 个通道。通道数也就是其可以在同一时点推荐申报拟公开发行股票的企业家数。通道制下股票发行名额有限的特点未变,企业上市后,负责推荐的券商不再负责,因此出现了不少企业通过各种形式的攻关达到上市目的,上市后业绩马上变脸的情况。

(3)核准制下的"保荐人制"。2004 年 2 月 1 日,我国开始推行保荐人制度,目的在于保证上市公司信息披露的质量，增强上市公司信用，保障市场稳健运行。保荐人的责任被法定延续到公司上市当年剩余时间及其后两个完整会计年度。即上市以后，保荐机构和保荐人也要负持续督导责任，如果出现上市公司造假上市或上市后就亏损等情况，保荐机构和保荐人根据规定，可能受到停办承销业务或被除名的处罚。

(4)注册制。随着改革的深化和市场的发展，核准制的缺陷和不足逐步显现，必须推进股票发行注册制改革，以有利于培育和形成市场自我约束机制，有利于发挥市场配置资源的决定性作用，有利于提高资本市场服务实体经济的效率，有利于实现投融资功能平衡协调和资本市场长期稳定健康的发展。实施注册制，必须于法有据。2015 年 12 月 27 日，十二届全国人大常委会第十八次会议经表决，通过了关于授权国务院在实施股票发行注册制改革中调整适用《中华人民共和国证券法》有关规定的决定。该决定的实施期限为两年，决定自 2016 年 3 月 1 日起施行。全国人大审议通过注册制改革的授权决定，意味着我国注册制改革将由证监会制定《股票公开发行注册管理办法》等相关规章和规范性文件，对注册条件、注册机关、注册程序、审核要求、信息披露、中介机构职责以及相应的事中事后监督管理等做出全面具体的规定，向社会公开征求意见后公布实施。

六、股票发行程序

世界各国的股票发行都有严格的法律程序。由于股票发行目的、发行方式不同，发行程序也有所差异。一般可分为首次公募发行(IPO)的程序和已上市公司增发股票的程序。

(一)首次公募发行的程序

公司决定公募发行股票后，一般要经过以下几个阶段才能发行成功。

(1)准备阶段。发行公司董事会拟订了资金使用计划和新股发行计划后，提请股东大会批准，然后需要聘请一家证券承销商负责本公司此次发行事宜，并由承销商负责组织一个由律师、会计师、资产评估师等组成的专家小组，负责对发行公司的尽职调查和发行前的准备工作。准备工作主要包括：①对发行公司进行改造，重组整合成适于公开发行及随后上市的公司。②对发行公司进行财产重估和资信评审。③编制招股说明书。

(2)申请阶段。主承销商会同发行公司将申请书、招股说明书、承销协议等申请文件送交证券管理机关，申请公开招股。

(3)证券发行的审批阶段。有关证券管理部门接获发行人的申报后，即进入审查批复阶段，经过对申报资料的审核，有关部门会出具书面反馈意见，发行人和中介机构须按照反馈意见修改和补充资料。

(4)预披露及推介(促销)阶段。发行人申请文件被受理后到发行申请被批准或注册生效这一期间，发行公司与主承销商可以推介或促销拟发行的证券，包括提前通知市场有关新股发行情况，大致确定目标投资群体，通过巡回展示或其他推介形式创造对新股的需求，引起投资者的购买兴趣。

(5)发售阶段。在注册期满或申请被批准后，发行公司须提交并公开招股说明书的最后文本，同时要与主承销商正式签署承销协议，并由主承销商负责组织承销团。承销团成立后，便可以在公开发行日向投资者发售了。股票全部发售完毕后，主承销商负责公布认购结果并将所筹资金转交发行公司，办理股份登记。如果发行公司想成为上市公司，主承销商还要负责上市事宜及上市后的市场维持。

在有关股票发行文件中，招股说明书是最为重要的文件。

（二）股票发行程序中的路演与二次发售机制

（1）路演

路演（Road Show）也有人译做“路游”，是指股票承销商帮助发行人安排的发行前的调研活动。一般来说，承销商先选择一些可能销出股票的地点，并选择一些可能的投资者，主要是机构投资者，然后带领发行人逐个地点去召开会议，介绍发行人的情况，了解投资人的投资意向。大多数情况下，一些基金经理人会作为机构投资者参加这一活动。另外，会计师和投资顾问有时也参加这一活动。承销商和发行人通过路演，可以比较客观地决定发行量、发行价格以及发行时机等。

路演是决定股票首次公开发行成功与否的重要步骤，成功的路演可以达到三个目的：

①通过路演让投资者进一步了解发行人。在大约两周的时间内，发行人、高层管理人员会同主承销商前往各主要金融中心城市，拜访潜在的投资者，使投资者有机会通过路演了解发行人的管理工作，并向发行人提出质询。

②增强投资者信心，创造对新股的市场需求。尽管多数国家的证券监管机构禁止发行人在路演时发送除了初步招股说明书之外的任何书面材料和进行盈利预测，但是路演还是给发行人提供了一个展示公司管理层风貌、公司素质和陈述公司长期商业计划的机会。由于路演是发行人积极推销的唯一机会，很多机构投资者和个人投资者就会在路演演说陈述中形成对发行公司管理层的看法，进而做出买或不买股票的决定，因此，成功的路演可以创造新股的市场需求。

③从投资者的反应中获得有用的信息。发行人可以从路演中了解到投资者对此次发行的反应，从而客观地决定发行量、发行价格及发行时机等。

（2）二次发售机制

在美国，二次发售又称二次发行，是指公司的主要个人或机构持股人对公众发售其限制性股票。二次发售机制使发行机制更加灵活，更能适应新股发行供求关系的变化。在中国，二次发售机制是指“绿鞋”机制和“回拨”机制。

①“绿鞋”机制。它又称绿鞋期权（Green Shoe Option），是指发行人授予主承销商的一项选择权，获此授权的主承销商按同一发行价格超额发售不超过包销数额15%的股份，从增发包销部分的股票上市之日起30日内，主承销商有权根据市场情况选择从集中竞价交易市场购买发行人股票，或者要求发行人增发股票，分配给对此超额发售部分提出认购申请的投资者。首次公开发行股票的数量在4亿股以上的，发行人和主承销商才可以在发行方案中采用超额配售选择权。“绿鞋”机制有效调剂了供求，发挥了稳定股价的作用。例如，工商银行2006年发行新股时规定A股的“绿鞋”规模为不超过初始发行规模的15%，即不超过19.5亿股。

绿鞋期权的名称来源于最初采用这种发行方式的公司名称。1963年，佩思·韦伯公司为绿鞋公司发行股票时第一次采用了这种期权。中国证监会于2001年9月3日公布《超额配售选择权试点意见》，标志着绿鞋期权在我国开始试行。2006年9月17日，证监会在其发布的《证券发行与承销管理办法》中规定，首次公开发行股票数量在4亿股以上的，发行人及其主承销商可以在发行方案中采用超额配售选择权。超额配售选择权的实施应当遵守中国证监会、证券交易所和证券登记结算机构的规定。

②“回拨”机制。它是指在同一次发行中采取两种发行方式组合(例如二级市场投资者配售和上网定价发行、二级市场投资者配售和法人投资者配售、上网定价发行和法人投资者配售)时,先设定不同发行方式下的发行数量,然后根据认购结果,按照预先公布的规则在两种发行方式之间调整发行数量。“回拨”机制最直接的好处是能在机构投资者与一般投资者之间建立一种利益调节机制,在一定程度上改善供求关系。在中国证券市场上,2001 年中石化 A 股发行时首次采用了“回拨”机制。

任务二　债券发行与承销

一、债券的发行主体及发行目的

债券发行是将债券由发行者手中转移到投资者手中的过程。债券的发行主体主要是债券的发行者,包括政府、金融机构、股份公司、企业等。

(1)政府。政府根据信用原则,为了达到特定的目的,经常采取债券的形式筹措资金。政府又分为中央政府和地方政府。中央政府为了弥补国库暂时性资金不足,可发行短期国家债券,即国库券;为了某种特定目的也可发行中长期国家债券,即公债券,其发行范围可在国内以本币发行,还可以在国外以外币币种发行。地方政府为了发展地区经济(如建设某个大型项目、修建基础设施等),也可采用举债的形式,发行地方政府债券,简称地方债券。

(2)金融机构。金融机构主要包括银行及非银行的金融机构(如信托投资公司、证券公司等),其发行债券的目的主要是为了筹集信贷资金。在英美等欧美国家,金融机构发行的债券归类于公司债;在我国及日本等国家,金融机构发行的债券称为金融债券。

(3)股份公司。股份公司为了增加资金,经董事会决定后,可申请发行债券。这种方式不仅比增发新股简单,而且也比较灵活。

(4)企业。企业在具备发行资格的条件下,可以作为发行者,通过发行债券筹集资金。发行债券是企业最直接、有效的资金来源渠道之一。

二、债券的发行条件

确定发行条件是发行债券过程中一项至关重要的工作。合理确定债券的发行条件,对发行者来说直接关系到筹资成本的高低,对投资者来说是做出投资判断的基本依据。只有制定出合理的发行条件,才能保证债券发行的成功。发行条件主要是由发行额、票面利率、发行价格、票面金额、偿还期限等内容构成。

1. 发行额。是一次发行债券所筹集的资金总额。它是根据发行者资金的数量、信誉、债券的种类以及市场的承受能力等因素决定的。从发行者的角度看,在债券总金额相等的条件下,一次发行比分次发行节省时间和费用,但一次发行债券在一些国家受到法定最高限额的限制;并且发行额定得过高时,会造成销售困难,以致影响发行者的信誉,对债券发行后的转让价格也会产生不良影响。一般来说,发行者首次发行债券,发行额可定得低些,保证发行成功,以后再需要发行债券时,便可参照首次发行的情况,确定出有把握的发行额。

2. 票面金额。是债券券面所表示的金额。债券票面金额的确定要考虑两个因素:①认购者的购买能力。用公募方式向社会公众发行债券时,若票面金额定得过高,就会把小投资者拒之门外；用私募方式向法人投资者发行债券时，则可考虑适当提高票面金额。②成本测算。如果票面金额定得过低，就会增多债券数量，不仅增加印刷成本，还会使发行工作复杂化。综合上述两种因素，一般采取多票面金额的方式比较理想。

3. 票面利率。它又称名义利率，是债券票面所载明的利率。它反映的是债券券面上的固定利息和券面金额的比率，是固定不变的。例如，某种债券票面利率 10%，即表示每认购 100 元债券，每年可得到 10 元利息。通常，在确定债券票面利率时，既要考虑到发行单位的承受能力，又要考虑到对投资者是否有吸引力，具体包括以下三个方面：

①银行同期存款利率水平和期限的长短。银行存款和债券投资是资金运用的两种不同方式，投资者要对这两种方式的收益性和风险性进行比较，选择最佳的投资对象。通常来说，债券的风险略高于银行存款，票面利率也应略高于银行存款利率。同时，期限长的债券票面利率高些，期限短的债券票面利率则低些。

②其他债券的利率水平。债券的种类很多，各种债券由于信用程度不同，利率有一定差别。信用级别高的债券可以相应降低票面利率，信用级别低的债券则要相应提高票面利率。发行者应在考虑自己信用程度的基础上，确定相应的票面利率。

③发行者的承受能力。发行者应在正确估价自己的承受能力的基础上确定票面利率，否则，盲目地将票面利率定得过高，发行时可吸引投资者，其结果轻者会给发行者带来沉重的利息负担，重者不能按期偿还本金，给以后的债券发行工作带来严重的不利影响。

4. 债券的期限。它是指从债券发行日起到偿清本息日止这段时间。它是根据发行人使用资金的周转期、市场利率的变动趋势、流通市场的发达程度以及投资人的投资意向等因素决定的。发行人在确定债券的期限时，主要应考虑以下因素：

①要考虑自己使用资金的周转期。发行不同期的债券主要是为了满足不同的特定的资金需求，使债券的期限与资金的周转期相适应。

②要考虑未来市场利率的发展趋势，以避免利率风险，减少市场利率上升所引起的筹资成本的上升。

③要考虑流通市场的发达程度。如果流通市场发达，投资人就敢于购买长期债券，因为债券可以随时变现；反之，投资者存在后顾之忧，长期债券就难以销售。

④要考虑发行者的信用度。一般来说，知名度高、信用度好的大企业，即使发行期限较长的债券，也容易推销；相反，信用差的公司，要想将债券顺利推销出去，应尽量发行期限较短的债券。

另外，投资人的投资意向、心理状况以及市场上其他债券的期限构成，也是发行人确定债券期限的因素之一。

5. 发行价格。它是债券从发行者手中转移到初始投资者手中的价格。债券的发行价格相对票面金额而言有三种：①以券面金额发行，称平价发行，一般是在债券票面利率与市场利率相同情况下采用；②以高于券面金额的价格发行，称溢价发行，一般是在债券票面利率高于市场利率的情况下采用；③以低于券面金额的价格发行，称折价发行或贴水发行，一般是在债券票面利率低于市场利率的情况下采用。一般来说，发行价格可以与利率相互配合来调整债券购买者的实际收益率，使之与实际利率保持一致。在市场利率水平有较大幅度浮动时，可以调整债券的票面利率，也可微调发行价格与之相适应。

6. 债券的偿还方式。债券一般是按照发行时约定的期限到期偿还的，但也有部分债券在发行时就规定了一定的偿还方式。偿还方式包括到期偿还、期中偿还和展期偿还，期中偿还又有全额偿还和部分偿还等方式。债券的偿还方式直接影响发行人的筹资成本和投资者的投资收益以及双方的风险，也是发行人需要考虑的条件之一。

7. 债券的发行担保。有无发行担保是债券发行的条件之一。由信誉卓著的第三方担保或用发行人的财产作抵押担保，可提高债券的安全性，降低筹资成本。通常，政府和大金融机构发行的债券无须担保。

8. 债券的税收效应。它主要是指对债券的收益是否征税。涉及债券收益的税收有收入所得税和资本收益税。收入所得税也称利息预扣税，在发行人向债券持有人支付利息时预先扣除债券持有人应向政府部门缴纳的税款并集中上缴当地税务部门。资本收益税是政府对证券投资的资本利得收入征收的税收。资本利得收入是指债券的卖出价与买入价之差额或债券到期的偿还金额与买入价的差额。针对债券投资所开征的税种及税率由各国的税务部门决定，但因投资者关注的是债券投资收益在扣除税款后的净额，所以税收效应也是债券发行人需要考虑的条件之一。

总之，在确定发行条件时，要将上述因素综合起来考虑，多方权衡。通常先定利率和期限，因为它们最明显地反映着投资者的获利大小和贷出资金的时间长短，再根据市场利率确定发行价格。而投资者在进行债券投资时，除了看发行条件外，还要考虑发行者的信用度，所以一般都对发行者定有不同的发行等级，级别越低的发行者越需要以较高的发行条件来发行。

三、债券的公开发行方式

（一）定向发行方式

定向发行又称私募发行、私下发行，即面向少数特定投资者发行。一般由债券发行人与某些机构投资者，如商业银行、证券投资基金、保险公司、信托投资公司等金融机构以及养老保险基金、各类社会保障基金、社会捐赠基金等特定机构直接洽谈发行条件和其他具体发行债券的方式，属于直接发行。我国的国家重点建设债券、财政国债、特种国债等债券均采取定向发售方式。

（二）承购包销发行方式

承购包销发行是指发行人与由商业银行、证券公司等大金融机构组成的承销团通过协商条件签订承购包销合同，由承销团分销拟发行债券的发行方式。有的国家建立国债一级自营商制度，具备一定资格条件、经批准的国债一级自营商，有责任包销每次国债发行量的一定比例，再通过各自的市场销售网络开展分销与零售业务。以公募方式发行的公司债，一般也采取承购包销方式。

对于事先已确定发行条件的国债，我国仍采用承购包销方式，目前主要运用于不可上市流通的凭证式国债的发行，主要由商业银行承销并利用银行营业网点分销。

（三）公开招标发行方式

公开招标发行方式是指通过招标方式确定债券承销商和发行条件的发行方式。通过投标人的直接竞价来确定发行价格（或利率）水平，发行人将投标人的标价，自高价向低价排列，或自低利率向高利率排列，发行人从高价（或低利率）选起，直到达到需要发行的数额为止。因此，通过这种发行方式所确定的价格恰好是供求决定的市场价格。

招标发行根据标的物的不同，可分为价格招标、收益率招标和缴款期招标三种形式。根据中标规则不同，可分为荷兰式招标（单一价格招标）和美国式招标（多种价格招标）。

（1）价格招标。主要用于贴现债券的发行。根据中标规则的不同，又可分为荷兰式招标和美国式招标两种。荷兰式招标是指按招标人所报买价从高向低的顺序中标，直至满足预定发行额为止，中标人以所有中标价格中的最低价格认购中标的债券数额。美国式招标的过程与荷兰式的相似，但是投标人在中标后，分别以各自出价来认购债券。二者的区别是，荷兰式招标是所有中标人以“单一价格”认购，美国式招标是中标人以“多种价格”认购。我国目前短期贴现国债主要运用荷兰式价格招标方式予以发行。

（2）收益率招标。它主要用于附息债券的发行，同样可以分为荷兰式招标和美国式招标两种形式，原理与价格招标相似。债券的票面利率由投资者以招标方式进行竞争，按照投标人所报的收益率由低到高依次中标，直到满足预定发行额为止。荷兰式招标的中标人以所有中标收益率中的最高收益率认购中标额，美国式招标则以中标人各自报出的收益率认购中标额，并均以各中标人投标收益率的加权平均值作为债券的票面利率。

（3）缴款期招标。它是指在债券的票面利率和发行价格已经确定的条件下，按照承销机构向财政部缴款的先后顺序获得中标权利，直至满足预定发行额为止。根据中标规则不同，也可分为荷兰式招标和美国式招标，前者是各中标商均以单一的最迟缴款日期为中标缴款期，后者是各中标商以各自投标的缴款期为中标缴款期。这一招标形式是我国的创新，曾在国债发行中运用。

我国记账式国债发行以招标方式为主，既有荷兰式招标，也有美国式招标，招标标的为利率、利差和价格，国债承购包销团成员有权参加国债的招投标。

（四）直接发售方式

这种方式是指发行人通过代销方式在证券公司或银行柜台向投资者直接销售。国外的储蓄债券常采用这种方式。

四、债券的信用评级

对发行证券的机构进行信用评级具有多重意义：对机构来说，进行信用评级是发行债券的必要前提，是取信投资者、降低发债成本的必要途径；对投资者来说，知道所买入债券的信用等级是其进行投资风险管理的重要环节。

（一）债券信用评级的概念

债券信用评级是指债券评级机构对债券发行者的信誉及其所发行的特定债券的质量进行评估的综合表述。从本质上说，信用评级评估和计量了债券的信用风险，即发生不利于债权事件的可能性。它对于债券发行者、投资者和证券交易者都很重要，因为只有通过比较各种债券的信用级别，才能保证投资和交易的质量，降低投资风险。

世界上最早的债券评级制度诞生于美国，目前世界上最著名、最具权威性的评级机构是美国的穆迪投资者服务公司和标准普尔公司，此外，还有日本公社债研究所、日本投资服务公司、日本评级研究所以及艾克斯特尔统计服务公司等，它们大多是为社会公众所承认的、具有很高声誉的民间债券评级机构。

（二）证券信用评级的作用

（1）证券信用评级有利于保护投资者的利益。通过评级可以将证券发行者的信用质量和偿还债务的可靠程度公之于众，使投资者在投资决策前了解准备投资的证券的风险程度。当然，证券发行者按规定也会向社会公布其经营情况和财务状况，但是，由于缺乏专业知识和相关的信息，一般投资者往往难以据此直接做出投资决定。而信用评级通过各方面的专家对多方面的材料进行分析、评估，得出一个简明的结果，使投资者易于明白并据此决策。

(2)证券信用评级有利于证券的发行者降低筹资成本。一般来说，投资者的收益就是筹资者的成本，投资者的收益越高，就意味着筹资者的筹资成本越高；而证券的风险越大，证券投资者要求的收益就越高。因此，证券的风险不确定，投资者就可能会要求较高的收益，而信用评级的功能恰好在于它可以比较准确地标出证券的风险程度，从而使投资者接受一个虽然较低，但是配合其风险程度的收益率。另外，有了证券的信用评级，发行者在与承销商谈判发行价格时亦能较快达成共识，投资者对证券亦有信心，这都有助于发行者迅速实现筹资目的。以上两个方面满足了发行者与投资者的基本要求，是信用评级的最主要作用。

(3)证券信用评级也是证券市场的一项基本建设，它既是体现市场公正、公平、公开原则的一个重要手段，又可以提高市场的效率。有了信用评级，市场信息的透明度提高了，传播速度也提高了，促进了平等竞争，减少了市场操纵行为，规范了市场的交易与运作；有了信用评级，社会资源可以根据高质高价、低质低价的市场原则有效地确定流向，提高了资源配置的水平和效率。

(4)证券信用评级亦有助于金融监管当局对金融市场实施有效监管。各种证券都有信用等级，监管部门就可以根据监管的目标与需要，方便地确定各种金融机构或非金融机构持有资产的风险结构，规定金融机构投资证券的标准。在此基础上，也可以进行相应的检查。

(三)债券信用级别的划分

国外债券等级的划分，有的是“四类十级制”，即 A、B、C 各分三级，另加 D 级；有的是“三类九级制”，即 A、B、C 各分三级；还有的是“二类六级制”，即 A、B 各分三类。但一般采用“三类九级制”的比较多，我国目前的债券信用评级就采用这种等级划分方法，即将债券的等级划分为 AAA，AA，A；BBB，BB，B；CCC，CC，C。

(四)证券评级的原则

在证券评级工作中，一般应坚持如下几条原则。

(1)权威性原则。这一则主要体现在三个方面：①信用评级机构的评级范围要广泛，不但在系统内适应，而且在系统外也要适应，不但在当地适应，外地也要适应；②评级机构的人员要由专家、学者或实践经验丰富的“老银行”担任；③评级机构要有代表性，有独立行使证券信用评级的权力。

(2)科学性原则。债券的评级是一项繁杂的工作，具有较高的要求，因此，各债券评级机构对信用评级的方法、评级指标体系以及评级手段都要具有科学性，评估依据要全面，指标要完整。

(3)责、权、利相结合原则。在责任上，债券评级机构对债券的评级应本着对企业负责和对投资者负责的精神，并对在评级中的失误所造成的影响承担相应责任；在权利上，评级机构有权按照国家制定的规定和办法进行评级，也有对评级办法的解释权，其他机构、人员不得进行干扰；在利益上，评级机构也应讲求盈利，根据评级规定，收取评级费用。

(4)公正原则。在证券信用评级过程中，评级机构不能搞人情评级，也不能凭“长官意志”行事，而要站在公正立场上，客观、公正地判断分析，使评级机构本身经得起社会的检验。

(五)债券信用评级的内容与方法

各国债券评级机构关于债券评级的内容规定尚不一致,下面以美国穆迪公司和标准普尔公司为例,简要介绍其评级的主要内容与方法。

(1)资产流动性分析。它主要是从资金周转的角度衡量企业的偿债能力和生产经营能力。它主要包括8项指标:①流动资产与流动负债比率;②迅速变现资产比例;③现金和视同现金比例;④库存与全部流动资产比例;⑤库存周转率;⑥应收账款周转比率;⑦固定资产周转比率;⑧全部资产周转比率。

(2)负债比率分析。它主要是从公司负债总量和负债结构的角度,衡量偿债能力和盈利水平。在分析过程中主要考虑8项指标:①总负债率;②流动负债与全部负债的比例;③全部负债占公司全部自有资本比例;④纯资产对长期负债比例;⑤长期负债占公司全部自有资本比例;⑥优先股占纯资产比率;⑦普通股占纯资产比率;⑧长期负债占总负债比率。

(3)金融风险分析。它主要是衡量和考察筹资者的筹资风险和投资者的投资风险的大小,也有8项指标:①纯资产与债券发行额的比例;②次纯资产与优先股的比例;③再次纯资产与普通股的比例;④毛利对债券利息的比率;⑤当年毛收入对债券本息的比率;⑥纯盈利对优先股分红比例;⑦普通股分红比率;⑧纯盈利对全部股份的比率。

(4)资本效益分析。它主要是从经济效益的角度衡量企业的偿债能力和生产营运能力如何,主要有5项指标:①销售毛利率;②销售成本率;③销售纯盈利率;④总资产税前收益率;⑤总资产税后收益率。

1992年,由中国信誉评级协会筹备组制定了我国的《债券信用评级办法》,规定了评级的内容,主要包括企业素质、财务质量、建设项目、发展前景和偿债能力五个方面。随着我国信用评级工作的不断探索和实践,债券评级的指标体系和评价方法将会进一步得到完善。

任务三 证券投资基金发行与认购

一、封闭式基金

(一)封闭式基金的发售和认购

封闭式基金的发售由基金管理人办理,基金管理人会选择证券公司组成承销团代理基金发售。基金发售一般通过证券交易所网络系统以及网下配售进行。投资者可以委托经纪人认购封闭式基金份额。封闭式基金的发售价格一般为面值加上发售费用。如果基金的份额面值为1元,发售费用为0.01元,则投资者认购每一份额基金所需的资金是1.01元。

(二)封闭式基金的交易

封闭式基金募集完毕后,如满足一定的条件,就可以在证券交易所挂牌上市交易。这些条件包括:基金的封闭期达到一定的年限,基金的募集金额达到一定的数量,基金份额持有人达到一定数目等。

与进行股票交易类似,投资者要进行封闭式基金的交易,必须开立证券账户或是基金账户,同时必须有资金账户。封闭式基金的交易规则和在交易所挂牌的股票基本类似,只是不需要缴纳印花税,并且佣金和过户费也比买卖股票低。另外,股票的交易委托和封闭式基金的交易委托均为交易所规定的最小交易单位的整数倍。

由于封闭式基金的绝对价格在1元左右，因此基金交易的最小变动价位对它的流动性有重要影响。比如，当基金价格在1元左右的时候，若最小变动价位为0.01元，那么当投资者买入委托以揭示的卖出价成交，或是卖出委托以揭示的买入价成交时，投资者将承担额外的成本。例如，当揭示的买入价为1.02元，卖出价为1.03元，投资者只能以1.03元买入，以1.02元卖出，相当于损失了1%。因此，封闭式基金的最小变动价位一般要比0.01小。我国规定自2003年3月起，封闭式基金交易的最小变动价位为0.001元。

封闭式基金的二级市场价格经常偏离其份额净值，用折价率可以反映这种偏离程度。折价率的计算公式为：

$$折价率=(基金市场价格-基金份额净值)/基金份额净值\times 100\%$$

当折价率为正值时，表明封闭式基金的市场价格高于其份额净值，基金为溢价交易；当折价率为负值时，表明封闭式基金的市场价格低于其份额净值，基金为折价发行。为了反映封闭式基金的整体表现情况，我国沪、深证券交易所都制定了以基金份额为权数的基金指数。

二、开放式基金

(一)开放式基金的发售和认购

1. 开放式基金的发售

开放式基金一般不在证券交易所上市，它的发售通常由基金管理公司负责办理。基金管理公司可以委托商业银行、证券公司、证券投资咨询机构、专业基金销售机构，代理开放式基金份额的发售。

2. 开放式基金的认购

(1)开放式基金认购的一般原则

投资者一般通过基金管理公司的直销中心、商业银行以及证券公司进行开放式基金的认购。投资者进行基金的认购时，需分别开立基金账户和投资账户。基金账户用于记录基金持有人的基金份额及变动情况，资金账户则用于投资者认购、申购、赎回基金份额，以及基金分红时的资金结算。

开放式基金的认购采取金额认购的方式，即投资者在认购基金时，不是按认购份数而是按认购金额申请。开放式基金一般会规定一个最低的认购金额和追加认购金额。

认购开放式基金需要交纳一定的认购费。认购费的支付分为两种模式，即前端收费模式和后端收费模式。前者是指在认购基金时必须支付认购费用，后者是指在认购基金时无须支付任何费用，到赎回时才支付认购费。后端收费模式旨在鼓励投资者认购基金并长期持有，而且认购费率通常随着投资者赎回时间的推后而递减。

不同种类开放式基金的认购费率不完全相同。一般而言，基金的认购费率随着基金风险的增加而增加。货币市场基金一般不设认购费用，债券型基金的认购费率一般低于1%，股票型基金的认购费率最高，一般可达1.5%。另外，开放式基金的认购费率会随着认购金额的增加而递减。

(2)开放式基金认购费用的确定和认购份额的计算

开放式基金的认购又分为前端收费和后端收费两种。下面用图3-1表现其认购计算公式。

- 基金认购
  - 前端收费
    - 内扣法
      - 认购费=认购金融×认购费率
      - 净认购金融=认购金额-认购费用
      - 认购份额=净认购金额/认购当日基金份额净值
    - 外扣法
      - 认购费用=认购金额-净认购金额
      - 净认购金额=认购金额/(1+认购费率)
      - 认购份额=净认申购金额/认购当日基金份额净值
  - 后端收费——认购份额=认购金额/认购当日基金份额净值

图 3—1　开放式基金认购费用的计算

【做中学 3—3】　某基金的认购费率是 1.5%，基金份额面值是 1 元。某投资者以 50 000 元认购基金。请分别用内扣法和外扣法计算认购份额。

分析：

1. 采用内扣法进行计算：

认购费用＝50 000×1.5%＝750(元)

净认购金额＝50 000－750＝49 250(元)

认购份额＝49 250÷1＝49 250(份)

2. 采用外扣法进行计算：

净认购金额＝50 000÷(1＋1.5%)＝49 261.08(元)

认购费用＝49 261.08×1.5%＝738.92(元)

认购份额＝49 261.08÷1＝49 261.08(份)

比较上述两种计算，外扣法比内扣法多购 11 份基金。我国大多数基金在认购时，采用外扣法。

(四)开放式基金的申购和赎回

封闭式基金的交易在基金投资者之间进行，而开放式基金的申购和赎回，则在基金投资者和基金管理人之间进行。

1. 开放式基金申购和赎回的概念和基本规则

开放式基金的申购是指在基金募集期结束后申请购买基金份额的行为。开放式基金的赎回是指基金持有人要求基金管理人购回其持有基金份额的行为。开放式基金的申购和赎回会相应增加和减少基金的总份额。

开放式基金在成立后的一段时间内，由于要将募集资金用于购买证券，因此可以规定一个封闭期，在封闭期内只接受申购申请不接受赎回申请。

与开放式基金的认购一样，投资者进行开放式基金的申购和赎回，可以通过基金管理公司的直销中心或其代理机构完成。开放式基金的申购和赎回办理的时间一般与证券交易所开市的时间一致。

开放式基金的申购以金额申请，即投资者申报申购的金额而非份数；开放式基金的赎回以份额申请，即投资者申报赎回的份数而非金额。一般来说，开放式基金会规定一个最小的申购金额和赎回份额。

开放式基金的申购也存在着前端收费和后端收费两种模式，不同的收费模式会导致申购份额的差异。和认购时一样，开放式基金的申购和赎回费率一般随着基金风险的增加而增加，赎回费率随着投资者持有时间的增加而减少。另外，开放式基金的申购费率一般会随着申购金额的增加而减少。

2. 开放式基金申购和赎回的计算

开放式基金的申购与开放式基金的认购计算方式一样，但赎回相对复杂，用图 3－2 表示如下：

- 基金赎回
  - 前端收费
    - 赎回总额=赎回份额×T日基金份额净值
    - 赎回费用=赎回总额×赎回费率
    - 赎回金额=赎回总额-赎回费用
  - 后端收费
    - 赎回总额=赎回份额×T日基金份额净值
    - 后端申购费用=赎回份额×申购日基金份额净值×后端申购费率
    - 赎回费用=赎回总额×赎回费率
    - 赎回金额=赎回总额-后端申购费用-赎回费用

图 3－2　开放式基金赎回的计算

【做中学 3－4】　某日某投资者申请赎回 ABC 基金 10 000 份，该基金赎回费率随持有时间的增加而递减。在赎回当日，使用费率为 2%。当日基金份额净值为 0.960 8 元。则该投资者赎回金额为多少？

分析：

赎回总额＝10 000×0.960 8＝9 608(元)

赎回费用＝9 608×2%＝192.16(元)

赎回金额＝9 608－192.16＝9 415.84(元)

关键术语

初次发行　增资发行　定向发行　承购包销

应知考核

一、单项选择题

1. 我国《公司法》规定，以募集设立方式设立股份有限公司的，发起人认购的股份不得少于公司股份总数的(　　)。

A. 10%　　B. 20%　　C. 35%　　D. 60%

2. 资产负债率通常反映股份公司的负债能力和经营的稳定性(　　)。

A. 资产负债率　　B. 流动比率　　C. 总负债率　　D. 销售毛利率

3. 股份有限公司增资应当修改公司章程，须经出席股东大会的股东所持表决权的(　　)以上通过。

A. 1/3　　B. 2/3　　C. 全体股东　　D. 1/2

4. (　　)是证券发行中最常见、最基本的发行方式。

A. 公募发行　　B. 私募发行　　C. 直接发行　　D. 间接发行

5. 证券公司的承销方式可分为(　　)。

A. 包销　分销　　B. 包销　代销

C. 分销代销　　D. 包销代销和分销

6. 我国证券发行基本采用(　　)方式。

A. 全额包销　　B. 等额包销　　C. 银团包销　　D. 余额包销

7. 定向发行方式我国的国家重点建设债券、财政国债、特种国债等债券均采取(　　)。

A. 定向发行方式　　B. 公开招标发行方式

C. 直接发售方式　　D. 定向发售方式

8. 世界上最早的债券评级制度诞生于(　　)。

A. 英国　　B. 日本　　C. 美国　　D. 荷兰

9. 首次公开发行股票的数量在(　　)亿股以上的,发行人和主承销商才可以在发行方案中采用超额配售选择权。

A. 2　　B. 3　　C. 4　　D. 5

10. (　　)是决定股票首次公开发行成功与否的重要步骤。

A. 路演　　B. 二次发售　　C. 绿鞋机制　　D. "回拨"机制

二、多项选择题

1. 公司增资的方式有(　　)。

A. 向社会公众发行股份　　B. 向现有股东配售股份

C. 向现有股东派送红股　　D. 以公积金转增股本

2. 无偿增资发行又可以分为(　　)。

A. 无偿交付　　B. 股票分红　　C. 股份分割　　D. 债券股票化

3. 按有无发行中介分类,可分为(　　)。

A. 直接发行　　B. 间接发行　　C. 公开发行　　D. 内部发行

4. 一般而言,股票的发行价格有(　　)。

A. 平价发行　　B. 溢价发行　　C. 时价发行　　D. 折价发行

5. 债券的发行主体主要是债券的发行者,包括(　　)。

A. 政府　　B. 金融机构　　C. 股份公司　　D. 个人

三、判断题

1. 股份公司的设立只有募集设立形式。(　　)

2. 以公开招股形式发行的股票数量最小。(　　)

3. 股票分割是无偿发行的一种特殊形式。(　　)

4. 市盈率又称本益比是指股票二级市场价格与所有者权益的比率。(　　)

5. 承销商和发行人通过路演,可以比较客观地决定发行量、发行价格以及发行时机等。(　　)

四、简述题

1. 简述影响股票发行价格的因素。

2. 简述股票首次公募发行的程序。

3. 简述债券的发行条件。

4. 简述开放式基金认购的一般原则。

5. 简述成功的路演达到的目的。

应会考核

■观念应用

【背景资料】

熟知证券发行与承销

1. 阅读一家公司招股说明书，通过该说明书你能获得哪些方面的信息？并分析该公司的新股定价是否合理。

2. 你可以登录中国证券业监督管理委员会网站 http://www.csrc.gov.cn/pub/newsite/zqqhcp/zqfx/了解首次公开发行、配股、非公开发行和增发等的相关规定，以及公司债券、可转换债券、可分离债券发行的相关规定。

【考核要求】

请对上述背景资料写一份查看后的报告。

■技能应用

证券申购

甲公司和乙公司同时定于T日在深交所进行网上申购，网上发行量分别为5 000万股和2 000万股，主承销商规定的申购上限分别为5万股和2万股，发行价格都为10元。T—2日收市后，投资者张某持有深圳市场非限售A股股份的总市值为20.9万元，则张某分别能够获配甲、乙公司多少个新股申购单位？可分别申购多少股新股？

【技能要求】

结合本项目内容，分析上述问题。

■案例分析

【情境与背景】

宏达股份有限公司的问题

宏达网络股份有限公司是一家IT业的著名企业，发起设立注册资本4 000万元。公司开业1年来经营业绩节节攀升，为抓住机遇，扩大公司规模，实现公司的大发展，公司董事会决定，向国务院授权部门及证券管理部门申请公司上市发行新股，拟发行新股总额为人民币6 000万元，每股面额1元。为吸引投资，其中2 000万元股份为优先股，优先股股东享有下列权利：①优先股股东可以用8.5折购买股票；②预先确定优先股股利11%，且不论盈亏保证支付；③优先股股东在股东大会上享有表决权。其余4 000万元股份为普通股，溢价发行，并将股票发行溢价收入列入公司利润。

【分析要求】

①宏达股份有限公司申请公司上市发行新股能否获得批准？为什么？

②宏达公司对优先股的规定合法吗？

③新股发行方案中还存在什么问题？

项目实训

【实训项目】

证券发行与承销。

【实训情境】

1. 登录上海证券交易所网站（http://www.sse.com.cn/），了解《上海市场首次公开发行股票网上发行实施细则》的具体规定。

2. 登录“上证e互动平台”（http://sns.sseinfo.com/），与上市公司对话，向上市公司提出咨询和建议，参加在线访谈等互动活动。

【实训任务】

1. 写一份你查看后的感想。

2. 填写实训报告。

<table>
<tr><th colspan="3">《证券发行与承销》实训报告</th></tr>
<tr><td>项目实训班级：</td><td>项目小组：</td><td>项目组成员：</td></tr>
<tr><td>实训时间：　　年　　月　　日</td><td>实训地点：</td><td>实训成绩：</td></tr>
<tr><td colspan="3">实训目的：</td></tr>
<tr><td colspan="3">实训步骤：</td></tr>
<tr><td colspan="3">实训结果：</td></tr>
<tr><td colspan="3">实训感言：</td></tr>
</table>

项目四

证券上市与交易

○ 知识目标

项目四课件

理解：上市证券与非上市证券；证券交易所的概念和特征；场外交易市场的概念及特征；网上证券交易的概念的特征。

熟知：证券上市的利弊；证券上市地的选择应考虑的因素；场外交易市场的功能和类型；我国的场外交易市场

掌握：证券暂停上市和终止上市；证券交易所的组织形式；证券交易所经纪人；证券交易所的交易方式；我国证券交易所的市场层次结构及上市标准；证券交易程序；网上证券交易程序及规则。

○ 技能目标

能够正确认知 证券交易市场的实际运用，提高专业知识的应用能力、职业判断能力和相关知识的更新能力。

○ 素质目标

能够运用证券交易市场基本知识分析证券交易市场中遇到的问题；能结合社会经济实际提高分析问题的能力、语言表达能力和与人合作的能力。

○ 项目引例

最早的交易所

随着垄断商业的大公司和最早的股份公司的建立，国家、企业和海外投资的金融需求日益增长，使一种紧迫的需求摆上议事日程。这种需求不仅是指可经常提供金融、商品和服务手段的一个地方、一个机遇，而是一个“空间”，一个由官方法规管理，能够提供担保的空间，在这里可以按照需求直接供应。早在16世纪下半叶，塞维利亚就有“交易之家”在运转。此外，在伦敦、巴黎、汉堡都诞生了真正的私营形式的交易所。1608年，阿姆斯特丹还修建了专用于交易的交易所大厦，这是第一个具有现代意义的交易所，具备了进行各种交易的环境。

最早的交易所是在比利时发展起来的。安特卫普交易所成立于1531年。16世纪，在法国里昂(1548)、图鲁兹(1549)、罗文(1556)和波尔图(1571)的文献里就有关于交易所的记载。在英国伦敦，伊丽莎白女王外币兑换的负责人托马斯·格瑞莎穆，自1551年在安特卫普打好自己的基础后，于1564年在伦敦城创建皇家交易所，后因以国际纸业贸易来替代交易所的活动，皇家交易所于1771年结束，1773年使用现名“证券交易所”。1803年，交易所开始有了自己的简报(行情表)。德国从16世纪就有许多城市开始组织自己的交易所,而在维也纳则是等到1771年才开始的。但这些交易所的命运总是成为投机的天堂,18世纪开始,交易所才成为国家法规管理下的一个公共机构。

思考与讨论:

什么是证券交易所?其有什么样的组织形式和特点?

○ **知识精讲**

任务一　证券上市与退市

一、上市证券与非上市证券

上市证券是指在证券交易所内采用集中竞价方式挂牌买卖的证券。一般来说,一个公司的证券要想在某一证券交易所公开上市买卖,它必须首先向证券交易所提出上市申请。各个证券交易所对证券的上市都有一些要求,只有符合条件的证券才能在交易所公开上市。证券上市的条件在各国证券管理立法中都有些原则性规定,但一般不作具体的强制性规定,而是主要由证券交易所自行决定。因此,各证券交易所上市条件有严有松,然而其目标都是为了切实维护投资者的利益,维持证券市场的正常运行。各个国家、各个证券交易所无论对证券上市怎样规定,总是那些信誉高、经济效益好、经营管理完善、经济实力雄厚的公司才能更为容易获准上市。

与上市证券相对应的是非上市证券。非上市证券是指那些不在证券交易所挂牌买卖的证券,它的交易通常只能在场外进行。一般情况下,非上市证券总是比上市证券多,其中绝大多数是因为它们不符合证券上市条件,如那些较小公司的股票就往往只能在场外进行交易。

二、证券上市的利弊

对于证券的上市,人们历来有着不同的认识,有些公司热衷于自己证券的公开上市,有些公司则并不希望自己的证券公开上市,都有一些道理。

1. 有利的方面

(1)开辟多种直接融资渠道。证券的公开上市有利于提高股票、债券的流动性,增加对投资者的吸引力,人们对它的关心将有利于上市公司继续向公众集资。当企业再次发行新的证券时使之能够选择有利的发售方式,降低发行成本。

(2)提高企业知名度。企业证券的公开上市可以说是企业发展史上的一个里程碑,它标志着企业的进步和发展水平。哪个企业的证券能够在证券市场上公开上市,说明该企业的生产力水平和经营管理水平已经达到相当高的程度,这样将会大大提高企业的社会知名度。此外,哪个企业的证券能够公开上市,它们的名字将经常出现在各种宣传媒介上,这本身就有一定的广告效应,对于提高企业的知名度也有相当大的作用。

(3)规范治理结构和内部管理。企业证券的公开上市,增加了企业生产经营的透明度,而且社会上广大民众时刻都在注视着企业的生产与发展情况,并根据企业的生产发展情况以及他们对企业前途的预测来决定证券的买入和抛出。社会民众对企业的普遍关注,必然形成对企业的巨大压力，促进企业不断加强经营管理，努力提高经济效益。

2. 不利的方面

(1)扭曲的证券市场行情会给企业带来负面影响。证券公开上市后其市场价格的频繁波动会给企业的经营带来消极影响。通常人们总是认为，股市价格能够非常灵敏地反映企业的发展变化和经营水平，因而企业的经营者不得不为维持和提高本企业股票的市场价格而大伤脑筋。其实有些时候股市行情对企业经营状况的反映并不是非常真实的，而扭曲的证券行市会给企业带来诸多伤害。

(2)控制权分散会面临被收购的风险，也会影响决策效率。证券公开上市后，企业控股权将会因此而更加分散，这样，一方面会因为股票经常易手、股东经常易人给企业的控制权带来风险；另一方面股权的极度分散和股东的经常变化也会给企业的经营决策带来诸多困难，影响企业决策的及时性与灵活性。由此，势必造成许多情况下非上市公司可以做的事上市公司却不能做，或非上市公司很快能够做到的事而上市公司不能很快做到。

(3)强制性的约束、信息更加透明也会提高公司的经营成本。证券公开上市后，企业要定期向大众公布企业的内部情况，这样一来，透明度的增加也必然使企业许多秘密被泄漏出去，而在高度竞争的现代经济社会中，这不能不说对企业的发展和经营是非常不利的。

三、证券上市地的选择应考虑的因素

企业选择上市地的核心并不是选择交易所，而是选择企业自己的股东和市场，这样才能使产业发展与资本市场发展相得益彰。我国企业选择在境内上市还是在境外上市，一般应考虑以下因素：

(1)是否符合公司发展战略的需要，包括产品市场、客户和国际化程度，企业与拟上市地国家(或地区)业务的关联度。

(2)拟上市地投资者对中国及中国企业的认同度。

(3)上市标准的差异，是否足够了解拟上市地的游戏规则并符合其要求(包括对公司治理的适应)。

(4)一级市场的筹资能力(市盈率水平)、二级市场的流通性(市场活跃状况)、后续融资能力。

(5)上市成本，包括初始上市成本与后续维护费用。

(6)上市时间。

(7)地理位置、文化背景、法律制度等。

(8)政府的有关政策。

我国企业上市可供选择的目标市场如图 4—1 所示。

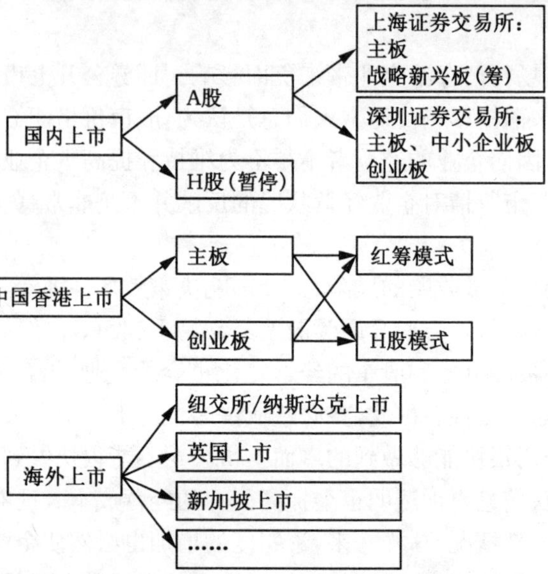

图 4—1 证券上市可供选择的目标市场

四、证券暂停上市和终止上市

证券上市后，上市公司应当一直遵守交易所的有关规定，符合上市的标准。否则，证券交易所可以根据有关法令和上市契约的规定，呈报证券主管机关核准后，暂停或终止某种证券的上市交易，即予以停牌或取消上市资格。

上市公司被暂停或终止上市的原因可能有以下多种：

(1)公司违反上市契约的规定，如不能按要求公开其财务状况，或对财务会计报告作虚假记载等。

(2)上市公司经营管理不善，税前盈利大大下降，已无偿债能力，达不到持续上市的最低标准。

(3)公司有严重违法行为。

(4)公司破产或被兼并。

(5)公司行为影响市场秩序或损害公共利益。

(6)公司连年亏损，严重影响股东权益而在一定期间内未有改观等等。

例如，当上市公司出现以下所列情况，我国的证券交易所会暂停其股票上市：①上市公司最近三年连续亏损的；②上市公司股本总额、股权分布等发生变化，不再具备上市条件的；③上市公司不按规定公开其财务状况，或者对财务会计报告做虚假记载的；④上市公司有重大违法行为的。上市公司在其股票暂停上市期间，应当依法履行上市公司的有关义务。

当上市公司出现以下所列情况，我国的证券交易所会终止其上市：①上市公司股本总额、股权分布等发生变化，不再具备上市条件，在限期内未能消除的；②上市公司不按规定公开其财务状况，或者对财务会计报告做虚假记载，经查实后果严重的；③上市公司有重大违法行为，经查实后果严重的；④公司最近三年连续亏损，在限期内未能消除的；⑤上市公司决议解散的；⑥行政主管部门依法责令上市公司关闭或者法院宣告上市公司破产的。

上市公司从主板退市后必须进入代办股份转让系统（三板市场）。

为提高创业板上市公司质量，我国对创业板上市公司在财务指标方面还增加了两种退市情形：①最近一个会计年度净资产为负；②最近一个会计年度的财务会计报告被会计师事务所出具否定或无法表示意见的审计报告。

相比主板市场，创业板市场上的公司终止上市后将直接退市，不再像主板市场一样要求必须进入代办股份转让系统，但公司退市后如符合代办股份转让系统条件的，可自行委托主办券商向中国证券业协会提出在代办股份转让系统进行股份转让的申请。

任务二　证券交易所

证券上市和交易市场按照组织形式，可分为证券交易所和场外交易市场两种类型。其中，证券交易所交易是证券市场集中交易的代表，是证券市场发展到一定阶段的产物。

一、证券交易所的概念

证券交易所是指证券流通市场中有组织、有固定地点，并能够使证券集中、公开、规范交易的场所。如《深圳证券交易规则》中规定：证券交易所是为证券交易提供交易场所及设施。交易场所及设施是由交易主机、交易大厅、交易席位、报盘系统及相关的通信系统等组成。

二、证券交易所的特征

(1)证券交易所本身既不持有证券，也不买卖证券，更不能决定各种证券的价格。它只是为证券买卖双方的证券交易提供服务、创造条件，并对双方的交易行为进行监督。证券交易价格由证券买卖双方以公开竞价的方式决定。

(2)证券交易所是证券买卖完全公开的市场。它要求所有申请上市的证券发行者必须定期地、真实地公开其经营情况和财务情况。它自身也定期公布各种证券的行情表和统计表，以使投资者迅速选择投资目标，使证券持有者决定保留还是转让证券。交易所还随时公布股票价格指数，投资者据此预测证券市场行情的发展趋势。

(3)证券交易所具有严格的组织性，有专门的立法和规章制度。各国都明确规定，只有证券商经纪人才能代理买卖双方进入交易所参加交易，一般投资人不能直接进场交易。交易所对成交价格、成交单位、成交后的结算都有严格的规定，并且对交易所内部的人员也严加约束，如遇有利用内部情报操纵价格和垄断等行为和事件发生，也有相应的规定予以严厉制裁。

三、证券交易所的组织形式

证券交易所的组织形式一般分为公司制和会员制两种。

(1)公司制证券交易所是一个按照股份制原则设立的，由股东出资组成的组织，是以营利为目的的法人团体。公司制证券交易所的最高决策管理机构是董事会，董事和监事由股东大会选举产生。

(2)会员制证券交易所是一个由会员自愿出资共同组成的、不以营利为目的的法人团体。会员制交易所的会员必须是出资的证券经纪人或自营商，只有会员才有资格进场参加证券交易。会员制证券交易所由会员来共同经营，会员与交易所不是合同关系，而是自治和自律关系，这是会员制证券交易所与公司制证券交易所的最大区别。会员制证券交易所的最高决策管理机构是理事会，理事会成员由会员选举产生。会员制交易所的会员要遵照交易所制定的规章制度在所内参加交易，对于违犯法令或内部规定者，交易所将给予严厉惩罚。会员制交易所的优点是：不是以营利为目的的，收取的证券交易成交佣金一般都比较低；其缺点是：买卖双方需自负交易责任，不能获得交易所的赔偿，因而风险较大。

西方大多数国家都是采用会员制建立证券交易所，我国上海、深圳两家证券交易所也都是采用会员制形式建立证券交易所的。

四、证券交易所经纪人

证券交易所进场交易的经纪人基本可分为两种，一种是证券经纪商，另一种是证券自营商。主要从事代客买卖的证券商称为经纪商，而主要从事自行买卖证券的证券商称为自营商。

经纪商又可分为佣金经纪商、大厅经纪商和专家经纪商三种。

①佣金经纪商是证券交易所会员公司派往交易大厅内专门为顾客代理买卖的经纪商，交易完成由他们收取佣金。这类经纪商在交易所内人数最多，证券交易所内的大部分证券交易都是通过他们完成的。他们就是通常人们所说的“证券商”。

②大厅经纪商是以私人身份在证券交易所取得会员席位，不属于任何会员公司的经纪商。大厅经纪商在证券交易所大厅内专门接受其他经纪商的委托代为买卖，成交后收取佣金。这种现象的存在主要是因为佣金经纪商可能在业务繁忙时接受许多客户的委托，单靠自己的工作无法完成委托交易，这样就必须将客户的委托指令再委托给大厅经纪商，求其代为执行。因此，从某种意义上讲，大厅经纪商是佣金经纪商的经纪商。

③专家经纪商又称专门经纪商、特殊经纪商、做市商（Market Maker）、庄家，以其自有资金在证券市场上挂牌买进同时又卖出某一种股票，从中赚取价差。他们的特殊之处主要表现在：他们各自专门从事某几种股票的买卖活动，专门长驻在某一交易台边，专门研究和等待所受委托的股票的行市涨落，以在适当时机买卖，所以他们可称得上是某几种股票的研究专家。他们在证券交易所内的主要作用表现在：一是在开市期间，做市商必须就其负责做市的证券一直保持双向买卖报价，即向投资者报告其愿意买进和卖出的证券数量和买卖价位，如果投资者愿意以做市商报出的价格买卖证券，做市商必须按其报价以自有资金和证券与投资者进行交易；二是设法保证证券交易的连续性，维护证券交易公平而有秩序地进行，当专做的某只股票出现暂时性的没有买方或者没有卖方的时候，他们就会站出来充当缺少的一方，使该股票能够连续不断地交易下去；三是在交易供求不平衡时以自己的财力买进或卖出以缩小供求差距。

五、证券交易所的交易方式

（一）按照证券价格形成的方式划分，证券交易可分为：相对买卖方式交易、拍卖标购方式交易和竞价买卖方式交易

1. 相对买卖。它是指一个买主面对一个卖主的交易方式。这种交易方式在商务交易中多被采用，是一种比较原始的交易方式。采用这种交易方式，买方或卖方根据各自的标准选择合适的买卖对象，通过价格谈判达成交易合同，直至合同的履行。这种交易方式也多被运

用在证券交易业务中，但在证券交易所中运用得较少，而是大量地被运用在场外交易市场中。由于采用这种交易方式进行证券买卖只是通过一对一讨价还价来形成证券交易的价格，因而这一价格很难说是公平、合理的市场价格，当然也无法形成市场的均衡价格。

2. 拍卖标购。它是指一个买主对多个卖主或一个卖主对多个买主的交易方式。在这种交易方式下，不仅存在着买主与卖主之间的竞争，而且存在着买主内部之间或卖主内部之间的竞争。在一个卖主对多个买主的证券交易中，买主们为了实现自己的买入计划，必然竞相提出高于他人的买入价格，这样卖主就与出价最高的买主达成交易，这种交易方式也被称作"拍卖"。在一个买主对多个卖主的证券交易中，卖主们为了实现自己的卖出计划，必然竞相报出低于他人的出售价格，这样买主就与出价最低的卖主达成交易，这种交易方式也被称作"标购"。无论是拍卖还是标购，都是通过多个买主或卖主的竞争来产生证券的买卖价格，因此它对于证券价格的公平合理性具有一定的积极意义。

3. 竞价买卖。它是指多个买主对多个卖主的交易方式。它是证券交易所中采用得最为普遍的一种证券买卖方式。竞价买卖把全国或整个地区的证券供求都集中在证券交易所中，使多个买主与多个卖主聚集在一起相互竞价，以实现出价最高的买主与报价最低的卖主达成交易。由于这种交易方式集中了多数的买主和多数的卖主，并以相互竞价的方式达成交易，因而它对于确定证券公平、合理的价格具有更可靠的保证。竞价买卖交易方式根据证券价格的决定方法又可分为两类：单一成交价格的竞价买卖与复数成交价格的竞价买卖。

(二)按照交易形式划分，证券交易可分为：现货交易、融资融券交易、期货交易、期权交易等

在这种分类中，现货交易是最基本的交易方式。信用交易采用保证金方式的现货交易，而期货和期权交易则为衍生金融工具交易。

1. 现货交易。它是指证券买卖成交后即时履行合同的交易方式。也就是说，买卖双方达成交易后，买方要立即向卖方支付价款，卖方要立即向买方交付证券。现货交易有以下几个显著特点：①成交和交割基本上同时进行；②是实物交易，即卖方必须实实在在地向买方转移证券，没有对冲；③在交割时，买方必须向卖方支付现款。由于在早期的证券交易中大量使用现金，所以，现货交易又被称为现金现货交易；④交易技术简单，易于操作，便于管理。一般来说，现货交易属于一种投资行为，它反映了购买者进行长期投资的意愿。现货交易原则上要求成交后立即办理清算交割手续，但由于技术上的限制，实际上很难完全做到，因此许多证券交易所都根据不同情况采取了一些变通的做法，规定可以在一定的期限内办理交割。例如，美国纽约证券交易所规定在成交后的第五个营业日办理完交割；日本东京证券交易所规定在成交后的第四个营业日办理完交割。中国证券交易所现货交易实行的是 T+1 交收制度。

2. 信用交易。信用交易又称融资融券交易、垫头交易、保证金交易。它是指证券买卖者通过交付一定数量的保证金得到经纪人的信用而进行证券买卖行为。通常保证金的比例大多在 30%左右。证券的信用交易也分为两种：一种是"融资"，又称"保证金买长"；另一种是"融券"，又称"保证金卖短"。

①"融资"交易是指客户向经纪人(证券公司)借钱买进证券。客户要买进某种看涨证券而自己没有能力支付价款，这时他向经纪人支付一部分保证金，由经纪人代为垫付购买证券所需价款，使其能够如愿买进某种证券。经纪人垫付款项后，一方面要收取一定比例的垫款

利息,另一方面要将客户购入的证券作为借款的抵押。等到一定时期以后,该种证券的价格上涨,客户再将该证券按当时的市价卖出,从中赚取中间的价差,人们又称这种交易方式为“多头”或“买空”。

②“融券”交易是指客户向经纪人(证券公司)借证券卖出。客户要卖出看跌证券,但自己手里并不拥有证券,这时他向经纪人交纳一定数额的保证金,然后从经纪人那里借入证券并按市场价格卖出,待日后该种证券价格下跌后,再按当时市价买入同等数额的证券还给经纪人并支付利息,从而在这种交易中获利,人们又将这种交易方式称为“空头”或“卖空”。

信用交易具有较大的杠杆作用,它的弊端主要是风险较大。

3. 远期交易和期货交易。远期交易是双方约定在未来某一时刻(或时间段内)按照现在确定的价格进行交易。期货交易是在交易所进行的标准化的远期交易,即交易双方在集中性的市场以公开竞价的方式所进行的期货合约交易。

4. 期权交易,又称选择权交易。它是指证券投资者事先支付一定的费用,取得一种可按既定价格买卖某种证券的权利。证券的期权交易不同于期货交易,其交易对象不是证券本身,而是一种权利,购买期权者可以在期限内的任何时候行使这个权利,买进或卖出证券,也可以到期不执行这一权利,任其作废;而对于出售期权的专门的证券商来说,则必须按规定出售或购进证券。证券的期权交易因买卖关系不同又可分为“看涨期权”和“看跌期权”两种。

六、我国证券交易所的市场层次结构及上市标准

(一)市场层次结构

我国在以上海、深圳证券交易所作为证券市场主板市场的基础上,又在深圳证券交易所设置中小企业板市场和创业板市场,从而形成交易所市场内的不同市场层次。

(1)主板市场(Main Board)。它是一个国家或地区证券发行、上市及交易的主要场所。一般而言,各国的证券交易所代表着国内主板市场。主板市场的功能定位主要是为国内乃至全球有影响的处于成熟期的大公司提供融资渠道。在主板市场上市的条件较严格,一般要求企业已达到相当的规模,企业发展速度相对稳定,要求企业在上市前若干年连续盈利,投资者进行投资判断时有往绩可循。相对创业板市场而言,主板市场是资本市场中最重要的组成部分,很大程度上能够反映经济发展状况,有“宏观经济晴雨表”之称。上海、深圳证券交易所是我国证券市场的主板市场。

(2)中小企业板市场。2004 年 5 月 17 日,经国务院批准,中国证监会批复同意,深圳证券交易所在主板市场内设立中小企业板市场。中小企业板的功能定位是为主业突出、具有成长性和科技含量的中小企业提供直接融资平台,是分步骤推出创业板的一个步骤。中小企业板的总体设计可以概括为“两个不变”和“四个独立”。“两个不变”是指中小企业板运行所遵循的法律、法规和部门规章与主板市场相同;中小企业板的上市公司符合主板市场的发行上市条件和信息披露要求。“四个独立”是指中小企业板是主板市场的组成部分,同时实行运行独立、监察独立、代码独立、指数独立。

(3)创业板市场,又称二板市场(Second Board Market)。它的功能定位主要是为有潜质的发展中的新兴产业或新兴经济增长点企业服务。由于创业板市场的上市公司多为成长型的高新技术企业,相对主板市场而言,其上市条件较为宽松,如香港创业板一般仅要求有明确的主营业务和上市前有两年活跃记录即可,因而其投资风险也大大高于主板市场。为了有效控制市场

风险，创业板市场的监管与主板市场相比更加严格，如实行更为严格的信息披露制度等。成功的创业板上市企业是以优秀的管理层、潜在的行业发展以及未来的高增长前景作保障的。

创业板市场具有为处于初创期的中小企业提供利用证券市场进行股权融资的机会，为风险投资退出提供出口，优化资源配置和规范企业经营管理等功能。

2007年8月22日，我国《创业板发行上市管理办法》(草案)获得国务院批准。2009年3月31日，证监会正式公布《首次公开发行股票并在创业板上市管理办法》，该办法自5月1日起实施。2009年6月5日，深交所正式发布《深圳证券交易所创业板股票上市规则》，筹备10余年之久的创业板于2009年10月23日在深圳证券交易所正式启动。我国创业板市场甄选企业的标准为"两高""六新"。"两高"即成长性高、科技含量高；"六新"意味着重点支持新能源、新材料、电子信息、生物医药、环保节能、现代服务等新兴产业的发展。

(二)上市标准条件

上海、深圳交易所主板市场、深圳中小板市场以及创业板市场的上市标准条件如表4－1所示。

表4－1　上海、深圳交易所主板市场、深圳中小板市场
(以及创业板市场的上市标准条件)

<table>
<tr><th>条件</th><th>主板、中小板</th><th>创业板</th></tr>
<tr><td>主体资格</td><td>股票已经向社会公开发行</td><td>股票已经向社会公开发行</td></tr>
<tr><td rowspan="2">股本要求</td><td>发行前股本总额不少于人民币3 000万元，发行后的股本总额不少于人民币5 000万元</td><td>发行后的股本总额不少于人民币3 000万元</td></tr>
<tr><td>公开发行的股份达到公司股份总数的25%以上，公司股本总额超过4亿元的，公开发行股份的比例为10%以上</td><td>公开发行的股份达到公司股份总数的25%以上，公司股本总额超过4亿元的，公开发行股份的比例为10%以上</td></tr>
<tr><td>股东人数</td><td>公司股东人数没有限制</td><td>公司股东人数不少于200人</td></tr>
<tr><td>规范运行</td><td>公司最近3年无重大违法行为，财务会计报告无虚假记载</td><td>公司最近3年无重大违法行为，财务会计报告无虚假记载</td></tr>
<tr><td>盈利要求</td><td>(1)最近3个会计年度净利润均为正数且累计超过人民币3 000万元，净利润以扣除非经常性损益前后较低者为计算依据
(2)最近3个会计年度经营活动产生的现金流量净额累计超过人民币5 000万元；或者最近3个会计年度营业收入累计超过人民币3亿元
(3)最近一期不存在未弥补亏损</td><td>对发行人的财务状况审核采用两套标准(符合其中一条即可)：
第一套标准为，最近2年连续盈利，最近2年净利润累计不少于1 000万元，且持续增长
第二套标准为，最近1年盈利，且净利润不少于500万元，最近1年营业收入不少于5 000万元，最近2年营业收入增长率均不低于30%
净利润以扣除非经常性损益前后较低者为计算依据</td></tr>
<tr><td>资产要求</td><td>最近一期末无形资产(扣除土地使用权、水面养殖权和采矿权等后)占净资产的比例不高于20%</td><td>最近一期末净资产不少于2 000万元</td></tr>
<tr><td>主营业务要求</td><td>最近3年内主营业务没有发生重大变化</td><td>发行人应当主营业务突出。同时，要求所募集的资金只能用于发展主营业务</td></tr>
</table>

续表

条件	主板、中小板	创业板
董事及管理层	最近3年内没有发生重大变化	最近2年内未发生重大变化
实际控制人	最近3年内实际控制人未发生变更	最近2年内实际控制人未发生变更
同业竞争	发行人的业务与控股股东、实际控制人及其控制的其他企业间不得有同业竞争	发行人与控股股东、实际控制人及其控制的其他企业间不存在同业竞争
关联交易	不得有显失公平的关联交易，关联交易价格公允，不存在通过关联交易操纵利润的情形	不得有严重影响公司独立性或者显失公允的关联交易
成长性与创新能力	无	发行人具有较高的成长性，具有一定的自主创新能力，在科技创新、制度创新、管理创新等方面具有较强的竞争优势；符合“两高”“五新”标准，即高科技、高增长，新经济、新服务、新能源、新材料、新农业
募集资金用途	应当有明确的使用方向，原则上用于主营业务	应当具有明确的用途，且只能用于主营业务
限制行为	(1)发行人的经营模式、产品或服务的品种结构已经或者将发生重大变化，并对发行人的持续盈利能力构成重大不利影响	(1)发行人的经营模式、产品或服务的品种结构已经或者将发生重大变化，并对发行人的持续盈利能力构成重大不利影响
	(2)发行人的行业地位或发行人所处行业的经营环境已经或者将发生重大变化，并对发行人的持续盈利能力构成重大不利影响	(2)发行人的行业地位或发行人所处行业的经营环境已经或者将发生重大变化，并对发行人的持续盈利能力构成重大不利影响
	(3)发行人最近一个会计年度的营业收入或净利润对关联方或者存在重大不确定性的客户存在重大依赖	(3)发行人在用的商标、专利、专有技术以及特许经营权等重要资产或者技术的取得或者使用存在重大不利变化的风险
	(4)发行人最近一个会计年度的净利润主要来自合并财务报表范围以外的投资收益	(4)发行人最近一年的营业收入或净利润对关联方或者有重大不确定性的客户存在重大依赖
	(5)发行人在用的商标、专利、专有技术以及特许经营权等重要资产或技术的取得或者使用存在重大不利变化的风险	(5)发行人最近1年的净利润主要来自合并财务报表范围以外的投资收益
	(6)其他可能对发行人持续盈利能力构成重大不利影响的情形	
违法行为	最近36个月内未经法定机关核准，擅自公开或者变相公开发行过证券，或者有关违法行为虽然发生在36个月前，但目前仍处于持续状态；最近36个月内无其他重大违法行为	发行人最近3年内不存在损害投资者合法权益和社会公共利益的重大违法行为；发行人及其股东最近3年内不存在未经法定机关核准，擅自公开或者变相公开发行证券，或者有关违法行为虽然发生在3年前，但目前仍处于持续状态的情形
发审委	设主板发行审核委员会，成员25人	设创业板发行审核委员会，加大行业专家委员的比例，委员与主板发审委委员不互相兼任
初审征求意见	征求省级人民政府、国家发改委意见	无

续表

条件	主板、中小板	创业板
保荐人持续督导	首次公开发行股票的，持续督导的期间为证券上市当年剩余时间及其后两个完整会计年度；上市公司发行新股、可转换公司债券的，持续督导的期间为证券上市当年剩余时间及其后两个完整会计年度。持续督导的期间自证券上市之日起计算	在发行人上市后3个会计年度内履行持续督导责任

另外，在创业板上市还须达到如下要求：

(1)发行人的经营成果对税收优惠不存在严重依赖。

(2)在公司治理方面参照主板上市公司从严要求，要求董事会下设审计委员会，并强化独立董事履职和控股股东责任。

(3)要求保荐人对公司成长性、自主创新能力作尽职调查和审慎判断，并出具专项意见。

(4)要求发行人的控股股东对招股说明书签署确认意见。

(5)要求发行人在招股说明书显要位置做出风险提示，内容为"本次股票发行后拟在创业板市场上市，该市场具有较高的投资风险。创业板公司具有业绩不稳定、经营风险高等特点，投资者面临较大的市场波动风险，投资者应充分了解创业板市场的投资风险及本公司所披露的风险因素，审慎做出投资决定"。

(6)不要求发行人编制招股说明书摘要。

七、证券交易程序

证券的交易过程包括选择经纪人并开户、证券买卖的委托、证券买卖的竞价、证券的清算与交割以及办理证券的过户手续等。

(一)选择经纪人并开户

(1)选择证券公司为经纪人。证券投资者在从事证券投资前必须要选择自己的经纪人。选择经纪人可以通过别人介绍，也可以自己到证券经纪公司去聘请。对于证券投资者来说，选择一位可靠的经纪人是非常重要的，这对于证券投资者的投资成功与否具有决定意义。

(2)签订《证券交易委托代理协议》。证券投资者确定了经纪人后，就要与经纪人签订《证券交易委托代理协议》，它是客户和证券经纪商之间在委托买卖过程中有关权利、义务、业务规则和责任的基本约定，也是保障客户与证券经纪商双方权益的基本法律文书。如果采用网上委托方式，还要签订网上委托协议书。

(3)开户。证券投资者一般要开立证券买卖的证券账户和存放所需资金的资金账户，以便简化证券买卖手续。

①证券账户。证券投资者如要进行证券投资，首先要在证券登记结算公司在各地的开户代理机构处申请开立证券账户，用于记载投资者持有的证券种类、名称、数量及相应权益和变动情况。我国证券交易所按账户的用途分为股票账户、债券账户、基金账户。在实际运用中，股票账户是目前我国用途最多、数量最多的一种通用型证券账户，它既可以买卖人民币普通股，也可以买卖债券和证券投资基金。投资基金账户也可用于买卖上市的国债。证券账户按

账户可交易的币种分为人民币普通股股票账户和人民币特种股票账户。

②资金账户。投资者在证券公司进行登记，开立资金账户，办理证券交易卡。证券公司为投资者提供代理、托管、出纳服务。

(二)证券买卖委托交易

由于证券交易所实行会员制度，证券投资者在证券交易市场上买卖证券，不能直接进入交易所内自己亲自从事买卖活动，因而必须委托交易所的经纪人来完成。在这种情况下，投资者向经纪商下达的买进或卖出证券的指令，称为委托。

(1)委托形式

①柜台委托。它是指委托人亲自或由代理人到证券营业部交易柜台，采用书面表达方式表达委托意向。

②非柜台委托。它是指通过人工电话或传真委托、自助和电话自动委托、网上委托(包括需下载软件的客户端委托和直接利用证券公司网站的页面客户端委托)表达委托意向。

(2)委托数量

证券买卖委托根据交易量大小的不同也可分为整数委托和零数委托两种。一般来说，每个证券交易所都约定一个证券交易单位，在交易所中只能按这一单位的倍数进行交易，这一交易单位人们将其称为“手”。如果证券投资者委托经纪人按整手买卖证券，则称为整数委托；如果证券投资者委托经纪人买卖不足一个交易单位的证券，则称为零数委托，如1～99股。我国证券交易所其股票的一个交易单位为100股/手，债券、基金为1 000元/手。我国证券交易所规定允许卖出零股委托，不允许买进零股委托。

(3)委托价格

①市价委托(Market Order)。市价委托是指证券投资者委托经纪人买卖证券时，一般只规定委托买卖证券的种类和数量，而并不指定买卖价格。经纪人接受委托后应立即在市场上按最有利于委托人的价格实施交易。市价委托便于迅速成交，尤其是在证券价格急剧波动、投资者急需卖出或买进证券时，为减少损失或增加收益，常以此方式报价成交。它的缺点是只有委托执行后才知道实际的执行价格。

②限价委托(Limit Order)。限价委托是指证券投资者委托经纪人买卖证券时，指定卖出证券的最低价或买入证券的最高价。限价委托有可能按投资者希望的价格成交，但成交速度慢，可能错失良机。限价委托由于给出了证券买卖的具体价格，因此委托人必须事先规定好委托的有效期，或者当天有效，或者几日内有效，假如委托人未指出有效期，则可视为一直有效。

③停止损失委托(Stop Order)。证券投资者以停止损失委托方式委托经纪人买卖证券时，一般应指定一个证券价格的升降幅度，一旦证券市场价格变动达到这一幅度，经纪人就应该立即进行交易。这种委托从某种意义上说是为了使证券投资者的利益不受损失，故称停止损失委托。

目前，我国沪深证券交易所规定，接受其会员的限价委托或市价委托，且委托期限为当日有效。

(4)委托撤销

在委托未成交之前，客户有权变更和撤销委托。证券营业部申报竞价成交后，买卖即告成立，成交部分不得撤销。

(三)竞价与成交

(1)竞价原则。在证券交易所中,证券买卖的价格是通过竞价方式确定的。在经纪人以竞价方式成交时,往往会出现多个买方(或卖方)经纪人同时叫价的情形。在这种情况下到底哪个经纪人有优先购买(或出卖)证券的权利呢？均按照以下优先原则执行：

第一,价格优先原则,即买进时,较高的价格优先于较低的价格;卖出时,较低的价格优先于较高的价格;市价优先于限价。

第二,时间优先原则,同价位申报,依照申报时序决定优先顺序,即买卖方向、价格相同的,先申报者优先于后申报者。先后顺序按证券交易所交易电脑主机接受的申报时间来确定。

(2)竞价方式。在证券交易所中,证券买卖的价格是通过竞价方式确定的。目前的竞价方式有如下两种分类：

①按表现形式可以分为口头竞价(口头唱板)、书面竞价、电脑竞价。

- 口头竞价是指证券商在规定的交易台前或划定的区域内相互以口头喊价的方法讨价还价,直至达成交易。
- 书面竞价是指证券买卖通过书面形式达成交易价格的一种方法。书面竞价要经过申报、撮合和最后成交等环节。
- 电脑竞价是指证券商利用计算机联网系统进行证券交易达成交易价格的一种方法。电脑竞价要经过申报输入、撮合成交和成交信息反馈等环节。

②按连续性可以分为集合竞价和连续竞价。

- 集合竞价(Call Auction)是指对一段时间内接受的买卖申报一次性集中撮合的竞价方式。

目前,我国上海证券交易所在每日开盘时,深圳证券交易所在每日开盘时,都采用集合竞价方式。集合竞价申报具体规定见表4－2。

但是,在每日收盘时竞价交易规则却不相同。上海证券交易所规定:证券交易的收盘价为当日该证券最后一笔交易前一分钟所有交易的成交量加权平均价(含最后一笔交易)。当日无成交的,以前收盘价为当日收盘价。深圳交易所规定:证券的收盘价通过集合竞价的方式产生:14:57至15:00为收盘集合竞价时间。

表4－2　　沪深交易所集合竞价申报规定

集合竞价	上海证券交易所	深圳证券交易所
竞价时间	9:15～9:25(开盘集合竞价时间)	9:15～9:25(开盘集合竞价时间) 14:57～15:00(收盘集合竞价时间) 创业板9:00～9:25(开盘集合竞价时间)
申报规定	9:15～9:25交易主机接受参与竞价交易的申报	9:15～9:25,14:57～15:00(创业板9:00～9:25)交易主机接受参与竞价交易的申报
撤单规定	9:20～9:25,交易主机不接受参与竞价交易的撤单申报	9:20～9:25,14:57～15:00,交易主机不接受参与竞价交易的撤销申报
9:25～9:30时间段的申报规定	交易主机只接受申报,不对买卖申报或撤销申报作处理	

收盘集合竞价不能产生收盘价的,以当日该证券最后一笔交易前一分钟所有交易的成交

量加权平均价(含最后一笔交易)为收盘价。当日无成交的,以前收盘价为当日收盘价。

● 连续竞价(Continuous Auction)是指对买卖申报逐笔连续撮合的竞价方式。连续竞价时,成交价格的确定原则为:

第一,最高买入申报与最低卖出申报价格相同,以该价格为成交价。

第二,买入申报价格高于即时揭示的最低卖出申报价格时,以即时揭示的最低卖出申报价格为成交价。

第三,卖出申报价格低于即时揭示的最高买入申报价格时,以即时揭示的最高买入申报价格为成交价。

(3)竞价结果

竞价的结果有三种可能:全部成交、部分成交、不成交。

①全部成交。委托买卖全部成交,证券公司应及时通知委托人按规定的时间办理交割手续。

②部分成交。委托人的委托如果未能全部成交,证券公司在委托有效期内可继续执行,直到有效期结束。

③不成交。委托人的委托如果未能成交,证券公司在委托有效期内可继续执行,等待机会成交,直到有效期结束。对委托人失效的委托,证券公司须及时将冻结的资金或证券解冻。

(四)清算与交割

证券买卖成交后,买卖双方之间要进行清算和交割。证券的清算与交割是证券交易结算过程中相互关联的两个方面,具体分析起来,证券的清算是指证券商在证券买卖成交后,对应收或应付的证券数量、价款分别同证券交易所按照一定的规则和惯例进行轧抵和计算,并进行结算的过程。通常清算在证券买卖成交后立即进行,而证券的交割则是证券商在事先约定的时间内,按照证券清算单据上应收、应付的净差额集中同证券交易所办理转账和交付。交割一般在交割日进行。

(1)清算。清算即结算证券价款。目前,我国证券交易所只对卖方按成交金额收取股票交易印花税 1‰;经纪人收取佣金实行最高上限向下浮动制度,不得高于证券交易金额的 3‰。

(2)交割。交割是卖方向买方支付证券、买方向卖方支付价款的过程,包括证券商与客户之间和证券商之间交割两个阶段。证券的交割因交割期不同,分为:

①当日交割。它是指当天办理证券和价款事宜。

②次日交割。它是指成交后第二个营业日上午办理。

③例行交割。它是指成交之日后某个交易日办理。

④特约交割。它是指成交之日起 15 日内办理。

(五)过户

证券的过户是指通过法定程序办理证券所有权变更登记手续。证券有记名与无记名之分。一般来看,股票多为记名的,股票的过户就是履行股东姓名的变更。只有办理了证券过户手续,改变了户头,股票的持有人才能成为公司的新股东,享有该公司股东所应享有的各种合法权益。

一般来说,证券过户并不是在证券交易完成之后就马上进行的,大多数情况下是在公司派息分红之前集中办理。在实际证券交易过程中,证券市场上人们进行着频繁的交易,对于某一张证券而言，不知辗转交易多少回，不知更换多少主人，到最后临近股息分红时，它的主人才去履行过户手续。

因为我国证券交易所的股票交易已经实行“无纸化”交易和股票集中托管制度，所以，通过证券账户卡可实现电脑交易过户一体化，所有的过户手续都由交易所的电脑自动过户系统一次完成，无须投资者另外办理过户手续。由于上海证券交易所实行指定交易制度，对实现的交易活动，上交所按成交股数的1‰收取过户费。深圳证券交易所实行券商托管制度，对实现的交易活动不收取过户费。

在证券交易市场上进行证券交易，从委托开始，到清算交割完毕，并履行了过户手续，才算最终完成了它的整个交易过程。

（六）交易费用

我国沪深证券交易所对证券交易收取费用的规定见表4—3。

表4—3　上海、深圳证券交易所证券交易费用规定

A股交易		佣金	实行最高上限向下浮动制度，不得高于成交金额的0.3%，起点5元
		过户费	成交面额的0.1%，起点1元（双向，深交所免收）
		印花税	成交金额的0.1%（出让方）
B股交易		佣金	实行最高上限向下浮动制度，不得高于成交金额的0.3%，起点1美元或5港元
		结算费	成交金额的0.05%（双向）
		印花税	成交金额的0.1%（出让方）
基金		佣金	实行最高上限向下浮动制度，不得高于成交金额的0.3%，起点5元
债券交易（国债、企业债券、可转换债券）		佣金	实行最高上限向下浮动制度，不得高于成交金额的0.1%，起点5元
查询	交易记录	查询费	20元/户
	账户余额		机构50元/户，个人20元/户

任务三　场外交易市场

一、场外交易市场的概念及特征

（一）场外交易市场的概念

场外交易市场（Over the Counter Market，OTC）是证券交易所以外的证券交易市场的总称，它是分散的、非组织化的市场，其交易的证券以不在交易所上市的证券为主。从广泛的概念上讲，场外交易市场又包括柜台（店头）市场、第三市场和第四市场。不同的场外交易市场具有不同的特点和功能，场外交易市场的发达程度以美国最为典型。

（二）场外交易市场的特征

1. 场外交易市场是一个分散的无形市场。它没有固定的、集中的交易场所，而是由许多各自独立经营的证券经营机构分别进行交易，并且主要是依靠电话、电报、传真和计算机网络联系成交的。

2. 场外交易市场的组织方式采取做市商制。场外交易市场与证券交易所的区别在于不采取经纪人制，投资者直接与证券商进行交易。在场外证券交易中，证券商先行垫入资金买进若干证券作为库存，然后开始挂牌对外进行交易。他们以较低的价格买进，再以略高的价格卖出，从中赚取差价，但其加价幅度一般受到限制。证券商既是交易的直接参加者，又是市场的组织者，他们制造出证券交易的机会并组织市场活动，因此被称为“做市商”。

3. 场外交易市场是一个拥有众多证券种类和证券经营机构的市场，以未能在证券交易所批准上市的股票和债券为主。由于证券种类繁多，每家证券经营机构只固定地经营若干种证券。

4. 场外交易市场是一个以议价方式进行证券交易的市场。场外交易市场的价格决定机制不是公开竞价，而是买卖双方协商议价。具体来说，是证券商对自己所经营的证券同时挂出买入价和卖出价，并无条件地按买入价买入证券和按卖出价卖出证券，最终的成交价是在牌价基础上经双方协商决定的不含佣金的净价。券商可根据市场情况随时调整所挂的牌价。

5. 场外交易市场的管理比证券交易所宽松。由于场外交易市场分散，缺乏统一的组织和章程，不易管理和监督，其交易效率也不及证券交易所。但是，美国的 NASDAQ 借助计算机将分散于全国的场外交易市场联成网络，在管理和效率上都有很大提高。

二、场外交易市场的功能

场外交易市场与证券交易所共同组成证券交易市场要具备以下功能：

(1)为不能在证券交易所上市交易的证券提供流通转让的场所。证券交易所市场上市标准较高，大部分公司很难达到这一标准，场外交易市场为其提供了流通转让的场所，也为投资者提供了兑现及投资的机会。

(2)提供风险分层的金融资产管理渠道。资本市场是风险投资市场，不同投资人具有不同的风险偏好。建立多层次资本市场体系，发展场外交易市场，能够增加不同风险等级的产品供给、提供必要的风险管理工具以及风险的分层管理体系，为不同风险偏好的投资者提供了更多不同风险等级的产品，满足投资者对金融资产管理渠道多样化的要求。

(3)场外交易市场是一个“开放”的市场，投资者可以与证券商当面直接成交，不仅交易时间灵活分散，而且交易手续简单方便，价格又可协商。这种交易市场可以满足部分投资者的需要，因而成为证券交易所的卫星市场。

三、场外交易市场的类型

从广泛的概念上讲，场外交易市场包括柜台市场、第三市场和第四市场。

(一)柜台市场

柜台市场又称“店头市场”，也即“证券商柜台买卖市场”，是证券市场的一个独特形式，其基本概念是，证券经纪人或证券自营商不通过证券交易所将未上市的证券，有时也包括部分已上市证券，直接同顾客进行买卖的市场。店头市场没有大型证券交易所设立的中央市场，但个别店头市场也有不小的规模和场面。例如在美国，规模大小不等的柜台市场遍布于全国各地，规模大的柜台市场经营证券多达数百种，同全国 3 000 多家证券自营商建有业务联系，并装备有现代化的电子通信设备；而规模小的店头市场只有一两间门面，营业人员只有几人。

(二)第三市场

第三市场(Third Market)是指证券在交易所上市却在场外市场进行交易的市场。在 20 世纪 70 年代以前,相关的证券交易所法令规定:凡是在交易所上市的证券的交易都要在交易所进行,只有属于交易所组织成员的证券商、经纪人才能在交易所内代客或自行买卖证券,同时买卖这些证券还实行固定佣金制,不允许任意降低佣金的标准。由于最低佣金的限制,对大额交易者来说交易的费用就比较高。在此情况下,就容易出现挂牌上市证券流出证券交易所,由非交易所成员的经纪人在场外进行交易,以减轻大额交易费用负担的情况。这样,大额交易就形成了一个专门的市场,人们将其称为"第三市场"。第三市场的出现和迅速发展,反映了 20 世纪 70 年代以来证券市场的三大变化:一是证券交易特别是股票交易日趋分散化、多样化和成交额不断扩大;二是机构投资者在证券市场上的投资比重明显上升;三是强化了证券业务的竞争性,其结果是促使交易所,尤其是老资格的交易所的改革。

(三)第四市场

第四市场(Fourth Market)是指投资者之间利用计算机网络直接交易在交易所上市的证券,无经纪人介入的证券交易市场,是不用支付佣金的市场。

第四市场的吸引力在于:

(1)交易成本低。因为买卖双方直接交易,无经纪服务,其佣金比其他市场少得多。

(2)可以保守秘密。因无须通过经纪人,有利于匿名进行交易,保持交易的秘密性。

(3)不冲击证券市场。大宗交易如在交易所内进行,可能给证券市场的价格造成较大影响。

(4)信息灵敏,成交迅速。计算机网络技术的运用,可以广泛收集和存储大量信息,通过自动报价系统,可以把分散的场外交易行情迅速集中并反映出来,有利于投资者决策。第四市场的发展一方面对证交所和其他形式的场外交易市场产生了巨大的压力,从而促使这些市场降低佣金、改进服务;另一方面也对证券市场的监管提出了挑战。

四、我国的场外交易市场

(一)银行间债券交易市场

1. 银行间债券市场的概念

全国银行间债券市场是指依托于全国银行间同业拆借中心(简称"同业中心")和中央国债登记结算公司(简称"中央登记公司"),包括商业银行、农村信用联社、保险公司、证券公司等金融机构进行债券买卖和回购的市场,成立于 1997 年 6 月 6 日。经过近几年的迅速发展,银行间债券市场目前已成为我国债券市场的主体部分。记账式国债的大部分、政策性金融债券都在该市场发行并上市交易。

2. 银行间债券市场的债券交易类型

银行间债券市场的债券交易包括债券回购和现券买卖两种。

①债券回购是指交易双方进行的以债券为权利质押的短期资金融通业务,是指资金融入方(正回购方)在将债券出质给资金融出方(逆回购方)以此融入资金的同时,双方约定在将来某一日期由正回购方按约定回购利率计算资金额向逆回购方返还资金,逆回购方向正回购方返还原出质债券的融资行为。

回购交易具有短期融资属性,通常在债券交易中运用。具体交易流程如图 4—2 所示。

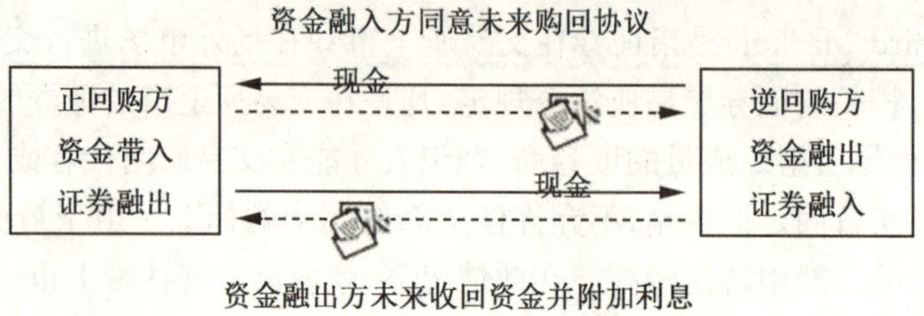

图 4—2 回购交易流程

债券回购交易包括债券买断式回购交易和债券质押式回购交易两种类型：

● 债券买断式回购交易是指债券持有人将债券卖给购买方的同时，交易双方约定在未来某一日期，卖方再以约定价格从买方购回相等数量同种债券的交易。

● 债券质押式回购交易是指债券持有人在将债券质押的同时，以将相应债券以标准券折算比率计算出的标准券数量为融资额度而进行的质押融资，交易双方约定在回购期满后返还资金和解除质押的交易。

两者的区别是：买断式回购交易债券所有权转移至逆回购方，质押式回购交易债券所有权不转移。

②现券买卖是指交易双方以约定的价格转让债券所有权的交易行为。

(二)代办股份转让系统

代办股份转让系统又称三板市场，是指经中国证券业协会批准，由具有代办系统主办券商资格的证券公司，自有或租用业务设施，采用电子交易方式，为非上市公司提供股份转让服务的市场。代办股份转让系统始建于 2001 年 7 月 16 日，最初是为解决主板市场因各种原因退市的公司与两个停止交易的法人股市场(原 1992 年 7 月开始运行的 STAQ(全国证券交易自动报价系统)、1993 年 4 月开始运行的 NET 系统(全国证券交易系统))即所谓“两网股”公司的股份转让问题，由中国证券业协会出面，协调部分证券公司设立的代办股份转让系统。

代办股份转让系统的股份转让以集合竞价的方式配对撮合，股份转让价格不设指数，股份转让价格实行 5%的涨跌幅限制。股份实行分类转让，公司股东权益为正值或净利润为正值的，股份每周转让 5 次，其他公司股份每周转让 1 次或 3 次。投资者在进行股份委托转让前，需要开立非上市股份有限公司股份转让账户。由于在“三板”中挂牌的股票品种少，且多数质量较低，要转到主板上市难度很大，因此很难吸引投资者，“三板”柜台交易市场多年被冷落。

为了改变中国资本市场这种柜台交易过于落后的局面，同时也为更多的高科技成长型企业提供股份流动的机会，2009 年 6 月 13 日，中国证券业协会公布了新修订的《证券公司代办股份转让系统中关村科技园非上市股份有限公司股份报价转让试点办法(暂行)》，在北京中关村科技园区试点、建立了新的股份转让系统，放宽了公司挂牌条件，除了主板退市股票、原“两网股”关闭后转来的股票以外，中关村科技园区高科技非上市股份公司的股份也可以申请到该板挂牌报价转让。这个新的股份转让系统后来也被称为“新三板”。新三板与以前的老三板最大的不同是股份转让采用意向委托、定价委托配对成交的方式，设置 30%的幅度，超过此幅度要公开买卖双方信息。中关村科技园区非上市股份转让系统试点运行，为建立全国统一监管下的非上市公司股份转让制度做了积极探索。新老三板市场的关系见图 4—3。

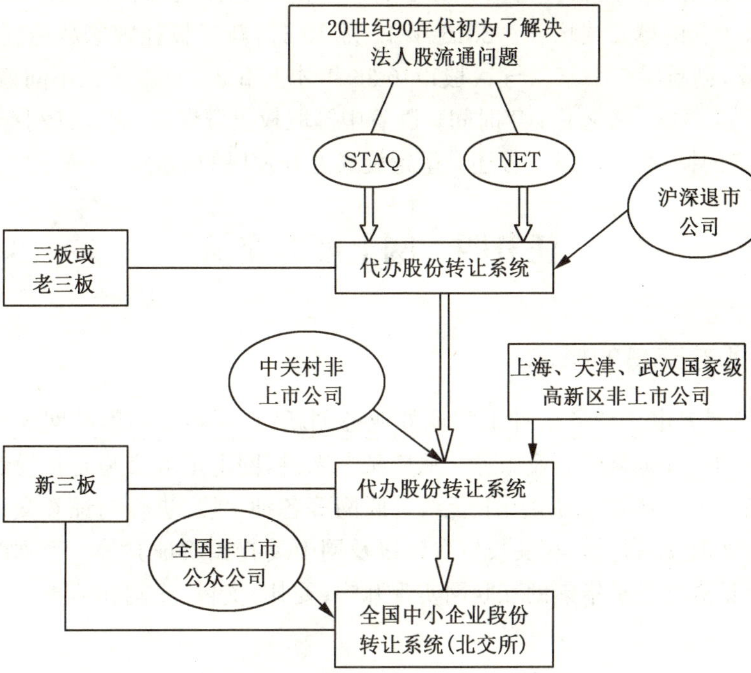

图4—3　新老三板关系

2012年8月3日，中国证监会宣布，经国务院批准，决定扩大非上市股份公司股份转让试点范围，首批扩大试点的区域除北京中关村科技园区外，新增了上海张江高新技术产业开发区、武汉东湖新技术产业开发区、天津滨海高新区。

(三)全国中小企业股份转让系统(北交所)

全国中小企业股份转让系统又称新三板市场，是指经国务院批准，于2012年9月20日注册成立的“全国中小企业股份转让系统有限责任公司”(简称“全国股转公司”)，其由上海证券交易所、深圳证券交易所、中国证券登记结算有限责任公司、上海期货交易所、中国金融期货交易所、郑州商品交易所、大连商品交易所为公司股东单位，注册资本30亿元。注册地是北京市西城区金融大街丁26号。全国中小企业股份转让系统实行主办券商制度，主办券商对所推荐的挂牌公司履行持续督导义务。挂牌公司不受股东所有制性质限制，不限于高新技术企业，只要是纳入中国证监会监管的非上市公众公司都可以挂牌。股票转让可以采取协议方式、做市方式、竞价方式或其他中国证监会批准的转让方式。挂牌股票采取协议转让方式的，全国股份转让系统公司同时提供集合竞价转让安排。挂牌股票采取做市转让方式的，须有两家以上从事做市业务的主办券商(简称“做市商”)为其提供做市报价服务。

新三板的成立是加快我国多层次资本市场建设发展的重要举措。

新三板自设立以来就被誉为中国版纳斯达克，由于其享有诱人的政策红利，且较A股而言门槛较低，一直以来就备受热捧。它的成立改变了中国资本市场柜台交易过于落后的局面，同时也为中小企业拓宽了融资渠道。截至2015年12月31日，新三板挂牌企业数量达5 129家，融资规模达1 216.17亿元，超过了创业板。

为了加快完善市场功能，降低投资人信息收集成本，提高风险控制能力，全国股转公司于2016年5月27日制定了《全国中小企业股份转让系统挂牌公司分层管理办法(试行)》并于

2016年6月27日正式对挂牌公司实施分层管理。随着竞价交易机制、分层交易制度的推出，新三板迎来了新的爆发式增长。2016年12月19日，新三板挂牌家数达到1万家，其中基础层9 048家，创新层952家。与A股市场26年才上市3 000家公司不同，新三板上市公司从5 000家到1万家，只花了1年时间。随着中国股权投资爆发、制度红利释放、挂牌数量增多等积极因素的持续发酵，新三板还会呈螺旋式上升发展的趋势。

任务四 网上证券交易

一、网上证券交易的概念

网上证券交易是电子商务条件下的证券业务创新，是证券业以因特网等信息网络为媒介，为客户提供的一种全新的商业服务。从广义上来讲，网上证券交易是指投资者利用互联网网络资源，诸如公用互联网、局域网、无线互联网等各种手段，进行与证券交易相关的各种活动，包括获取实时交易行情、相关投资咨询以及网上委托买卖证券等一系列的活动。从狭义上来讲，网上证券交易是指借助互联网实现开户、委托、支付、交割和清算等证券交易活动的全过程。

二、网上证券交易的特点

（一）安全性高

开展网上交易最让投资者提心吊胆的风险因素是网络的安全性，他们顾虑网络会受到黑客攻击造成系统紊乱，或私人信息泄露，会给投资者造成重大损失，这导致很多投资者“不敢越雷池一步”。实际上，在线交易的安全系数要高于电话委托等一般传统的委托方式。在传统的交易方式中，客户委托数据在到达券商交易服务器之前的传输过程中是可读的明码，黑客一旦截获这些数据，就能立即解读并获取客户的密码以及交易数据等信息。而首批通过中国证监会审核并获得网上交易资格的券商，均采用了安全认证(CA)机制，能够进一步加强对交易各方的身份认证，防止假冒和不认账现象的发生。

（二）虚拟性质

网络证券交易使证券存在形式虚拟化，即证券不再以纸质为媒介，而是以一种电子符号或数据形式存在于相应的电脑或数据库中。投资者对这种网络化证券所进行的转移等权利行为，也是通过电脑和互联网进行所谓的数据交换。

在我国，证券交易的清算和交割统一由中央证券存管机构来完成。作为从事证券存管、结算业务的专门机构，网络证券交易技术为实现证券的无纸化，使大量证券交易以簿记方式集中进行交割交收提供了可能。在实际操作过程中，证券投资者在参与证券交易所内的交易时，都开设了证券和资金账户，故交割交收实为账户之间的划拨。证券公司应向委托人支付交割交收清算的清单，上面记载有成交期，成交证券名称和数量、成交价格和金额、税收、佣金等事项，作为委托合同履行完毕的凭证。

（三）交易成本低

有资料显示，在支持同等客户的条件下，网上交易的投资成本是传统营业部的1/2～1/3，日常月营运费用是传统营业部的1/4～1/5。因此，有空间对证券交易佣金采取浮动制，这有利于降低证券交易成本。低成本、高效率是客户从网上交易中获得的最大利益，也是网上交易最吸引人的地方。由于网上交易占用券商的资源较少以及相互之间的竞争激烈，投资者往往能享受到大大低于现场交易的交易佣金优惠。

（四）服务全面

在网络证券交易中，券商可以为投资者提供投资理财的全方位服务，如委托买卖、委托查询及撤单、成交查询、资金查询、股份查询、对账查询、申购配号及中签股票查询等与现场交易相同的各种服务。网上交易系统还可以进行提示和预警，如行情预警和高风险预警。前者是股价将涨跌到客户希望被警示的价值时，通过通信工具知会客户；后者则是股民的自选股进入专家认定的高风险区域时，主动提醒客户，规避风险。

许多券商的证券网站都实行了网上经纪人制度和网上咨询制度，可以为投资者提供直接、及时的网上咨询服务。网上信息发布及时，资讯丰富，还有不少权威的咨询机构在网上随时接受客户咨询，对股民关注的投资问题进行深入分析，实施一揽子个性化的定制服务，使股民节约时间、节省精力。但网上信息的合法性无法得到确认，无人严格监管，其影响无从控制。

（五）突破时空限制

传统的证券交易是投资者通过营业部的柜台下单，或通过电话进行委托，由证券营业部将交易指令传递到证券交易所，在交易所撮合成交后再通过营业部将交易结果返回给客户。由于受到交易时间和地点的限制，不少具有投资愿望的潜在客户与股市失之交臂。

网上证券交易克服了上述不足，由于是一种无形的交易方式，不需要有形场所，投资者可以足不出户，通过互联网接收即时行情，同时在网上下单，从而可以实现在任何时间、任何地点通过互联网完成证券交易，这一服务方式极大地拓展了客户群体，为证券经纪业务带来了新的发展空间。

（六）公平的交易平台和服务

网上证券交易改善了信息的公开程度，降低了信息的不对称性，过去只有机构大户能享受的专业化和个性化信息服务，通过网络扩展到所有的投资者，提高了市场的透明度、交易的公平性；另经测试表明，在显示行情过程中，网上证券交易股价更新时间间隔仅8秒，这速度比大户室的自助终端要快2倍多，从而给所有投资者提供了公平的交易平台。

三、网上证券交易程序及规则

（一）开设资金账户

投资者要办理证券网上委托业务，首先要到选定的已开通证券网上交易的营业部开设资金账户或通过网络与券商联系预约开户。开设资金账户需投资者本人持股东账户和身份证到营业部办理开户手续。

（二）网上委托业务的申请

投资者申请办理网上委托业务，必须由本人持资金账户、股东账户、身份证亲自到营业部柜台提出申请，填写“网上委托开户申请表”，并签署《网上委托业务协议书》《风险揭示书》，办理CA证书。

（三）软件的下载及网上委托

登录开户营业部指定的证券网站，下载相关的行情软件和网上委托交易系统软件，按照提示完成安装。如需证券委托时，点击交易软件后，输入注册密码，即可连接主站；选择营业部，输入资金账号或股东账号，输入交易密码，投资者即可进行证券委托及查询。

(四)网上委托的业务规则

网上证券委托的品种包括沪、深交易所挂牌的股票(A、B股)，记账式国债、公司债券和基金等交易品种及配股、新股申购业务等，不包括国债回购业务。

投资者可以通过网上委托系统进行证券买卖、查询、撤单等其他自助委托方式可实现的功能。网上证券委托不提供网上撤销指定交易、股票转托管、账户挂失、业务中止申请及销户功能，客户如要进行以上各项操作必须到营业部柜台办理。

关键术语

上市证券　证券交易所　场外交易市场　网上证券交易

应知考核

一、单项选择题

1. 对于证券的上市，有利的方面不包括(　　)。

A. 开辟多种直接融资渠道　　B. 提高企业知名度
C. 规范治理结构和内部管理　　D. 控制权分散会面临被收购的风险

2. (　　)方式在商务交易中多被采用，是一种比较原始的交易方式。

A. 现货交易　　B. 相对买卖交易
C. 拍卖标购交易　　D. 竞价买卖交易

3. (　　)是证券交易所中采用得最为普遍的一种证券买卖方式。

A. 现货交易　　B. 融资融券交易
C. 期货交易　　D. 期权交易

4. (　　)为国内乃至全球有影响的处于成熟期的大公司提供融资渠道。

A. 中小企业板市场　　B. 创业板市场
C. 二板市场　　D. 主板市场

5. 证券的交割的特约交割是指(　　)。

A. 当天办理证券和价款事宜　　B. 成交后第二个营业日上午办理
C. 成交之日后某个交易日办理　　D. 成交之日起15日内办理

6. (　　)是指证券在交易所上市却在场外市场进行交易的市场。

A. 柜台市场　　B. 交易所市场　　C. 第三市场　　D. 第四市场

7. (　　)要经过申报、撮合和最后成交等环节。

A. 集合竞价　　B. 口头竞价　　C. 书面竞价　　D. 电脑竞价

8. 有“宏观经济晴雨表”之称的是(　　)。

A. 主板市场　　B. 中小企业板市场
C. 创业板市场　　D. 二板市场

9. (　　)是指证券买卖成交后即时履行合同的交易方式。

A. 融资融券交易　　B. 现货交易

C. 期货交易　　D. 期权交易

10.(　　)是指一个买主对多个卖主或一个卖主对多个买主的交易方式。

A. 信用交易　　B. 相对买卖方式交易

C. 拍卖标购方式交易　　D. 竞价买卖方式交易

二、多项选择题

1. 上市公司被暂停或终止上市的原因可能有(　　)。

A. 公司违反上市契约的规定　　B. 上市公司经营管理不善

C. 公司有严重违法行为　　D. 公司破产或被兼并

2. 经纪商可分为(　　)。

A. 佣金经纪商　　B. 大厅经纪商

C. 专家经纪商　　D. 个人经济商

3. 按照证券价格形成的方式划分,证券交易可分为(　　)。

A. 信用交易　　B. 相对买卖方式交易

C. 拍卖标购方式交易　　D. 竞价买卖方式交易

4. 第四市场的吸引力在于(　　)。

A. 交易成本低　　B. 可以保守秘密

C. 不冲击证券市场　　D. 信息灵敏,成交迅速

5. 网上证券交易的特点有(　　)。

A. 安全性高　　B. 虚拟性质　　C. 交易成本高　　D. 服务全面

三、判断题

1. 一般情况下,上市证券总是比非上市证券多。(　　)

2. 西方大多数国家都是采用公司制建立证券交易所。(　　)

3. 期权交易具有较大的杠杆作用,它的弊端主要是风险较大。(　　)

4. 次日交割:成交之日后某个交易日办理。(　　)

5. 网上证券交易是指借助互联网实现开户、委托、支付、交割和清算等证券交易活动的全过程。(　　)

四、简述题

1. 简述证券上市的利弊。

2. 简述证券交易所的特征。

3. 简述证券交易程序。

4. 简述场外交易市场的特征。

5. 简述网上证券交易程序及规则。

应会考核

■观念应用

【背景资料】

熟知证券交易所

登录中国证券与监督管理委员会网站(http://www.csrc.gov.cn/pub/zjhpublic/),查阅证监会对《上海证券交易所会员管理规则》《深圳证券交易所会员管理规则》的批复,了解沪

深两家证券交易所各自的会员管理规则及管理权限。

【考核要求】

请就上述背景资料写一份查看后的报告。

■技能应用

证券申购

1. 可以登录上交所网站(http://www. sse. com. cn/lawandrules/overview/)和深交所网站(http://www. szse. cn/main/rule/),进一步了解两个证券交易所的具体交易规则。

2. 可以登录全国中小企业股份转让系统网站(http://www. neeq. com. cn/),了解新三板市场情况。

【技能要求】

结合本项目内容,分析你查看后的感想。

■案例分析

【情境与背景】

纽约证券交易所

纽约证券交易所是美国的金融心脏,也是美国经济的晴雨表。证券交易早在1700年即在纽约出现;1792年,根据《梧桐树协议》成立了一个户外交易所,后迁入顿丁咖啡馆内进行交易;1871年,正式采用纽约证券交易所名称,并迁到华尔街9号;1903年,迁入华尔街11号的现址交易。这里的股票交易额占全美国股票交易所交易额的80%左右。在这个交易所挂牌上市的股票,1879年为174种,1950年为1 057家公司的1 472种,1974年为1 577家公司的2 111种,1985年为1 543家公司的2 319种,1991年为1 700多家公司的2 480多种。另外,还有美国政府、公司和外国政府、公司及国际金融机构的4 000多种债券在纽约证券交易所上市交易。

纽约证券交易所采用会员制的组织形式,只有会员才能直接进入交易所参加证券交易。证券交易所的成员只能是自然人,即使他们之间可以组成公司。最后,每个会员都要在交易所购置一个席位。自1953年以来,纽约证券交易所一直维持1 416个席位,其中1 366个席位供本国会员使用,另50个席位供外国会员使用。交易所的会员数与席位数相同。交易所席位经批准可以出售转让。每个席位的售价1969年高达515 000美元,1977年降至350 000美元,1983年为425 000美元。在交易所拥有席位的会员,经交易所批准,可以与其他人组成公司或合伙组织。因此,这些会员组织机构遍及全美国,使纽约证券交易所变成了一个全国性的证券市场,几乎任何人都可以利用这个交易所买卖证券。

【分析要求】

纽约证券交易所在美国金融市场的发展过程中起着怎样的作用?像纽约证券交易所这样的会员制证券交易所和公司制会员交易所有什么区别?

项目实训

【实训项目】

证券交易所。

【实训情境】

证券交易所是证券集中交易的场所,其交易价格是一个国家(地区)经济状况的晴雨表,通过实训内容比较我国证券交易所和西方证券交易所的交易规则。仔细阅读《上海证券交易所交易规则》和《深圳证券交易所交易规则》，了解我国证券交易所的相关交易规定，比较上交所和深交所交易规则的不同。查找世界主要证券交易所的相关交易规定，了解其交易规则。. 比较我国证券交易所交易与西方国家的证券交易所交易的异同。

【实训任务】

1. 分析我国证券交易所的交易规则。

2. 填写实训报告。

《证券交易所》实训报告		
项目实训班级：	项目小组：	项目组成员：
实训时间：　　年　　月　　日	实训地点：	实训成绩：
实训目的：		
实训步骤：		
实训结果：		
实训感言：		

项目五

证券价格与价格指数

○ 知识目标

理解:证券价格的本质。

熟知:股票价格的种类;债券价格;世界和我国主要股票价格指数。

掌握:股票价格指数的计算。

项目五课件

○ 技能目标

能够正确认知证券价格与价格指数的实际运用,提高专业知识的应用能力、职业判断能力和相关知识的更新能力。

○ 素质目标

能够运用证券价格与价格指数基本知识,分析证券价格与价格指数中遇到的问题;能结合社会经济实际,提高分析和总结问题的能力、语言表达能力和与人合作的能力。

○ 项目引例

沪深重要指数

序号	代码	名称	最新价	涨跌额	涨跌幅	成交量	成交额	昨收	今开	最高	最低
1	000001	上证指数	2958.20	29.14	0.99%	1.60亿	1756.31亿	2929.06	2924.34	2959.83	2917.15
2	399001	深证成指	9802.33	167.00	1.73%	2.27亿	2592.75亿	9635.33	9621.89	9814.67	9604.31
3	000300	沪深300	3952.39	65.64	1.69%	1.01亿	1514.71亿	3886.75	3883.81	3956.08	3876.42
4	399005	中小板指	6217.91	68.31	1.11%	1.08亿	1119.38亿	6149.60	6129.24	6224.52	6114.83
5	399006	创业板指	1687.00	15.69	0.94%	6458.33万	844.00亿	1671.31	1667.86	1688.71	1663.61
6	000010	上证180	8615.59	121.29	1.43%	6593.08万	830.44亿	8494.30	8488.97	8621.69	8468.33
7	000016	上证50	3002.65	47.92	1.62%	2887.99万	467.28亿	2954.73	2953.74	3005.18	2947.60
8	000009	上证380	4608.59	46.34	1.02%	3373.27万	380.60亿	4562.25	4557.52	4612.77	4547.94
9	000132	上证100	5143.80	47.87	0.94%	721.88万	96.95亿	5095.93	5100.12	5151.06	5083.63
10	000133	上证150	3846.62	32.56	0.85%	670.48万	70.67亿	3814.06	3805.68	3847.14	3785.06
11	000003	B股指数	261.99	1.45	0.56%	14.74万	8521.48万	260.54	260.45	262.12	259.86
12	000012	国债指数	175.80	0.04	0.02%	19.75万	1.86亿	175.76	175.78	175.80	175.78

(2019 年 11 月 2 日东方财富网)

思考与讨论:

通过上表,你知道什么是股票价格指数吗?我国和世界股票价格指数都有哪些?

○ 知识精讲

任务一　证券价格

一、证券价格的本质

有价证券是一种虚拟资本。所谓虚拟资本，是指以有价证券形式存在，并能给持有人带来一定收益的资本。因为：

首先，有价证券是独立于实际资本之外的一种资本存在形式，不是生产经营的物资，本身不能在生产过程中发挥作用，因而它不是真正的资本。而有价证券的代表——股票、债券能够脱离它们原来代表的现实资本在证券市场上进行相对独立的运动，产生资本的二重化现象。因此，它们可视为虚拟资本的凭证，具有虚拟资本的性质。

其次，有价证券本身没有任何价值，仅仅是一种所有权或债权的法律证书，它代表一种经济权利。有了这个证书，在法律上，所有者就有权索取这个资本应该获得的一部分利润，并可以在市场上进行买卖，形成市场价格。虚拟资本的市场价格高低是由其所代表的现实资本具有的收益大小和一般利息率水平决定的，因此，虚拟资本的运动反映了现实资本的运动。

一般情况下，虚拟资本的价格总额总是大于实际资本额，其变化并不反映实际资本额的变化。

二、股票价格的种类

股票代表一定的价值量，它是投资者最为关心的因素之一。投资者总是希望花费最少的钱买到价值最高的股票。股票价值的确定形式主要有以下几种：

①股票的理论价格。股票的理论价格是在某一时刻股票的真正价值，也是股票的内在投资价值。计算股票的内在价值一般需要通过折现法，即把股票未来的股利收益按一定的折现率折成现值，它取决于每股所取得的股息与当时的市场利率。它与预期股息收益的大小成正比，而与市场利率成反比。其公式可表示为：

股票的理论价格＝预期股息收益/市场利率

②股票的票面价格。股票的票面价格又称股票的面额，是股份公司在发行股票时所标明的每股股票的票面金额。它表明每股对公司总资本所占的比例，以及该股票持有者在股利分配时所应占有的份额。股票的票面价格是确定股票发行价格的重要参考依据，通常，股票票面价格的高低主要取决于公司的筹资总额、公司发行股票的股数、原公司股票的票面价格等因素。

③股票的发行价格。股票的发行价格是指股份公司在发行股票时的出售价格。根据不同公司和发行市场的不同情况，股票的发行价格也各不相同，一般主要有面额发行、折价发行和溢价发行等。股票虽然有许多种发行价格，但在一般情况下，同一种股票只能有一种发行价格。股票发行过程中究竟采用哪一种价格，主要取决于股票的票面形式、法律的有关规定、公司状况，及其他有关因素。

④股票的账面价格。股票的账面价格又称股票的净值，它的概念是指股东持有的每一股份在账面上所代表的公司财产价值。其公式为：

普通股账面价格=(公司资产净值－优先股总面值)÷普通股总股数

股票的账面价格与市场价格并不一致,一般来说,成长性股票其市场价格往往要高于其账面价格,但对于收益率取决于公司资产净值总额的股票,其账面价格和市场价格的变动却具有一致性。股票账面价格的变动主要取决于资产总额的数量、负债总额的数量以及股票股数等项因素。

⑤股票的清算价格。股票的清算价格是指公司发生兼并、破产、分立等清算时,每股股票所代表的真实价格。从理论上讲,股票的清算价格是公司清算时的资产净值与公司股票股数的比值。但实际上由于清算费用、资产出售价格等原因,股票的清算价格不等于这一比值。通常,股票的清算价格主要取决于股票的账面价格、资产出售损益、清算费用的高低等因素。

⑥股票的市场价格。股票的市场价格即股票的交易价格,也称股票行市,是证券市场上买卖股票的价格。人们谈到的股票价格更多的是指股票的交易价格。由于股票是一种特殊商品,它的价格不是由人们的主观意志决定的,而是根据时常变动的市场供求关系形成的。当供不应求时,价格就上涨;当供过于求时,价格就下跌。影响股价的因素众多,从性质上讲,可归结为两大类,一是基本因素,二是技术因素。

三、债券价格

债券理论价格是投资者为获得债券在未来一定时期内的利息收入而在理论上支付的价格。它受未来预期现金流、期限和利率水平的影响。

①债券未来预期现金流。未来预期现金流是指债券到期时的总价值,包括本金、利息两部分。

②债券期限。对投资者而言,债券期限包括两种:一是有效期限,指债券发行日起到最终偿还日止这段时间;二是剩余期限(待偿期),指购买日到最终偿还日止的时间。前者用于计算债券的发行价格;后者用于计算债券的交易价格。

③利率水平。利率水平是指债券市场上为大多数买卖双方能接受的债券收益水平。

任务二　股票价格指数

一、股票价格指数的概念

股票价格指数简称股价指数,是指金融服务机构编制的、通过对股票市场的股票价格计算平均数和动态对比的相对数,来综合反映股市价格的动态变化。股价指数包括两种类型:①股价平均数;②根据不同时期的股价平均数对比所得到的动态相对数,一般称其为狭义股价指数。股价平均数是在平均股价(股票平均交易价格)的基础上,对某些影响股价平均变动的不可比因素进行修正后所形成的股价指标,以反映报告期股票价格水平相对于基期股票价格的变动情况。狭义股价指数指股价平均数的指数表现形式,它是报告期股票市场上列入计算范围的各种股票的股价平均数与基期的同一范围内股票的股价平均数之比。

一般情况下,我们所说的股价指数指狭义股价指数。其形成步骤如下:①选出列入指数计算过程的样本股;②计算基期股票价格的平均数;③指数化。

二、股票价格指数的作用和意义

股票价格指数的作用在于综合考察股票市场的股价动态变化的过程，反映不同时点股票市场的价格水平。根据股票价格指数的变化，一方面可以观察和分析股票市场的发展动态，研究有关国家和地区的政治、经济发展趋势；另一方面为投资者提供股票投资和从事合法的股票增值活动的参考依据。

因此，股票价格指数是用以反映股票市场价格变动的总体状况的重要指标，也是政府进行宏观经济调控的重要参照指标；是投资人研判股市走势的工具，也是金融衍生工具的标的物。我们在利用股价指数来研判大势的时候，应注意到股价指数与个股价格的关系。

三、股价指数的编制步骤

股价平均数和股价指数是衡量股票市场总体价格水平及其变动趋势的尺度，也是反映一个国家或地区政治、经济发展状态的灵敏信号。股价指数的编制步骤如下：

第一步，选择样本股。样本股的选择主要考虑两个标准：一是样本股的市价总值要占据交易所上市的全部股票市价总值的大部分；二是样本股票价格变动趋势必须能反映股票市场价格变动的总趋势。

第二步，选定某基期，并以一定方法计算基期平均股价或市值。

第三步，计算计算期平均股价或市值，并作必要的修正。

第四步，指数化。计算股价指数，需要将计算期的平均股价或市值转化为指数值，即将基期平均股价或市值定为某一常数(通常为 100、1 000 或 10)，并据此计算计算期股价的指数。

(一)股价平均数的计算

股价平均数是指采用股价平均法，用来度量所有样本股经调整后的价格商品的平均值。

(1)简单算术股价平均数

把采样股票的总价格平均分配到采样股票上，从市场上每种采样股票中拿出一股，将其收盘价格相加，再除以采样股数，得出的商便是股价平均数。其计算公式为：

$$\overline{P}=\frac{\sum P_i}{N}$$

式中：$\overline{P}$ 表示平均股价；P_i 表示各样本股收盘价；N 表示样本股票种数。

【做中学 5-1】 假设某股市采样的股票为 A、B、C、D 四种，在某一交易日的收盘价分别为 10 元、15 元、25 元、30 元，计算该市场股价平均数。

解析：股价平均数$=(P_1+P_2+P_3+P_4)/n$

$=(10+15+25+30)/4$

-20(元)

股价平均数一般分为当日股价平均数、6 日股价平均数和 10 日股价平均数。它们的具体计算公式是：

6 日股价平均数＝(当日股价平均数＋前 5 日股价平均数)÷6

10 日股价平均数＝(当日股价平均数＋前 9 日股价平均数)÷10

世界上第一个股票价格指数——道琼斯股票平均价格指数在 1928 年 10 月 1 日以前就是使用简单算术平均数法计算的。简单算术平均数法的优点是计算起来简单易懂。其不足之处有两个:①计算时未考虑权数。例如,上述 A、B、C、D 四种股票的发行量或交易量各异,它们对股市的影响也不相同。②当样本股票发生分割、派发红股、增资等情况时,股价平均数会发生不合理的下跌,使时间序列前后的比较发生困难。比如,如果上述 D 股票发生 1 股拆为 3 股的情况,股价势必从 30 元下降为 10 元,这里的平均数就不是按上面计算得出的 20 元,而是 15 元(这里暂不考虑其他影响股价变动的因素),这显然不符合平均数作为反映股价变动指标的要求,因此,出现拆股等股权变动时,平均数必须进行调整。

(2)调整平均数

为克服拆股后平均数发生不合理下降的弊端,要对原数值进行修正,一般采用两种方法:调整除数和调整股价。

①调整除数,即把原来的除数调整为新除数。在前面的例子中除数是 4,经调整后的新除数应是:

新的除数=拆股后的总价格÷拆股前的平均数

=(10+15+25+10)÷20=3

将新的除数代入下式中,则:

股价平均数=拆股后的总股价÷新的除数

=(10+15+25+10)÷3=20(元)

这样得出的平均数与未拆股时计算的结果一样,股价水平也不会因拆股而变动,道琼斯股价平均指数在发生拆股时就采用此法进行调整。

②调整股价,即将拆股后的股价还原成拆股前的股价。其方法是:设 D 股股价拆股前是 P_n,拆股后新增股份为 R,股价为 P'_n,则:

$$\text{调整股价平均数}=[P_1+P_2+P_3+(1+R)P'_4]/n$$

$$=[10+15+25+10(1+2)]/4$$

$$=20(\text{元})$$

随着市场的不断发展完善,平均数的计算也有采用几何平均法和加权平均法的。

(二)股价指数的计算

股价指数是将计算期的股价或市值与某一基期的股价或市值相比较的相对变化指数,用以反映市场股票价格的相对水平。股价指数的编制方法有简单算术股价指数和加权股价指数两类。

(1)简单算术股价指数:简单算术股价指数有相对法和综合法之分。

①相对法,又称平均法,是先计算各样本股的个别指数,再加总求出算术平均数。

若设股价指数为 P',基期第 i 种股票价格为 P_{0i};计算期第 i 种股票价格为 P_{1i},样本数为 N,计算公式为:

$$P'=\frac{1}{N}\sum_{j=1}^{n}\frac{P_{1i}}{P_{0i}}\times 100$$

【做中学 5-2】 现假定某股市采样股取 4 只,4 只股票的交易资料如表 4-1 所示:

表 4—1 **采样股交易资料**

项目种类	市价(元)		交易量(万股)		发行量(万股)	
	基期	报告期	基期	报告期	基期	报告期
A	5	8	1 000	1 500	3 000	5 000
B	8	12	500	900	6 000	6 000
C	10	14	1 200	700	5 000	6 000
D	15	18	600	800	7 000	10 000

解析：

$$报告期股价指数=\frac{1}{4}\times\left(\frac{8}{5}+\frac{12}{8}+\frac{14}{10}+\frac{18}{15}\right)\times100=\frac{5.7}{4}=142.50$$

该计算结果说明报告期的股价比基期股价上升了 42.5 个百分点。

②综合法是将样本股票基期价格和计算期价格分别加总，然后再求出股价指数。其计算公式为：

【做中学 5—3】 承接做中学 5—2

$$报告期股票价格指数=\frac{8+12+14+18}{5+8+10+15}\times100=\frac{52}{38}\times100=136.8$$

即报告期的股价比基期股价上升了 36.8 个百分点。

从平均法和综合法计算的股票价格指数来看，二者都未考虑到由于各种采样股票的发行量和交易量的不同，而对整个股市股价的影响不一样等因素，因此，计算出来的指数也不够准确。

(2)加权股价指数是以样本股票发行量或成交量为权数加以计算的，又有基期加权、报告期加权和几何加权之分。

为了使股票价格指数的计算精确，需要对各个样本股票的相对重要性予以加权，这个权数可以是成交股数，也可以是股票发行量；按时间划分，权数可以是基期权数，也可以是报告期权数。

①基期加权。以基期成交股数(或发行股数)为权数的指数称为拉氏指数，即拉斯拜尔指数(Laspeyres Index)。拉氏指数采用基期固定权数加权，当权数决定后便无须变动，计算较为方便，一般经济价格指数多采用这种方法。但当样本股变更或数量变化后，就不再适用了。其计算公式为：

$$p'=\frac{\sum_{i=1}^{n}P_{1i}Q_{0i}}{\sum_{i=1}^{n}P_{0i}Q_{0i}}\times100$$

式中：Q_{0i} 为基期第 i 只股票的发行量或交易量。

②报告期加权。以报告期成交股数(或发行股数)为权数的指数称为派氏指数(Paasche Index)。这一方法计算复杂，但是适用性较强，特别是在以发行量为权数计算股票价格指数时。在发生股票分割、派送股票股息和增资配股时，一方面股价下降，另一方面股数增加，而计算期的股票市值并没有发生变化，所以不需要进行调整，虽然基期市值需要修正，但是计算

相对简单。此外，派氏指数比较精确，具有很高的连续性。目前，世界上大多数股票指数，包括标准普尔指数、纽约证券交易所的综合股票价格指数等，采用以发行量为权数的派氏指数。其计算公式为：

$$p' - \frac{\sum_{i=1}^{n} P_{1i}Q_{1i}}{\sum_{i=1}^{n} P_{0i}Q_{1i}} \times 100$$

式中：Q_{1i} 为报告期第 i 只股票的发行量或交易量。

$$加权法指数 = \frac{8\times1\ 500+12\times900+14\times700+18\times800}{5\times1\ 500+8\times900+10\times700+15\times800}\times100=139.465$$

其表明报告期比基期股票价格指数上升了 39.465 个百分点。由于它是加权计算的，比平均法计算出来的指数更能准确地反映股票市场的价格变动情况。

③几何加权法。它也称费雪理想公式(Fisher's Ideal Formula)，是对上述两种指数的几何平均。此公式最大的缺点是样本股票增资除权(用除权数去除增资时的拆股认购权)时，修正起来很困难，也很麻烦，因而在实际中很少被采用。其计算公式为：

$$p' = \sqrt{\frac{\sum_{i=1}^{n} P_{1i}Q_{0i}}{\sum_{i=1}^{n} P_{0i}Q_{0i}} \times \frac{\sum_{i=1}^{n} P_{1i}Q_{1i}}{\sum_{i=1}^{n} P_{0i}Q_{1i}}} \times 100$$

任务三　世界著名股票价格指数

一、道琼斯股票平均价格指数

道琼斯股票价格平均指数简称道琼斯指数，是世界上影响最大的股票价格指数。它是在 1884 年 7 月 3 日由道琼斯公司创始人查理斯·道开始编制的，其最初的股票价格平均数是根据 11 种具有代表性的铁路公司的股票，采用算术平均法编制而成的，发表在查理斯·道自己编辑出版的《每日通讯》上。以后样本股数逐渐增加，而且扩大到其他行业。这个样本股数变动过四次：1897 年股票由 11 种增至 32 种，1916 年增至 40 种，1928 年增至 50 种，1958 年定为 65 种，直到今天。其所选用的代表性公司股票涉及工业、运输业、公用事业等所有重要行业。

道琼斯股票价格平均指数共分四组，即：

(1)道琼斯工业平均数(The Dow Jones Industrial Average，DJIA)。它是由美国 30 家最有影响的大工业公司的股票组成的股票价格指数，如埃克森石油公司、通用汽车公司和美国钢铁公司等。这一价格指数基本上能反映股票市场价格变动情况，因而常为世界各大报刊、电台、电视台所引用。

(2)道琼斯运输业平均数。计算这个平均数选用了 20 种有代表性的运输公司的股票，涉及铁路、航空、轮船等各方面。这个平均数大致上能客观地反映出运输业股票价格行情变化情况。

(3)道琼斯公用事业平均数。计算这个平均数选取了美国 15 家公用事业公司的上市股票，如美国电力公司等。

(4)道琼斯股票平均价格综合指数。是由前三组合计的65家公司所有股票价格综合计算出来的，这一指标更能反映整个股票市场的变化情况。这个指数是以1928年10月1日为基期，并令基期的平均数为100，通过和基期平均数的比较，算出以后各期的平均数。为了使道琼斯股票价格平均指数能更好地反映出股票市场的实际情况，需要对组成平均数的一些股票经常进行调整，选用一些更具活力、更有代表性的公司股票代替那些失去代表性的公司股票。自1928年以来，几乎每两年就有一个新公司的股票代替老公司的股票。

二、标准普尔股票价格指数

标准普尔股票价格指数(Standard & Poors Stock Price Index，SPX)是由美国最大的证券研究机构——标准普尔公司在1923年开始编制发布的股价指数。最初采样的股票有233种，到1957年扩大为500种，它们包括85个工商行业的400种股票，商业银行、储蓄与贷款协会、保险公司和金融公司的40种股票，航空公司、铁路公司和公路货运公司的20种股票，以及公用事业的40种股票，将上述500种普通股股票加权平均编制成综合价格指数。

道琼斯股票价格平均指数仅仅代表最大的公司的股票价格，而市场上各种股票包括上等股票、中等股票和较差的股票，股价变动并不一致，所以，道琼斯股票价格平均指数不能充分反映股票价格变动的全貌。而标准普尔股票价格指数由于是根据纽约证券交易所中当时大约90%的普通股股票价格计算出来的，具有更好的代表性，并且该指数采用加权平均法进行计算，精确度较高，具有较好的连续性，因此，比较合理地反映了股市的走势。

比较起来，道琼斯工业股票指数对股价的短期走势具有一定的敏感性，而标准普尔混合指数用于分析股价的长期走势较为可靠。从对股票市场价格分析研究的角度，一些证券专家和经济学家偏向采用标准普尔指数，而从实用的角度，大多数证券公司和投资者则喜欢采用道琼斯指数。

三、纽约证券交易所普通股股票价格指数

1966年6月，纽约证券交易所开始公布它自己的普通股股票价格指数(New York Stock Exchange，NYSE)。该指数的计算方法是把在纽约证券交易所交易的1 570种普通股股票按价格高低分开排列起来，然后分别计算工业、金融、运输和公用事业四种股票指数。

(1)工业股票价格指数由1 903种工业股票组成。

(2)金融业股票指数由投资公司、储蓄贷款协会、分期付款融资公司、商业银行、保险公司和不动产等公司的223种股票组成。

(3)运输业股票指数包括铁路、航空、轮船、汽车等公司的65种股票。

(4)公用事业股票指数包括电报电话公司、煤气公司、电力公司和邮电公司等的189种股票。

该指数的计算方法和调整方法与标准普尔股价指数相同，不同的只是基期的确定时间和基期指数值。该指数以1965年12月31日为基期，基期指数值确定为50。该指数可以全面、及时地反映股票市场活动的综合情况，较受投资者欢迎。

四、美国纳斯达克指数

纳斯达克指数(NASDAQ Index，NDX)是反映纳斯达克证券市场行情变化的股票价格

指数。编制方法是所有在纳斯达克交易的股票的资产加权指数，以 1971 年 2 月 8 日第一个交易日为基准日，最初的基本指数值设为 100。

五、富时 100 指数

富时 100 指数(FTSE)是由英国金融界著名报纸《金融时报》编制并公布的，是伦敦股票市场最具权威的股票价格指数。它采用 100 家有代表性的工业和商业大公司股票做样本编制而成，以灵敏反映英国股市动向著称。该指数于 1984 年 1 月 3 日对外发布，以 1983 年 12 月 30 日作为基期，将基期指数值定为 1 000。

六、日经股价指数

日经股价指数又称日经道琼斯平均股价指数(Nikkei 225 Index，N225)，是日本经济新闻社股票平均价格指数的简称。它是由日本经济新闻社编制发布的，是在日本股票市场上最具有代表性的股价指数。该指数开始发布于 1950 年 9 月，计算方法采用的是美国道琼斯指数所用的修正法，当时称为"东证修正平均股价"，基期为 1950 年 9 月 7 日，选用在东京证券交易第一市场上市的 225 种股票作样本，算出修正平均股价，这些采样股票原则上是固定不变的。1975 年 5 月 1 日，日本经济新闻社根据与道琼斯公司的合同，买进道氏商标，公布日经道琼斯平均股价。10 年后合同到期，经日本经济新闻社与道琼斯公司协商，从 1985 年 5 月 1 日起，日经道琼斯平均股价指数改为"日经股价"或"日经平均股价"，该指数每天刊登在《日本经济新闻》上。由于该指数是从 1950 年开始编制并一直延续下来，具有可比性和连续性，成为分析考察日本股票市场股价变动及其趋势最常用、最可靠的指标。

七、恒生指数

恒生指数(Hang Seng Index，HSI)是由中国香港恒生银行全资附属的恒生指数服务有限公司编制，并于 1969 年 11 月 24 日对外发布的反映香港证券市场行情变化的一种股票价格指数。恒生指数是从中国香港股票市场中选出有代表性的 33 家公司作为成分股样本，以 1964 年 7 月 31 日为基期，基期指数值为 100，计算方法为修正加权综合法，即以其发行量为权数按其每天的收市价算出当天这些上市公司的总市值，再与基期的资本总市值相比，乘以 100 就求出当天的指数。后由于技术原因改为以 1984 年 1 月 3 日为基期，基期指数值为 975.47。

恒生指数是中国香港股票市场上历史最悠久的一种股票价格指数，也是反映中国香港政治、经济和社会状况最重要的指数。

八、恒生中国企业指数和恒生香港中资企业指数

恒生中国企业指数即国企指数，又称 H 股指数。是由中国香港恒生银行全资附属的恒生指数服务有限公司编制和发布的。于 1994 年 8 月 8 日首次公布，刚推出时该指数以所有在联交所上市的中国 H 股公司股票为成分股计算得出加权平均股价指数。以上市 H 股公司数目达到 10 家的日期，即 1994 年 7 月 8 日为基数日，当日收市指数定为 1 000 点。2001 年 10 月 3 日，为了与当时推出的恒生综合指数系列看齐，重新订定指数以 2000 年 1 月 3 日为基日，基日指数为 2 000 点，将综合市值位列前 40 的股份纳入国企指数样本股，且每季度

对样本股做调整，指数采用流通市值加权法。

恒生香港中资企业指数(Hang Seng China Enterprises Index)又称红筹股指数。由中国香港恒生银行全资附属的恒生指数服务有限公司编制。该指数于1997年6月16日正式推出，将综合市值位列前25的股份纳入红筹指数样本股，且每季度对样本股做调整，指数采用流通市值加权法。指数刚推出时是以1993年1月4日为基日，指数值为1 000点，2001年10月3日，为了与当时推出的恒生综合指数系列看齐，重新订定指数以2000年1月3日为基日，基日指数为2 000点。

九、MSCI指数

MSCI英文全拼为Morgan Stanley Capital International，是美国著名的指数编制公司——摩根士丹利资本国际公司的英文首字母简写(又译明晟)。MSCI是一家股权、固定资产、对冲基金、股票市场指数的供应商，其旗下编制了多种指数。MSCI指数(明晟指数)涵盖不同的行业、国家以及区域。1968年MSCI首推资本国际指数(Capital International Indexes)，第一次设立不含美国市场的全球股票市场指数。从那时开始算起，MSCI在40多年的发展历程中，不断拓展其指数国际化范围及影响，至今已形成了一整套"全球指数"体系，MSCI指数也已经成为投资界最为广泛使用的用以代表各国家、地区资本市场表现的参考指数，是全球投资组合经理最多采用的投资标的。晨星、彭博、eVestment的估算数据显示，截至2015年6月，全球约10万亿美元的资产以MSCI指数为基准，全球前100个最大的资产管理者中，97个都是MSCI的客户。截至2015年末，超过790只ETF以MSCI指数为追踪标的，美国95%的投资权益的养老金以MSCI指数为基准。

2017年6月21日凌晨，中国A股四度叩关MSCI终获成功！MSCI指数公司官方公布MSCI新兴市场指数初始预计纳入中国A股222只大盘股，随着初步5%的纳入权重，预计初始资金流入在170亿～180亿美元。初步纳入之后，MSCI还将考虑将中型股纳入，最终所有符合纳入条件的股票将在400只左右，届时资金流入规模可以翻倍至350亿美元左右。A股纳入MSCI指数是一个标志性事件，其真正意义在于我国在国内资本市场与全球金融市场的融合上迈出了重要一步。长期来看，这将促进A股的国际化，改善投资者结构，推动全球资金对中国资产的配置，从而能够推动人民币国际化，并进一步提升人民币的国际地位。

任务四　中国主要股票价格指数

一、上证综合指数

上证综合指数简称"上证综指"，由上海证券交易所编制，是反映上海证券市场总体走势的最常用的指数。该指数的前身是上海静安指数。1990年上海证券交易所建立后，在上海静安指数基础上开始编制上海证券交易所综合股价指数。它以1990年12月19日为基期，基期指数为100，该股票指数的样本为所有在上海证券交易所挂牌上市的股票(包括A股、B股)，其中新上市的股票在挂牌后的第11个交易日纳入股票指数的计算范围，以股票发行量为权数编制。

二、深证成分股指数

深证成分股指数简称“深成指”，由深圳证券交易所编制，是反映深圳证券市场总体走势的最常用的指数，始编于1995年1月3日。该指数共分三组：深证成分股指数、深证A股成分指数和深证B股成分指数。深证成分指数以1994年7月20日为基期，基期指数定为1 000点，从上市的股票中选取40只A股和6只B股作为成分股，以成分股的可流通股数为权数，利用派许加权法进行计算，自1995年1月23日起正式发布。

三、沪深300指数

沪深300指数(Shanghai Shenzhen 300 Index)简称沪深300(SHSE－SZSE300)。沪深300指数由沪深交易所设计，并于2005年4月8日正式对外发布，上海行情使用代码为000300，深圳行情使用代码399300。沪深300指数是沪深证券交易所首次联合发布的第一只跨市场指数，是首次编制的综合反映中国证券市场(上海、深圳证券交易所)的全面运行状况的股价指数，为指数化投资和金融衍生产品的创新发展提供了重要基础。该指数从上海和深圳证券交易所上市A股中选取规模大、流动性好、最具代表性的300只股票编制而成。该指数以2004年12月31日为基日，基点定为1 000点。指数成分股的数量为300只，全部为A股，其中沪市179只，深市121只。

沪深300指数是我国第一个股指期货品种的标的指数。2005年9月中证指数公司成立后，沪深300指数移交给中证指数公司进行管理运行。

图5－1显示了主要指数的市场定位与应用情况。

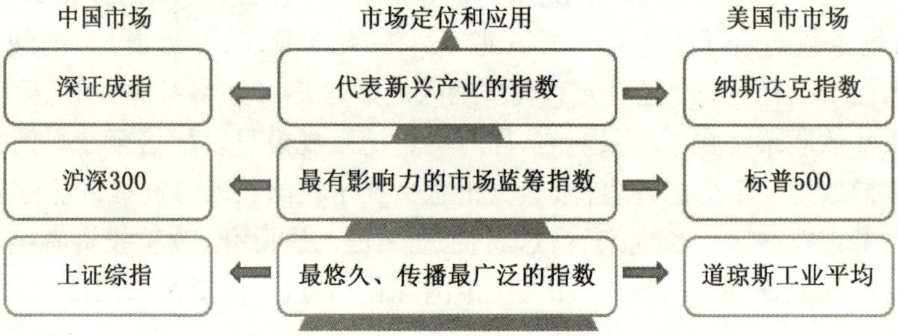

图5－1 中美主要指数的市场定位和应用

在中国证券市场发展过程中，为了定位反映中国沪深证券交易所主板、中小板、创业板等市场价格的总体情况及分类变动情况，沪深交易所以及一些科研院所、咨询机构、中央电视台等都编制了各类股价指数，建立了多层次指数体系。

四、上证50 ETF波动率指数(iVX)

上证50 ETF波动率指数简称中国波指，代码000188，是由上海证券交易所于2016年11月28日正式对外发布的，用于衡量上证50 ETF未来30日的预期波动。该指数是根据方差互换的原理，结合50 ETF期权的实际运作特点，并通过对上海证券交易所交易的50 ETF期权价格的计算编制而得。上证50 ETF波动率指数不仅是反映投资者情绪的重要指标，也是衍生产品的重要标的，可作为投资者管控风险的有力工具。

关键术语

虚拟资本　股票指数

应知考核

一、单项选择题

1. 证券价格的本质表述正确的是（　　）。

A. 有价证券是一种实际资本　　B. 有价证券是真正的资本

C. 有价证券本身没有任何价值　　D. 虚拟资本的运动反映了现实资本的运动

2.（　　）是在某一时刻股票的真正价值，也是股票的内在投资价值。

A. 股票的理论价格　　B. 股票的票面价格

C. 股票的发行价格　　D. 股票的账面价格

3.（　　）是指股份公司在发行股票时的出售价格。

A. 股票的理论价格　　B. 股票的票面价格

C. 股票的发行价格　　D. 股票的账面价格

4.（　　）是股份公司在发行股票时所标明的每股股票的票面金额。

A. 股票的理论价格　　B. 股票的票面价格

C. 股票的发行价格　　D. 股票的账面价格

5.（　　）是指股东持有的每一股份在账面上所代表的公司财产价值。

A. 股票的理论价格　　B. 股票的票面价格

C. 股票的发行价格　　D. 股票的账面价格

6.（　　）是指公司发生兼并、破产、分立等清算时，每股股票所代表的真实价格。

A. 股票的理论价格　　B. 股票的票面价格

C. 股票的清算价格　　D. 股票的账面价格

7.（　　）是证券市场上买卖股票的价格。人们谈到的股票价格更多的是指股票的交易价格。

A. 股票的市场价格　　B. 股票的票面价格

C. 股票的发行价格　　D. 股票的账面价格

8. 债券价格表述正确的是（　　）。

A. 债券理论价格不受受未来预期现金流、期限和利率水平的影响

B. 债券到期时的总价值不包括本金、利息

C. 债券期限只有有效期限

D. 利率水平是指债券市场上为大多数买卖双方能接受的债券收益水平

9. 道琼斯股票价格平均指数不包括（　　）。

A. 道琼斯工业平均数　　B. 道琼斯运输业平均数

C. 道琼斯公用事业平均数　　D. 道琼斯农业平均数

10. 中国主要股票价格指数不正确的是（　　）。

A. 上证综合指数简称“上证综指”，由上海证券交易所编制

B. 深证成分股指数简称“深成指”，由深圳证券交易所编制

C. 沪深300指数简称沪深300(SHSE－SZSE300)是由沪深交易所设计

D. 富时100指数是由纽约证券交易所交易对外发布的

二、多项选择题

1. 影响股价的因素众多,从性质上讲主要有(　　)。

A. 基本因素　　B. 技术因素　　C. 公司因素　　D. 政府因素

2. 股票的清算价格主要取决于(　　)。

A. 股票的账面价格　　B. 资产出售损益

C. 清算费用的高低　　D. 股票的票面价格

3. 股票账面价格的变动主要取决于(　　)。

A. 股票的市场价格　　B. 资产总额的数量

C. 负债总额的数量　　D. 股票股数

4. 股票票面价格的高低主要取决于(　　)。

A. 股票的账面价格　　B. 公司的筹资总额

C. 公司发行股票的股数　　D. 原公司股票的票面价格

5. 股票发行过程中究竟采用哪一种价格,主要取决于(　　)。

A. 股票的票面形式　　B. 法律的有关规定

C. 公司状况　　D. 其他有关因素

三、判断题

1. 有价证券是一种实际资本。(　　)

2. 股票的理论价格是股票的内在实际价值。(　　)

3. 债券理论价格它受未来预期现金流、期限和利率水平的影响。(　　)

4. 目前,世界上大多数股票指数,采用以发行量为权数的派氏指数。(　　)

5. 恒生香港中资企业指数又称蓝筹股指数。(　　)

四、简述题

1. 简述股票价格的种类。

2. 简述股价指数的编制步骤。

3. 简述股价平均数的计算方法。

4. 简述世界著名股票价格指数有哪些。

5. 简述中国主要股票价格指数有哪些。

应会考核

■观念应用

【背景资料】

加权股价指数认知

某股价指数,按基期加权法编制,以样本股的流通股数为权数,选取A、B、C三种股票为样本股。样本股的基期价格分别为5元、8元、4元,流通股数分别为7 000万股、9 000万股、6 000万股。某交易日,这三种股票的收盘价分别为9.50元、19.00元、8.20元。设基期指数为1 000点,则该日的加权股价指数是多少?

【考核要求】

设基期指数为 1 000 点，则该日的加权股价指数是多少？。

■技能应用

股票价格指数的计算

根据下表，请分别用简单算术平均法、综合平均法、以基期交易量为权数的加权综合法计算报告期的股票价格指数（假设基期值为 100）。

项目 股票种类	股价		交易量	
	基期（P_0）	报告期（P_1）	基期（Q_0）	报告期（Q_1）
A	15	30	100	120
B	20	18	150	140
C	30	47	200	250
D	55	55	120	110

【技能要求】

结合本项目内容，用上述方法进行计算股票价格指数。

■案例分析

【情境与背景】

上证指数

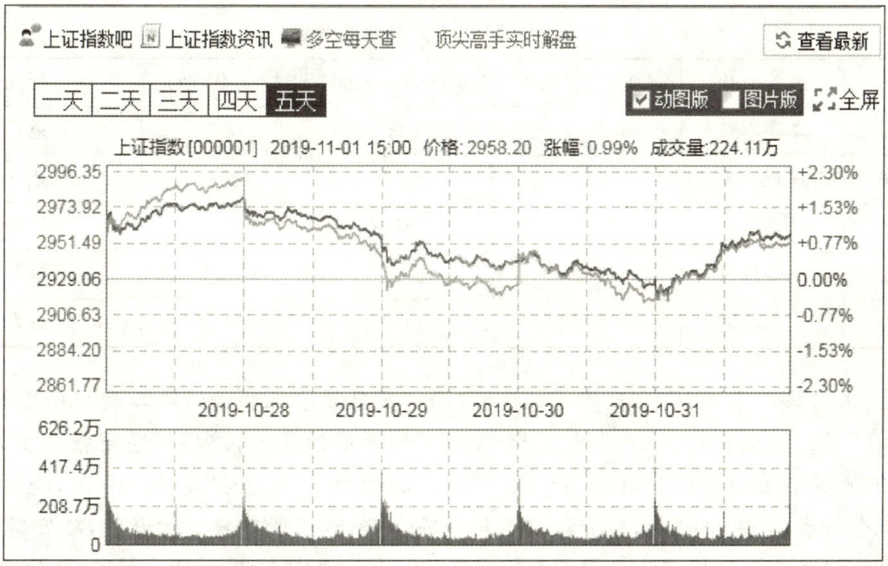

【分析要求】

什么是上证综合指数？我国的主要股票价格指数有哪些？

项目实训

【实训项目】

证券价格与价格指数。

【实训情境】

2017年5月31日，上海证券交易所和中证指数有限公司宣布调整上证50、上证180、上证380等指数的样本股。中证指数有限公司也同时宣布调整沪深300、中证100、中证500、中证香港100等指数的样本股，本次调整将于6月12日正式生效。此次样本调整后，上证50和上证180指数对沪市的总市值覆盖率分别为42%和63%，沪深300和中证500指数对沪深市场的总市值覆盖率分别为50%和16%。

上证指数等各类指数的样本股每年都会在6月份固定调整一次，调出一些不符合指数纳入标准的股票，调入一些符合标准的股票。因各指数基金以跟踪各类指数为主，样本股调整的时候，指数基金也会跟着调整持仓股票。上证50样本股调出调入名单3见表1。

表1　　上证50指数样本调整名单

调出名单		调入名单	
600109	国金证券	600340	华夏幸福
600637	东方明珠	600606	绿地控股
600893	中航动力	600919	江苏银行
601377	兴业证券	601229	上海银行
601998	中信银行	601881	中国银河

调入上证50的5只样本股情况如表2所示。

表2　　调入上证50的5只样本股情况

代码	股票名称	总市值(亿)	流通市值(亿)	市盈率(动)	行业
600340	华夏幸福	1037	1037	14.77	地产
600606	绿地控股	968.6	256.6	9.04	地产
600919	江苏银行	1078	107.8	9.02	银行
601229	上海银行	1467	146.7	9.47	银行
601881	中国银河	1175	69.54	26.29	证券

其实，本次调整于6月12日才正式生效，而这5只股票在公告的第二天即6月1日就已"按捺不住"了。截至6月1日15点收盘，A股延续萎靡的表现，沪指震荡下挫0.47%，收盘险守3100点整数关口，收报3102.62点；创业板指大跌2%，收报1728.49点，逼近前期低点。两市合计成交3819亿元，行业板块呈现普跌态势，近百股跌停。次新股，雄安新区、可燃冰等前期热门板块个股皆成下跌重灾区。然而，此前刚刚宣布将被调入上证50的5只样本股却皆逆势大涨，华夏幸福涨4.59%、绿地控股涨2.18%、江苏银行涨3.43%、上海银行涨2.26%、中国银河涨3.11%。

上证50真可谓是魅力很大，调入的股票均获得大涨，而调出的股票就没那么幸运了。本次被调出上证50的5家上市公司，除了兴业证券停牌外，其余4家当日表现均弱于上证50指数走势，国金证券跌4.01%、东方明珠跌3.22%、航发动力跌2.28%、中信银行则不涨不跌(见图1和图2)。

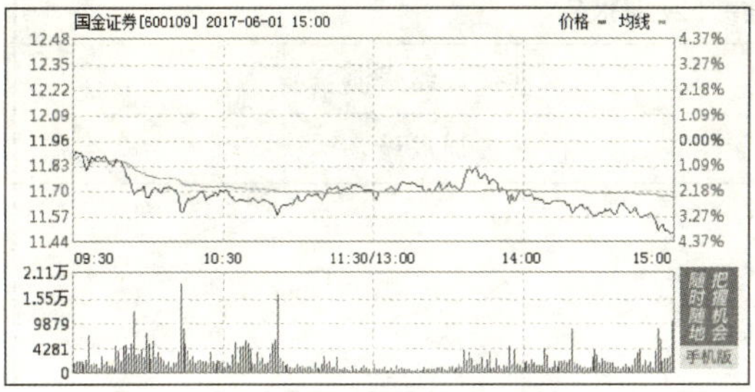

图 1　国金证券走势

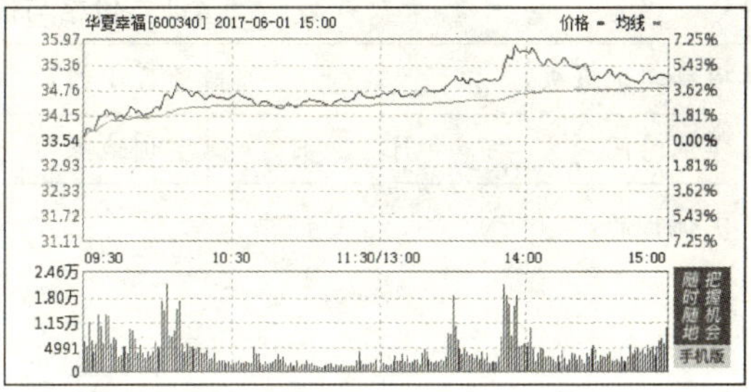

图 2　华夏幸福走势

上证 50 指数选样方法，是以上证 180 指数样本股为样本空间，根据总市值、成交金额对股票进行综合排名，取排名前 50 位的股票组成样本，但市场表现异常并经专家委员会认定不宜作为样本的股票除外。上证 50 指数依据样本稳定性和动态跟踪相结合的原则，每半年调整一次成分股。

上证 50 缘何魅力这么大？

2017 年以来上证 50 走势一直强于大盘。进入 5 月以来，上证 50 指数累计上涨 6.37%，5 月 31 日更是创出近期新高。值得注意的是，上证 50 成分股汇集了大量蓝筹股，如工商银行、中国石油、贵州茅台等。而与之产生强烈对比的是，以中小创股票为代表的中证 500 指数进入 5 月以来，累计跌幅达 8.08%，近 2/3 的股票跌破了 2638 点的价位，投资者损失惨重。

据 Wind 数据显示，进入 5 月份，上证 50 成分股中 35 只个股上涨。中国平安涨 21.10%、新华保险涨 18.66%、招商银行涨 18.66%，位列涨幅榜前三名。

不少市场人士将上证 50 与美国的“漂亮 50”相提并论，称之为“中国版漂亮 50”。究竟缘何上证 50 魅力如此之大呢？

广发证券指出，随着产业和金融资本正在深度介入二级市场，根据截至 2017 年一季度的投资者结构数据，在机构投资者中，险资的占比已经超过公募，而险资比较偏好高 ROE、低 PB 的产业寡头公司，这从一定程度上反映出产业和金融资本的偏好。在目前 A 股投资风格从概念、题材股转向业绩稳定增长的行业龙头股之时，如果产业和金融资本也介入对相关龙头股的追逐，很容易放大这些公司的波动幅度，强化其“确定性溢价”，使得相应标的出现估值的泡沫化。

安信证券指出，“中国版漂亮 50”现象，我们倾向于认为这是 A 股市场在当前环境下投资偏好的一种转变，从而进行了一次对龙头价值股的主动的价值发现。

【实训任务】

1. 对上述资料进行分析。

2. 填写实训报告。

《证券价格与价格指数》实训报告		
项目实训班级：	项目小组：	项目组成员：
实训时间： 年 月 日	实训地点：	实训成绩：
实训目的：		
实训步骤：		
实训结果：		
实训感言：		

项目六

证券投资收益和风险

○ **知识目标**

理解：股票收益的来源；债券投资收益的来源。

熟知：投资收益与风险的关系。

掌握：股票估价和股票投资收益的计算；债券估价和债券投资收益的计算；证券投资风险的度量。

项目六课件

○ **技能目标**

能够正确认知证券投资收益和风险的实际运用，提高专业知识的应用能力、职业判断能力和相关知识的更新能力。

○ **素质目标**

能够运用证券投资收益和风险基本知识，分析证券投资收益和风险中遇到的问题；能结合社会经济实际，提高分析和总结问题的能力、语言表达能力和与人合作的能力。

○ **项目引例**

"唐山港"的收益分析

唐山港集团股份有限公司，证券简称为"唐山港"，证券代码为"601000"，位于河北省唐山市，公司主要经营业务为码头和其他港口设施经营等业务。公司A股股本为1000000000股，其中160000000股于2019年7月5日起上市交易。然而自从其A股上市以来，其最高交易价格除了2019年8月16、8月17日和8月19日分别达到了8.28元/股，8.23元/股和8.20元/股，其余交易日价格均低于其IPO价格8.20元。也就是说该股的一级市场投资者幸运购买到该股票后一直处于亏损状况，这种局面持续到了2019年10月中旬。

某个人投资者于2019年在二级市场上以每股7.92元的价格购买了3000股唐山港，当日该股的最低交易价格为7.72元，最高为7.97元。二天后，即其第二个交易日，唐山港股价突然上涨，最高达到了8.56元/股，该投资者立即出手其手中的唐山港股票2000股，出售价格为8.50元/股。不考虑交易费用，其投资收益率达到了7.23%，换算成年化收益率则高达659%！

然而，其手中剩下的1000股在随后的交易日成交价格一直低于8.50元/股，直到2019年11月8日。而2019年10月19日该股的最高成交价格仅为8.30元。若投资者将剩余1000股选择了在2019年8月19日按当日最高价格出售，则相比于2019年8月18日按

8.50 元价格出售，则损失了 200 元，损失率为 2.35%，折算成年华收益为 423%！

思考与讨论：

证券投资风险和收益的关系？

○ **知识精讲**

任务一 证券投资收益

人们投资于证券是为了获得投资收益。投资收益是未来的，而且一般情况下事先难以确定。未来收益的不确定性就是证券投资的风险。投资者总是既希望回避风险，又希望获得较高的收益。但是，收益和风险是并存的，通常收益越高，风险越大。投资者只能在收益和风险之间加以权衡，即在风险相同的证券中选择收益较高的，或在收益相同的证券中选择风险较小的进行投资。

一、股票投资收益

(一)股票收益的来源

股票投资的收益是指投资者从购入股票开始到出售股票为止整个持有期间的收入，它由股息收入、资本利得和公积金转增收益组成。

1. 股息。股息是指股票持有者依据所持股票从发行公司分取的盈利。通常，股份有限公司在会计年度结算后，将一部分净利润作为股息分配给股东。其中，优先股票股东按照规定的固定股息率优先取得固定股息，普通股票股东则根据余下的利润分取股息。股东在取得固定的股息以后又从股份有限公司领取的收益，称为红利。由此可见，红利是股东在公司按规定股息率分派后所取得的剩余利润。但在概念的使用上，人们对股息和红利并未予以严格的区分。

股息的来源是公司的税后利润。公司从营业收入中扣减各项成本和费用支出、应偿还的债务及应缴纳的税金后，余下的即为税后利润。通常，税后利润按以下程序分配：如果有未弥补亏损，首先用于弥补亏损；按《公司法》规定提取法定公积金；如果有优先股票，按固定股息率对优先股票股东分配；经股东大会同意，提取任意公积金；剩余部分按股东持有的股份比例对普通股票股东分配。可见，税后净利润是公司分配股息的基础和最高限额，但因要做必要的公积金的扣除，公司实际分配的股息总是少于税后净利润。

股息作为股东的投资收益，用以股份为单位的货币金额表示，但股息的具体形式可以有多种。

(1)现金股息。现金股息是以货币形式支付的股息和红利，它是最普通、最基本的股息形式。分派现金股息，既可以满足股东预期的现金收益目的，又有助于提高股票的市场价格，以吸引更多的投资者。在公司留存收益和现金足够的情况下，现金股息分发的多少取决于董事会对影响公司发展的诸多因素的权衡，并要兼顾公司和股东两者的利益。一般来说，股东更偏重于目前利益，希望得到比其他投资形式更高的投资收益；董事会则更偏重于公司的财务状况和长远发展，希望保留足够的现金扩大投资或用于其他用途。但是由于股息的高低会直接影响公司股票的市价，而股价的涨跌又关系到公司本身信誉的高低及筹资能力的大小，因此，董事会在权衡公司的长远利益和股东的近期利益后，会制定出较为合理的现金股息发放政策。

（2）股票股息。股票股息是以股票的方式派发的股息，通常由公司用新增发的股票或一部分库存股票作为股息代替现金分派给股东。股票股息原则上是按公司现有股东持有股份的比例进行分配的，采用增发普通股票并发放给普通股票股东的形式，实际上是将当年的留存收益资本化。也就是说，股票股息是股东权益账户中不同项目之间的转移，对公司的资产、负债、股东权益总额没有影响，对得到股票股息的股东在公司中所占权益的份额也不会产生影响，仅仅是股东持有的股票数比原来多了。发放股票股息既可以使公司保留现金，解决公司发展对现金的需要，又使公司股票数量增加，股价下降，有利于股票的流通。股东持有股票股息在大多数西方国家可免征所得税，出售增加的股票又可转化为现实的货币，有利于股东实现投资收益，因而是兼顾公司利益和股东利益的两全之策。

（3）财产股息。财产股息是公司用现金以外的其他财产向股东分派股息。最常见的是公司持有的其他公司或子公司的股票、债券，也可以是实物。分派财产股息，可减少现金支出，满足公司对现金的需要，有利于公司的发展。在现金不足时，用公司产品以优惠价格充作股息，可扩大其产品销路。当公司需要对其他公司控股时，可有意将持有的其他公司的股票作为股息，采用内部转移方式分派给股东，以继续维持控股公司的地位。

（4）负债股息。负债股息是公司通过建立一种负债，用债券或应付票据作为股息分派给股东。这些债券或应付票据既是公司支付的股息，也可满足股东的获利需要。负债股息一般是在已宣布发放股息，但又面临现金不足、难以支付的情况下，不得已采取的权宜之计，董事会往往更愿意推迟股息发放日期。

（5）建业股息。建业股息又称建设股息，是指经营铁路、港口、水电、机场等业务的股份公司，由于其建设周期长，不可能在短期内开展业务并获得盈利，为了筹集所需资金，在公司章程中明确规定并获得批准后，公司可以将一部分股本作为股息派发给股东。建业股息不同于其他股息，它不是来自公司的盈利，而是对公司未来盈利的预分，实质上是一种负债分配，也是无盈利无股息原则的一个例外。建业股息的发放有严格的法律限制，在公司开业后，应在分配盈余前抵扣或逐年抵扣冲销，以补足资本金。

2. 资本利得。上市股票具有流动性，投资者可以在股票交易市场上出售持有的股票收回投资，赚取盈利，也可以利用股票价格的波动低买高卖来赚取差价收入。股票买入价与卖出价之间的差额就是资本利得，或称资本损益。资本利得可正可负，当股票卖出价大于买入价时，资本利得为正，此时可称为资本收益；当卖出价小于买入价时，资本利得为负，此时可称为资本损失。由于上市公司的经营业绩是决定股票价格的重要因素，因此，资本损益的取得主要取决于股份公司的经营业绩和股票市场的价格变化，同时与投资者的投资心态、投资经验及投资技巧也有很大关系。

3. 公积金转增股本。公积金转增股本也采取送股的形式，但送股的资金不是来自当年未分配利润，而是公司提取的公积金。公司的公积金来源有以下几项：①股票溢价发行时，超过股票面值的溢价部分列入公司的资本公积金；②依据我国《公司法》的规定，每年从税后利润中按比例提存部分法定公积金；③股东大会决议后提取的任意公积金；④公司经过若干年经营以后资产重估增值部分；⑤公司从外部取得的赠与资产，如从政府部门、国外部门及其他公司等处得到的赠与资产。我国《公司法》规定，公司分配当年税后利润时，应当提取利润的

10%列入公司法定公积金。公司法定公积金累计额为公司注册资本50%以上的，可以不再提取。公司的法定公积金不足以弥补以前年度亏损的，在提取法定公积金之前，应当先用当年利润弥补亏损。公司从税后利润中提取法定公积金后，经股东大会决议，可以从税后利润中提取任意公积金。股份有限公司以超过股票票面金额的发行价格发行股份所得的溢价款以及国务院财政部门规定列入资本公积金的其他收入，应当列为资本公积金。公司的公积金用于弥补公司亏损、扩大公司生产经营或者转为公司资本，但是资本公积金不得用于弥补公司亏损。股东大会决议将公积金转为资本时，按股东原有股份比例派送红股或增加每股面值，但法定公积金转为资本时，所留成的该项公积金不得少于转增前公司注册资本的25%。

(二)股票估价

股票估价实际是对股票的投资价值进行评估，然后与股票市价比较，视其低于、高于或等于市价，决定是否买入、卖出或继续持有股票。股票估价的方法有很多，最常用的是贴现现金流量模型。该模型基于这样的理论：股票价值应等于股票投资者预期能得到的未来现金流量的现值。股票投资的未来现金流量主要是股票持有期间的股利和将来出售股票的价款收入。所以，可以用以下公式表示股票价值：

$$V=\sum_{i=1}^{n}\frac{D_i}{(1+k)^t}+\frac{V_n}{(1+k)^n}$$

公式中：V——股票价值；V_n——未来出售时预计股票的价格；D_t——第 t 期的预计股利；n——预计股票持有的期限；

这一模型是股票估价的基本模型，它在实际运用时会面临许多问题。持有期限、股利、贴现率是影响股票价值的重要因素。如果投资者准备永久持有股票，未来的贴现率也是固定不变的，那么未来各期不断变化的股利就成为评价股票价值的难题。为此，我们不得不假定未来的股利按一定的规律变化，从而形成几种常用的股票价值模型。

1. 零成长股票估价

投资者准备永久持有股票的情况下，如果未来每年股利不变，即 $D_1=D_2=\cdots=D_n$，$n\to\infty$，其支付过程是一个永续年金，则股票的估价模型是：

$$V=\frac{D}{K}$$

公式中：V——股票价格；D——每年股利；k——贴现率。

【做中学6－1】 甲股票每股股利2元，投资者要求的报酬率为12%，则甲股票价值为：$V=2\div12\%=16.67$(元)

2. 固定成长股票估价

一般来说，公司通常不会把每年的盈余全部作为股利分配出去，留存收益扩大了公司的资本额，不断增长的资本应当创造更多的盈余，又引起下期股利的增长。如公司本期的股利为 D_0，未来各期的股利按上期 g 的速度呈现几何级数增长，根据股票估价的基本模型，股票价值则为：

$$V=\frac{D_0(1+g)}{(1+k)}+\frac{D_0(1+g)^2}{(1+k)^2}+\cdots+\frac{D_0(1+g)^n}{(1+k)^n}$$

公式的两边同时乘以 $\frac{1+K}{1+g}$，再减去式 V 得：

$$\frac{V(1+k)}{(1+g)}-V=D_0-\frac{D_0(1+g)^n}{(1+k)^n}$$

通常假设 $k>g$，当 $n\to\infty$时，$D_0(1+g)^n/(1+k)^n\to 0$，上式就可简化为：

$$V=\frac{D_0\times(1+g)}{k-g}$$

$$V=\frac{D_1}{k-g}$$

公式中：D_0——基年股利；D_1——预期第 1 年股利；g——股利年增长率；其他符号的含义同前。

【做中学 6－2】 某投资者准备购买 A 公司股票，要求达到 12%的收益率，该公司今年每股股利 0.8 元，预计未来股利会以 9%的速度增长，则 A 股票的价值为：

$V=\dfrac{0.8\times(1+9\%)}{12\%-9\%}=29.07$(元)

如果 A 股票目前的购买价格低于 29.07 元，该公司的股票是值得购买的。

3. 非固定成长股票的估价

在现实生活中，有的公司股利是不固定的。例如，在一段时间里高速成长，在另一段时间里正常固定成长或固定不变。在这种情况下，就需要分段计算，才能确定股票的价值。

【做中学 6－3】 某投资者准备购买 B 公司股票，要求达到 12%的收益率，该公司今年每股股利 0.6 元，预计 B 公司未来 3 年以 15%的速度高速成长，而以后以 9%的速度转入正常固定成长，则 B 股票的价值分两段计算：

(1)计算高速成长期股利的现值(见表 6－1)：

表 6－1 **前 3 年股利计算表**

年份	股利(元)	复利现值系数(12%)	股利现值(元)
1	0.6×(1+15%)=0.69	0.893	0.616 2
2	0.69×(1+15%)=0.793 5	0.797	0.632 4
3	0.793 5×(1+15%)=0.912 5	0.712	0.647 9
合计	—	—	1.898 3

(2)计算正常成长期股利在第 3 年年末的现值：

$V_3=\dfrac{D_4}{k-g}=\dfrac{0.9125\times(1+9\%)}{12\%-9\%}=33.154\,2$(元)

(3)计算该股票的现值：

$V-33.1542\times 0.712+1.8983=25.51$(元)

(三)股票投资收益的计算

股票投资收益主要由股利收益、股票转让的价差收益两部分组成。

投资者进行股票投资的最终目的是取得投资收益。股票的投资收益具有较大的不确定性，因为投资者对所投资公司的未来盈利情况和股价的变化只能靠预测来判断，而预测总是难免出现偏差。但是，为了加强股票投资管理，投资者还是要进行投资收益的计算与考核。

股票投资收益率的衡量通常有以下两种方法：

1. 利用股票估价模型

依据股票估价的贴现现金流量模型原理，股票的预期收益率相当于股票投资未来现金流入贴现值等于股票目前的购买价格时的贴现率。股票的预期收益率高于投资者所要求的必要报酬率时，投资者才愿意购买该股票。

采用这种方式，股票投资收益率的计算就需要利用股票估价等式通过反求贴现率来进行，同时必须考虑股票的股利变动情况。

第一种：不考虑资金时间价值的情况下股票投资收益率的计算

(1)零成长股票：

$$R=\frac{D}{P}$$

(2)固定成长股票：

$$R=\frac{D_0\times(1+g)}{P}+g=\frac{D_1}{P}+g$$

依据做中学 6－1 资料，假定甲股票现行市价为 15.45 元，则其预期收益率为：

$R=\frac{D}{P}\times100\%=\frac{2}{15.45}\times100\%=12.94\%$

因为该股票达到投资者所要求的 12％的收益率，故值得购买。

依据做中学 6－2 资料，若 A 公司股票目前市价为 32 元，则此投资的预期收益率为：

$R=\frac{D_0\times(1+g)}{P}+g=\frac{0.8\times(1+9\%)}{32}+9\%=11.73\%$

显然无法达到投资者所要求的 12％的收益率，故不值得投资购买。

第二种：考虑资金时间价值的情况下股票投资收益率的计算

其基本公式为：

$$P=\sum_{i=1}^{n}\frac{D_i}{(1+R)^t}+\frac{V_n}{(1+R)^n}$$

公式中：P——股票现行市价（或目前的购买价格）；D_t——第 t 年股利；n——股票投资期限；V_n——第 n 年出售股票的价格；R——股票投资收益率。

【做中学 6－4】　某投资者于 2016 年 4 月 1 日以 5 元的价格购入甲股票，在 2017 年、2018 年和 2019 年的 3 月 31 日各分得现金股利 0.5 元、0.6 元和 0.72 元，并于 2019 年 3 月 31 日以 6 元的价格将甲股票出售。可计算此项投资的收益率如下：

分析：$P=5$ 元，$D_1=0.5$ 元，$D_2=0.6$ 元，$D_3=0.72$ 元，$V=6$ 元，$n=3$ 年。

则有：

$5=0.5\times(P/F,R,1)+0.6\times(P/F,R,2)+(0.72+6)\times(P/F,R,3)$

通过逐步测试并运用内插法可求得：

$R=17.57\%$

2. 利用市盈率模型

预计未来股利的困难性极大地限制了股票价值估价模型使用的广泛性。在实务中，可以利用市盈率大致地估计股票投资的收益率。

市盈率是股票目前市价(P)与每股盈余(EPS)的比值，反映投资者为取得对每股盈余的要求权而愿意支付的代价，即购买价格是每股盈余的倍数。由于股票的购买价格就是在股票上的投资额，每股盈余则表示在该股票上应当取得的投资收益（包括股利收益与留存收益），那么市盈率的倒数就表示一种在股票投资上的收益率。用 PE 表示市盈率，有：

$$市盈率=\frac{每股市价}{每股盈余}\quad PE=\frac{P}{EPS}$$

$$股票收益率=\frac{1}{市盈率}\quad R=\frac{1}{PE}$$

公式中：R——股票投资收益率。

设某股票当前的市盈率为 12，则可初步认为投资该股票的预期报酬率为：

$$R=\frac{1}{PE}=\frac{1}{12}\times 100\% = 8.33\%$$

用市盈率来估计股票投资的收益率有两个基本前提：①本期的公司盈余全部用来发放股利，即利润留存为零；②由利润留存决定的股利不会增加。固定成长模型是假定股利的增长来源于权益资本的扩大，权益资本的扩大来源于利润的留存。事实上，公司可能利用其他途径扩大资金来源，进而增加利润，所以，未来的每股盈余有可能增长，未来的每股盈余的增长引起未来股价的同步增长，市盈率保持不变，由市盈率的倒数决定的投资收益率也保持不变。

二、债券投资收益

（一）债券投资收益的来源

债券的投资收益来自三个方面：①债券的利息收益。这是债券发行时就决定的，除了保值贴补债券和浮动利率债券，债券的利息收入不会改变，投资者在购买债券前就可得知。②资本利得。资本利得受债券市场价格变动的影响。③再投资收益。再投资收益受以周期性利息收入作再投资时市场收益率变化的影响。由于资本利得和再投资收益具有不确定性，投资者在做投资决策时计算的到期收益和到期收益率只是预期的收益和收益率，只有当投资期结束时才能计算实际收益和实际到期收益率。

1. 债息。债券的利息收益取决于债券的票面利率和付息方式。债券的票面利率是指 1 年的利息占票面金额的比率。票面利率的高低直接影响着债券发行人的筹资成本和投资者的投资收益，一般由债券发行人根据债券本身的性质和对市场条件的分析决定。首先，要考虑投资者的接受程度。发行人往往是参照了其他相似条件债券的利率水平后，在多数投资者能够接受的限度内，以最低利率来发行债券。其次，债券的信用级别是影响债券票面利率的重要因素。再次，利息的支付方式和计息方式也是决定票面利率要考虑的因素。最后，还要考虑证券主管部门的管理和指导。一旦债券的票面利率确定后，在债券的有效期限内，无论市场上发生什么变化，发行人都必须按确定的票面利率向债券持有人支付利息。

债券的付息方式是指发行人在债券的有效期间内，何时或分几次向债券持有者支付利息。付息方式既影响债券发行人的筹资成本，也影响投资者的投资收益。一般把债券利息的支付分为一次性付息和分期付息两大类。分期付息债券又称附息债券或息票债券，是在债券到期以前按约定的日期分次按票面利率支付利息，到期再偿还债券本金。分期付息一般分按年付息、半年付息和按季付息 3 种方式。对投资者来说，在票面利率相同的条件下，分期付息可获取利息再投资收益，或享有每年获得现金利息便于支配的流动性好处。

2. 资本利得。债券投资的资本利得是指债券买入价与卖出价或买入价与到期偿还额之间的差额。同股票的资本利得一样，债券的资本利得可正可负：当卖出价或偿还额大于买入价时，资本利得为正，此时可称为资本收益；当卖出价或偿还额小于买入价时，资本利得为负，此时可称为资本损失。投资者可以在债券到期时将持有的债券兑现，或是利用债券市场价格的变动低买高卖，从中取得资本收益，当然，也有可能遭受资本损失。

3. 再投资收益。再投资收益是投资债券所获现金流量再投资的利息收入。对于附息债券而言，投资期间的现金流是定期支付的利息，再投资收益是将定期所获得的利息进行再投资而得到的利息收入。

对于投资于附息债券的投资者来说，只有将债券持有至到期日，并且各期利息都能按照到期收益率进行再投资，才能实现投资债券时预期的收益率；反之，如果未来的再投资收益率低于购买债券时预期的到期收益率，则投资者将面临再投资风险。

决定再投资收益的主要因素是债券的偿还期限、息票收入和市场利率的变化。在给定债券息票利率和到期收益率的情况下，债券的期限越长，再投资收益对债券总收益的影响越大，再投资风险也越大。在给定偿还期限和到期收益率的情况下，债券的息票利率越高，再投资收益对债券总收益的影响越大。当市场利率变化时，再投资收益率可能大于或小于到期收益率，使投资总收益发生相应变化。但是，对于无息票债券而言，由于投资期间并无利息收入，因而也不存在再投资风险，持有无息票债券直至到期所得到的收益就等于预期的到期收益。

（二）债券估价

投资者选择债券进行投资，会发生现金流出和现金流入。债券投资的现金流出是其购买价格，现金流入是利息和发行方归还的本金（或出售时得到的价款）。在进行债券投资时，投资者首先遇到的问题就是所选择的债券价值是多少，是否值得投资购买，这就需要对债券的价值进行评估，只有债券的价值大于其购买价格，才值得投资。

债券估价是指投资者对债券的价值进行评估，也就是计算债券投资未来现金流入的现值，该现值就代表债券的投资价值（或称内在价值），它实际上表达了投资者为取得未来的货币收入而目前希望投入的资金，它反映了债券的理论价格，不同于债券的市场价格。

债券价值主要取决于两个因素：债券预期现金流入（投资者得到的本息）和贴现率（即投资者所要求的报酬率）。由于不同债券的还本付息方式不同，所以债券的估价方法各不相同。

1. 按年支付利息、到期还本债券的估价

这类债券持有者未来能够获得的现金流入包括两部分：①每年年末的利息，它属于年金形式；②到期一次偿还的本金。因此，这类债券的价值可按下述公式确定：

$$V=\sum_{t=1}^{n}\frac{I}{(1+k)^{t}}+\frac{M}{(1+k)^{n}}=I\times(P/A,k,n)+M\times(P/F,k,n)$$

公式中：V——债券价值；n——债券期限；I——年利息，它等于面值乘以票面利率；k——贴现率（即投资者要求的报酬率或市场利率）；M——债券面值。

【做中学 6—5】 某债券面值为 1 000 元，票面利率为 10%，期限为 5 年，某企业要对这种债券进行投资，当前的市场利率为 12%，问债券价格为多少时才能进行投资？

根据上述公式得：

V =1000×(P/F,12%,5)+1 000×10%×(P/A,12%,5)

=1 000×0.567+100×3.605=927.5(元)

即这种债券的价格必须低于 927.5 元时，该投资者才能购买。

2. 一次还本付息且不计复利的债券估价

这类债券持有者未来能够获得的现金流入是指在债券到期时一次获得的本利和，所以这种债券价值的计算公式应为：

$$V=\frac{n\times I+M}{(1+k)^n}=(M+I\times n)\times(P/F,k,n)$$

公式中有关符号同前。

【做中学6—6】 某企业拟购买另一家公司发行的利随本清的债券，该债券的面值为1 000元，期限为5年，票面利率为10%，不计复利，当前市场利率为8%，该债券发行价格为多少时，企业才能购买？

由上述公式可知：

$V=(1\ 000+1\ 000\times10\%\times5)\times(P/F,8\%,5)=1\ 020$(元)

即该债券价格只有低于1 020元时，投资者才能购买。

3. 一次还本付息且计算复利的债券估价

这类债券的持有者未来能够获得的现金流入包括两个部分：①按复利计算的利息；②偿还的本金。只是这两部分均发生在债券到期时，因此这类债券的价值用计算公式可表示为：

$$V=\frac{M\times(1+r)^n}{(1+k)^n}$$

$$=M\times(F/P,r,n)\times(P/F,k,n)$$

公式中：r——债券票面利率。

【做中学6—7】 某债券面值为1 000元，期限为5年，票面利率为10%，复利计算，到期一次还本付息。如果投资者要求的报酬率为12%，他所能接受的此债券最高价格为多少？

由上述公式可知：

$V=1\ 000\times(F/P,10\%,5)\times(P/F,12\%,5)=913.44$(元)

4. 折现发行的债券估价

折现债券是指债券以低于面值的价格发行，到期按面值偿还本金，不再支付利息，也称零息债券。购买这类债券所获收益体现为偿还金额与发行价格间的差价，并无利息收入。因此，这类债券价值的计算公式应为：

$$V=\frac{M}{(1+k)^n}$$

$$=M\times(P/F,k,n)$$

公式中有关符号的含义同前。

【做中学6—8】 某债券面值为1 000元，期限为5年，以折现方式发行，期内不计利息，到期按面值偿还，当时市场利率为8%，其价格为多少时，投资者才会购买？

$V=1\ 000\times(P/F,8\%,5)$

$=1\ 000\times0.681=681$(元)

该债券的价格只有低于681元时，投资者才能购买。

(三)债券投资收益

企业进行债券投资的主要目的是获得投资收益。债券投资收益包括债券还本额(或卖出价)与购入价的差价和持有期间的利息收益。在实践中，债券投资的收益通常用收益率表示，它反映了投资债券的预期报酬状况，是企业进行债券投资决策时必须考虑的重要因素。债券投资收益率的衡量通常有以下两种方法：

1. 不考虑时间价值情况下债券投资收益率的计算

在不考虑货币时间价值情况下，债券投资收益率可利用下式来计算：

$$R=\frac{[(P_1-P_0)+S]\div n}{P_0}\times 100\%$$

公式中：R——债券投资收益率；P_0——债券购买价格；P_1——债券到期还本额或中途出售价格；S——持有债券期间的利息收入（它取决于债券付息的方式）；n——持有债券的年限。

【做中学 6—9】 某债券面值为 1 000 元，票面利率为 10%，期限为 4 年，每年付息一次，期满时按面值还本，现行价格为 950 元。问：

(1)若购买该债券并持有至期满，此项投资收益率如何？

分析：$P_0=950$ 元，$P_1=1\,000$ 元，$S=1\,000\times 10\%\times 4=400$（元），$n=4$ 年。

则有：

$$R=\frac{[(1\,000-950)+400]\div 4}{950}\times 100\%$$

$$=11.84\%$$

(2)若购买该债券满 3 年后售出，预计该时的售出价格为 980 元，此项投资收益率又如何？

分析：$P_0=950$ 元，$P_1=980$ 元，$S=1\,000\times 10\%\times 3=300$（元），$n=3$ 年。

则有：

$$R=\frac{[(980-950)+300]\div 3}{950}\times 100\%$$

$$=11.58\%$$

【做中学 6—10】 某公司于 2016 年 7 月 1 日以平价方式发行一批面额 500 元、票面利率 8%、到期一次还本付息且不计复利的债券，到期日为 2019 年 12 月 31 日。若投资者购入该债券后于 2018 年 12 月 31 日以 590 元的价格售出，问此笔投资收益率为多少？

分析：$P_0=500$ 元，$P_1=590$ 元，$S=0$（因为未持有至到期日，不能获得利息），$n=2.5$ 年。

则有：

$$R=\frac{[(590-500)+0]\div 2.5}{500}\times 100\%=7.2\%$$

2. 考虑资金时间价值情况下债券投资收益率的计算

事实上，债券投资大多是长期投资，因为涉及的时间较长，风险较大，在计算投资收益时应当考虑资金时间价值因素。在考虑时间价值的情况下，债券投资收益率的计算需要利用债券估价等式反求贴现率的方式进行，同时必须考虑债券的还本付息方式。

(1)按年付息、到期还本债券

其投资收益率的计算可按下式进行：

$$P=\sum_{t=1}^{n}\frac{I}{(1+R)^t}+\frac{M}{(1+R)^n}=I\times(P/A,R,n)+M\times(P/F,R,n)$$

公式中：P——债券现行市价（或发行价格）；R——债券投资收益率。

依据做中学 6—9 资料，若购买该债券并持有至期满，在考虑时间价值的情况下，此项投资收益可计算如下：

分析：$P=950$ 元，$I=1\,000\times10\%=100$（元），$M=1\,000$ 元，$n=4$ 年。

则有：

$950=100\times(P/A,R,4)+1\,000\times(P/F,R,4)$

通过逐步测试并运用内插法可求得：

$R=11.66\%$

(2)到期一次还本付息且不计复利债券

其投资收益率的计算可按下式进行：

$$P=\frac{M+I\times n}{(1+R)^n}$$
$$=(M+I\times n)\times(P/F,R,n)$$

公式中有关符号的含义同上。

【做中学 6－11】 某投资者于发行日平价购入一张面额 800 元、票面利率 10%、期限为 5 年的企业债券，该债券到期一次还本付息且不计复利，3 年后售出，获款额 1 000 元。在考虑时间价值的情况下，该项投资收益率可计算如下：

分析：$P=800$ 元，$M=1\,000$ 元，$I=0$（未到期，无利息收入），$n=3$ 年。

则有：

$800=1\,000\times(P/F,R,3)$

$(P/F,R,3)=0.8$

查阅复利现值系数表，则有：$\beta_1=0.816$，$\beta_2=0.794$，$R_1=7\%$，$R_2=8\%$，利用内插法求得：

$$R=7\%+\frac{0.8-0.816}{0.749-0.816}\times(8\%-7\%)$$
$$=7.73\%$$

其他债券投资收益率计算也可仿照上述思路进行，不再详述。

(四)债券投资的风险因素分析

企业在进行债券投资时，除了要正确估计债券的投资价值，衡量债券投资收益之外，还要考虑债券投资的风险因素，主要有以下几个方面：

1. 债券的违约风险

除了中央政府所发行的政府债券可认为无违约风险外，其他债券都在不同程度上存在违约风险。不同债券发行者所发行的债券在违约风险方面有较大的差异，债券投资者在选择债券时，不能一味追求高利率而忽视其违约风险，要通过分析债券发行者信誉情况、经济实力、企业规模以及所发行的债券是否提供担保来判断债券违约风险的大小。另外，如果债券经有关部门进行信用评级，债券投资者要以债券的信用等级来判断其违约风险的大小。

2. 债券的流动性风险

当企业出于预防动机而将所持有的现金进行短期债券投资时，特别要注意在选择债券时，避免选择流动性较差的企业债券，否则当投资企业因意外急需现金时，只能以较低价格出售，从而遭受较大损失。

3. 债券的再投资风险

当企业打算用一笔长期闲置资金购买债券时，要认真分析未来市场利率的走势。如果预计未来市场利率将不断提高，则应避免购买期限较长的债券。如果预计未来市场利率将不断下降,企业应避免购买期限较短的债券。例如,当初有两种债券可以选择:一是利率为5.4%的1年期国债,二是利率为8.6%的2年期国债。投资者若选择购买前一种国债,当1年到期后打算利用这笔资金再购买国债时,却发现1年期国债利率已降至4%,于是只得购买利率为4%的国债。这时,债券投资者因当初没有购买2年期国债,使得投资收益减少。

任务二 证券投资风险

一、证券投资风险的概念

证券投资是一种风险性投资。一般而言,风险是指对投资者预期收益的背离,或者说是证券收益的不确定性。证券投资风险是指证券预期收益变动的可能性及变动幅度。在证券投资活动中,投资者投入一定数量的本金,目的是希望能得到预期的若干收益。从时间上看,投入本金是当前的行为,其数额是确定的,而取得收益是在未来的时间。在持有证券这段时间内,有很多因素可能使预期收益减少甚至使本金遭受损失,因此,证券投资的风险是普遍存在的。与证券投资相关的所有风险称为总风险,总风险可分为系统风险和非系统风险两大类。

二、证券投资风险的种类

与证券投资相关的所有风险统称为总风险(Total Risk),总风险按照能否将其分散而分为系统风险(Systematic Risk)与非系统风险(Unsystematic Risk)两大类。

(一)系统风险

系统风险是指由社会、政治、经济等某种全局性的因素使整个证券市场发生价格波动而造成的风险。这种风险是在企业外部发生的,是公司自身无法控制和回避的,又称不可分散风险。这类风险的主要特点:①由共同的因素所引起;②影响所有证券的收益;③不可能通过证券投资的多样化来回避或消除。系统风险的表现形式主要有宏观经济风险、购买力风险、市场风险和利率风险等。席卷全世界各个股市的"黑色星期一"就是一种系统风险,它曾使无数投资者蒙受了巨大损失,甚至破产。系统风险包括:

(1)宏观经济风险。是由于宏观经济因素变化、政府经济政策变化、经济的周期性波动以及国际经济因素的变化给证券投资者可能带来的损失。

(2)通货膨胀风险(购买力风险)。当通货膨胀发生时,全部证券的真实收益也会发生变化,因此,通货膨胀风险属于系统风险。通货膨胀初期,公司的固定资产账面价值升高,存货高价售出,名义资产与名义利率上升,自然能够使公司股票的市场价格上升,同时预感到通胀压力的人们为了保值也纷纷购买股票,促使股价短暂上扬。当通胀持续一段时间后,新的生产资料价格上升,促使生产成本上升,企业利润减少,分配降低,投资者开始抛售股票,导致股票价格下降。

(3)市场风险。它是指由于证券市场行情变动而引起的风险。这些行情变动可以通过股票价格指数来分析。证券市场行情变动是指由于投资者对证券看法(主要是对证券收益的预期)的变化所引起的大多数证券的价格波动。政治、经济事件会引起人们的恐慌,几只股票的下跌或上升会引起其他股票的效仿,从而带动整个股市。某个具体事件也会引起人们的关注，从而动摇或树立投资者的信心。显然，市场风险属于系统风险。

(4)利率风险。当利率调整后，全部证券的价格都会有所变化，因此，利率风险属于系统风险。一般来说，利率上升，股价下跌；利率降低，股价上升。

(5)汇率风险。它是指汇率波动带来的损失。本国货币升值有利于以进口原材料为主从事生产的企业，不利于产品出口企业，从而引发这类企业的股价下跌；反之亦然。货币可自由兑换的国家会影响资本的输出入，进而影响资金的供求，影响证券价格。

(二)非系统风险

非系统风险又称公司个别风险(Firm-Specific Risk)，它是因个别公司、行业及特殊状况引发的风险，属可分散风险。这种类型风险的主要特点：①由特殊因素所引起；②仅影响某种证券的收益；③可以通过证券投资多样化来消除或回避。非系统风险的表现形式主要有公司财务风险、经营风险、公司信用风险等。

(1)财务风险(融资风险、筹资风险)。它是由于公司的财务结构不合理、筹资方式不当而导致的预期收益下降带来的风险。资本结构中贷款和债券的比重小，股票的财务风险低，因为公司只有偿还债务利息后才能分配股利，公司支付较少利息或不支付利息，股东的风险小；反之则大。但举债少的公司在扩张时不如以债务为后盾的公司，毕竟自己积累资本的时间长、数量少。

(2)经营风险(营业风险)。它是由公司的决策人员与管理人员在经营管理过程中出现失误导致公司盈利水平变化而使投资者预期收益下降的风险，即与企业经营相关的风险，如外部环境、内部条件等造成公司收入变动而引起的证券收益的不确定性。

(3)信用风险(违约风险)。它是证券发行人在证券到期时无法还本付息而使证券投资者遭受损失的风险。它实际揭示了当公司财务状况不佳时出现违约和破产的可能，主要受发行人经营能力、盈利水平、事业稳定性、规模大小的影响。信用风险是债券的主要风险。

总之，系统风险强调的是对整个证券市场的影响，而非系统风险强调的是对个别证券品种的影响，两者既有区别又有联系。系统风险是由共同因素引起的，它影响所有证券的收益，无法通过证券投资多样化来消除和回避。而非系统风险是由特殊因素引起的，它影响的是某种证券的收益，可以通过证券投资的多样化来消除和回避。

二、风险的度量

(一)单一证券投资风险的衡量

衡量单一证券的投资风险对于证券投资者具有极为重要的意义，它是投资者选择合适投资对象的基本出发点。投资者在选择投资对象时，如果各种证券具有相同的期望收益率，显然会倾向于风险低的证券。单一证券投资风险的衡量一般包括算术平均法与概率测定法两种。

1. 算术平均法

算术平均法是最早产生的单一证券投资风险的测定方法。其计算公式为：

$$平均价差率=\frac{\sum_{i=1}^{n}各期价差率}{n}$$

式中：各期价差率=(该时期最高价－最低价)÷[(该时期最高价+最低价)/2]；n 表示计算时期数。

如果将风险理解为证券价格可能的波动，平均价差率则是一个衡量证券投资风险的较好指标。证券投资决策可以根据平均价差率的大小来判断该证券的风险大小，平均价差率大的证券风险也大；平均价差率小的证券风险则较小。

利用算术平均法对证券投资风险的测定，其优点是简单明了，但其测定范围有限，着重于过去的证券价格波动，风险所包含的内容过于狭窄。因此，不能准确地反映该证券投资未来风险的可能趋势。

2. 概率测定法

概率测定法是衡量单一证券投资风险的主要方法，它依据概率分析原理，计算各种可能收益的标准差与标准离差率，以反映相应证券投资的风险程度。

(1)标准差

判断实际可能的收益率与期望收益率的偏离程度，一般可采用标准差指标。其计算公式为：

$$\sigma=\sqrt{\sum_{i=1}^{n}(K_i-\overline{K})^2P_i}$$

式中：$\overline{K}$ 表示期望收益率$\left[\sum_{i=1}^{n}(K_i \cdot P_i)\right]$；$K_i$ 表示第 i 种可能结果的收益率；P_i 表示第 i 种可能结果的概率；n 表示可能结果的个数；σ 表示标准差。

一般来说，标准差越大，说明实际可能的结果与期望收益率偏离越大，实际收益率不稳定，因而该证券投资的风险大；标准差越小，说明实际可能的结果与期望收益率偏离越小，实际收益率比较稳定，因而该证券投资的风险较小。但标准差只能用来比较期望收益率相同的证券投资风险程度，而不能用来比较期望收益率不同的证券投资的风险程度。

(2)标准离差率

标准离差率又称标准差系数，可用来比较不同期望收益率的证券投资风险程度。其计算公式为：

$$q=\sigma \div K \times 100\%$$

标准差系数是通过标准差与期望收益率的对比，以消除期望收益率水平高低的影响，可比较不同收益率水平的证券投资风险程度的大小。一般来说，标准差系数越小，说明该证券投资风险程度相对较低；反之，证券投资风险程度相对较高。

【做中学 6-12】 某企业拟对两种证券进行投资，每种证券均可能面临繁荣、衰退两种行情，各自的预期收益率及概率如表 6-2 所示，试比较 A、B 两种证券投资的风险程度。

表 6-2　　两种证券投资的风险比较

经济趋势	发生概率(P_i)	收益率(K_i)	
		A	B
衰退	50%	-20%	10%
繁荣	50%	70%	30%

解：(1)分别计算 A、B 两种证券的期望收益率。

$\overline{K_A}=(-20\%)\times 0.5+70\%\times 0.5=25\%$

$\overline{K_B}=10\%\times 0.5+30\%\times 0.5=20\%$

(2)分别计算A、B两种证券的标准差。

$\sigma_A=\sqrt{(-20\%-25\%)^2\times0.5+(70\%-25\%)^2\times0.5}=45\%$

$\sigma_B=\sqrt{(10\%-20\%)^2\times0.5+(30\%-20\%)^2\times0.5}=10\%$

(3)分别计算A、B两种证券的标准离差率

$q_A=45\%/25\%=180\%$

$q_B=10\%/20\%=50\%$

由此可以判定：尽管证券A的期望收益率高于证券B，但其风险程度也高于证券B。

(二)证券投资组合

证券投资充满了各种各样的风险，为了规避风险，可采用证券投资组合的方式，即投资者在进行证券投资时，不是将所有的资金都投向单一的某种证券，而是有选择地投向多种证券，这种做法称作证券的投资组合或者投资的多样化。

1. 证券投资组合的期望收益率

$$\overline{K_p}=\sum_{i=1}^{n}K_i\cdot W_i\cdot P_i=\sum_{i=1}^{n}\overline{K_i}\cdot W_i$$

式中：$\overline{K_p}$ 表示证券投资组合的期望收益率；W_i 表示第 i 种证券价值占证券投资组合总价值的比重；n 表示证券组合中的证券数；$\overline{K_i}$ 表示第 i 种证券的期望收益率。

【做中学6－13】 仍沿用做中学6－12中的资料，如该企业各投资50%于A、B证券，则投资组合的期望收益率为：

$\overline{K_p}=25\%\times0.5+20\%\times0.5=22.5\%$

2. 证券投资组合的风险

证券投资组合的期望收益率可由各个证券期望收益率的加权平均数而得，但证券投资组合的风险并不是各个证券标准差的加权平均数，即 $\sigma_p\neq\sum_{i=1}^{n}\sigma_i\cdot w_i$，证券投资组合理论研究表明，理想的证券投资组合的风险一般要小于单独投资某一证券的风险，通过证券投资组合可以规避各证券本身的非系统性风险。现举例说明如下：

【做中学6－14】 某企业投资于由W、M两种证券组成的投资组合，投资比重各为50%，从2016～2019年各年的收益率及标准差资料如表6－3所示：

表6－3　　完全负相关的两种证券组合

年　度	证券W收益率 K_W(%)	证券M收益率 K_M(%)	W、M投资组合收益率 K_p
2016	－10	40	15
2017	35	－5	15
2018	－5	35	15
2019	15	15	15
平均收益率	15	15	15
标准差	22.6	22.6	0

由此可见，如果只投资W或M，它们的风险都很高；但如将两种证券进行投资组合，则其风险为零(标准差为零)。这种组合之所以会风险为零，是因为这两种证券的投资收益率的

变动方向正好相反：当 W 的投资收益率上升时，M 的投资收益率下降；反之，当 W 的投资收益率下降时，M 的投资收益率上升。这种收益率的反向变动趋势统计学上称为完全负相关，相关系数 $r=-1.0$。如果两种证券的收益率变动方向完全一致，统计学上称为完全正相关（$r=+1.0$），这样的两种证券进行投资组合，不能抵消风险。对于大多数证券，一般表现为正相关，但又不是完全正相关，所以投资组合可在一定程度上降低投资风险，但不能完全消除投资风险。一个证券组合的风险，不仅取决于组合中各构成证券个别的风险，而且取决于它们之间的相关程度。

（三）系统性风险的衡量

前已述及，系统性风险是由于政治、经济及社会环境的变动影响整个证券市场上所有证券价格变动的风险。它使证券市场平均收益水平发生变化，但是，每一种具体证券受系统性风险的影响程度并不相同。β 值就是用来测定一种证券的收益随整个证券市场平均收益水平变化程度的指标，它反映了一种证券收益相对于整个市场平均收益水平的变动性或波动性。如果某种股票的 β 系数为 1，说明这种股票的风险情况与整个证券市场的风险情况一致，即如果市场行情上涨了 10%，该股票也会上涨 10%；如果市场行情下跌 10%，该股票也会下跌 10%。如果某种股票的 β 系数大于 1，说明其风险大于整个市场的风险；如果某种股票的 β 系数小于 1，说明其风险小于整个市场的风险。

单一证券的 β 值通常会由一些投资服务机构定期计算并公布，证券投资组合的 β 值则可由证券组合投资中各组成证券 β 值加权计算而得，其计算公式如下：

$$\beta_p=\sum_{i=1}^{n} w_i\beta_i$$

式中：β_p 表示证券组合的 β 系数；w_i 表示证券组合中第 i 种股票所占的比重；β_i 表示第 i 种股票的 β 系数；n 表示证券组合中股票的数量。

【做中学 6－15】　某公司持有共 100 万元的 3 种股票，该组合中 A 股票 20 万元，B 股票 40 万元，β 系数均为 1.5；C 股票 40 万元，β 系数为 0.8。那么，该投资组合的 β 系数为：

$\beta_p=20\%\times1.5+40\%\times1.5+40\%\times0.8=1.22$

（四）证券投资组合的风险与收益

1. 证券投资组合的风险收益

投资者进行证券投资，就要求对承担的风险进行补偿，股票的风险越大，要求的收益率就越高。由于证券投资的非系统性风险可通过投资组合来抵消，投资者要求补偿的风险主要是系统性风险。因此，证券投资组合的风险收益是投资者因承担系统性风险而要求的，超过资金时间价值的那部分额外收益。其计算公式为：

$$R_p=\beta_p\cdot(K_m-R_f)$$

式中：R_p 表示证券组合的风险收益率；β_p 表示证券组合的 β 系数；K_m 表示市场收益率，是证券市场上所有股票的平均收益率；R_f 表示无风险收益率，一般用政府公债的利率来衡量。

【做中学 6－16】　根据做中学 6－15 资料，如股票的市场收益率为 10%，无风险收益率为 6%，试确定该证券投资组合的风险收益率。

解：$R_p=1.22\times(10\%-6\%)=4.88\%$

在其他因素不变的情况下，风险收益取决于证券投资组合的 β 系数。β 系数越大，风险收益越大；β 系数越小，风险收益越小。

2. 证券投资的必要收益率

证券投资的必要收益率等于无风险收益率加上风险收益率，即：

$$K_i=R_f+\beta\cdot(K_m-R_f)$$

式中：K_i 表示第 i 种股票或证券组合的必要收益率；R_f 表示无风险收益率；β 表示第 i 种股票或证券组合的 β 系数；K_m 表示市场收益率，是证券市场上所有股票的平均收益率。这就是资本资产计价模型(CAPM)。

【做中学 6－17】 华为公司股票的 β 系数为 1.5，无风险利率为 4%，市场平均收益率为 8%，则该股票的必要收益率为多少时，投资者才会购买？

解：$K_i=R_f+\beta\cdot(K_m-R_f)$

$=4\%+1.5\times(8\%-4\%)$

$=10\%$

华为公司的股票的收益率达到或超过 10%时，投资者才会购买。

任务三　投资收益与风险的关系

一、投资收益与风险的关系

收益和风险是证券投资的核心问题，投资者的投资目的是为了获得收益，但与此同时又不可避免地面临着风险，证券投资的理论和分析始终都是围绕着如何处理这二者的关系而展开的。一般来说，风险较大的证券，收益率相对较高；反之，收益率较低的投资对象，风险相对也较小。但是，绝不能认为，风险越大，收益率就一定越高，因为我们以上分析的风险是客观存在的风险，它不包括投资者主观上的风险。如果投资者对证券投资缺乏正确的认识，盲目入市，轻信传言，追涨杀跌，操作不当等，只能得到高风险、低收益的结果。

由于投资者是投资在前，获得收益在后，因此投资者在进行投资决策时只能对今后可能得到的收益进行估计，即投资者一般根据各种资产的盈利能力、资产价格的变化等有关信息进行分析，以确定对该资产投资可能产生的收益。由于风险是收益的代价，收益是风险的补偿，因此，投资者希望得到的必要收益率应是建立在无风险利率和风险补偿基础上的。用公式表示即为：

预期收益率＝无风险利率＋风险补偿

无风险利率是指把资金投资于某一没有任何风险的投资对象而能得到的利息率，这是由于放弃即期消费而应得到的时间补偿。我们把这种收益率作为一种基本收益率，再考虑各种可能出现的风险，使投资者得到应有的风险补偿(Risk Premium)。现实生活中不可能存在没有任何风险的理想证券，但可以找到某种收益变动小的证券来代替。美国短期国库券由政府发行，联邦政府有征税权和货币发行权，债券的还本付息有可靠保障，因此没有信用风险和财务风险。短期国库券期限很短，以 3 个月(91 天)和 6 个月(182 天)为代表，几乎没有利率风险，只要在其发行期间没有严重通货膨胀，可以视为不附带任何风险的证券。短期国库券的利率很低，它的利息可以看作是投资者牺牲目前消费，让渡货币使用权的补偿。在美国，一般把联邦政府发行的短期国库券当作无风险证券，把短期国库券利率当作无风险利率。

在短期国库券无风险利率的基础上，我们可以发现：

(1)同一种类型的债券,期限不同利率水平不同,这是对利率风险的补偿。例如,同是政府债券,它们都没有信用风险和财务风险,但长期债券的利率要高于短期债券,这是因为短期债券几乎没有利率风险,而长期债券却可能受到市场利率变动的影响,二者之间利率的差额就是对利率风险的补偿。

(2)不同类型的债券,种类不同利率水平不同,这是对信用风险的补偿。通常政府债券的利率最低,地方政府债券利率稍高,其他依次是金融债券、企业债券。在企业债券中,信用级别高的债券利率较低,信用级别低的债券利率较高,这是因为他们的信用风险不同。

(3)在通货膨胀严重的情况下,会发行浮动利率债券。我国政府曾对三年以上国库券进行利率的保值贴补,就是对购买力风险的补偿。

(4)不同种类的证券,收益率不同,如股票的收益率一般高于债券,这是因为股票永远不还本,投资风险大,因此必须给投资者相应的风险补偿。同时,不同的股票面临的经营风险、财务风险及市场风险各不相同,因此,才会出现股票价格的升跌。股票价格的升跌是对股票投资风险的补偿。

当然,风险与收益的关系并非如此简单。证券投资除以上几种主要的风险之外,还有其他次要风险,引起风险的因素以及风险的大小程度也在不断变化之中。

二、证券收益和风险的权衡——无差异曲线

如果有两个证券,A 股票收益率为 9.99%,风险为 4.5%;B 股票收益率为 17.7%,风险为 8.63%。如果让投资者在这两个股票当中进行选择,不同的投资者会有不同的选择结果,这完全取决于投资者的个人偏好。

我们用无差异曲线(Indifference Curve)来表达如何选择最合乎投资者需要的证券。所谓无差异曲线,是指在一定的风险收益水平下投资者对不同证券(或组合)投资的满足程度(效用)是没有区别的。无差异曲线可画在二维坐标图上,将能产生相同效用期望值的各证券(或组合)对应的收益率期望值和标准差列出,在$[E(R),\sigma]$坐标系中描出它们对应的点,并用平滑的曲线将这些点连接起来,就得到效用期望无差异曲线,也称风险收益无差异曲线。显然,在这条曲线上任意一点所对应的证券组合都能产生相等的效用期望值,亦即对于具有相应偏好的投资者而言,这条曲线上任意一点所代表的证券组合都是没有差异的,因为它们都能产生相等的效用期望值。图 6－1 就是无差异曲线的一般形式。

易于理解,既然某些证券组合能产生相同的某一效用期望值,那么也会有另一些证券组合能产生相同的另一效用期望值,即某一效用期望值对应着一些证券组合,另一效用期望值也对应于另一些证券组合。由于效用期望值可以有许多个,因此,投资者的无差异曲线也有许多条。当然,投资者会选择能提供最大效用期望值的无差异曲线,作为投资的证券组合目标。因为在风险一定的条件下,这条曲线上的证券组合可产生最大的收益期望值。

不同的投资者有不同类型的无差异曲线。愿冒风险的投资者的无差异曲线平坦,而害怕风险的投资者的无差异曲线陡峭,这是因为对愿冒险的投资者来说,只要收益有少量的提高就可弥补可能的风险损失;而对害怕风险的投资者来说,必须有收益的较大幅度提高才能促使他愿意承担较大的风险。图 6－2、图 6－3 和图 6－4 分别代表风险回避者、风险中性者和风险偏好者的不同无差异曲线。

总之,不同投资者对风险的态度不同,对收益与风险之间替代关系的权衡结果不同,对投

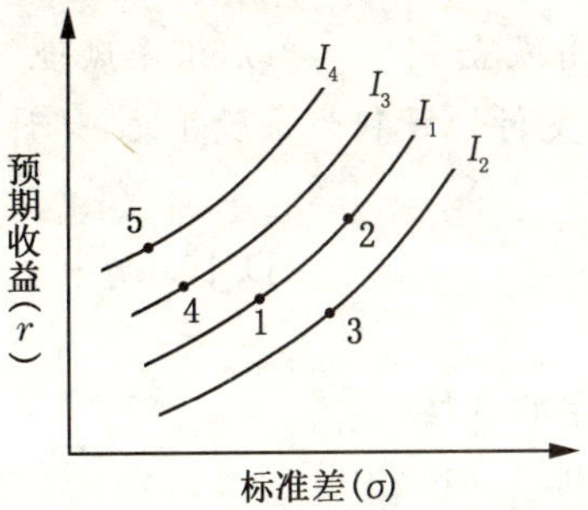

图 6—1 投资者的无差异曲线

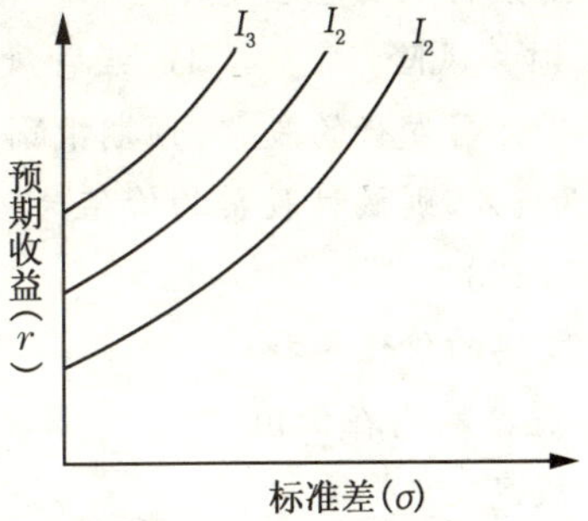

图 6—2 极不愿冒风险的投资者

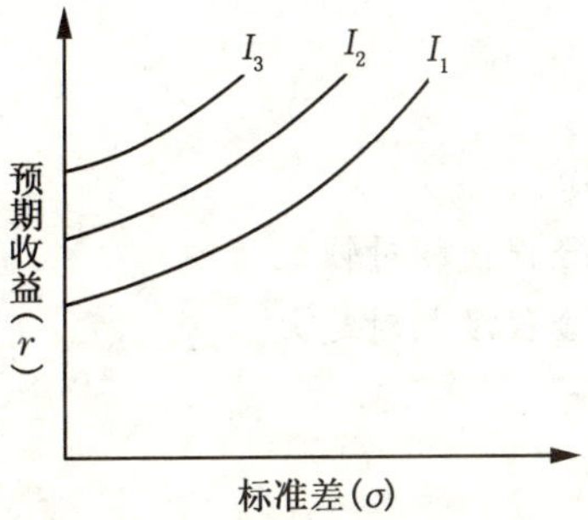

图 6—3 不愿冒较大风险的投资者

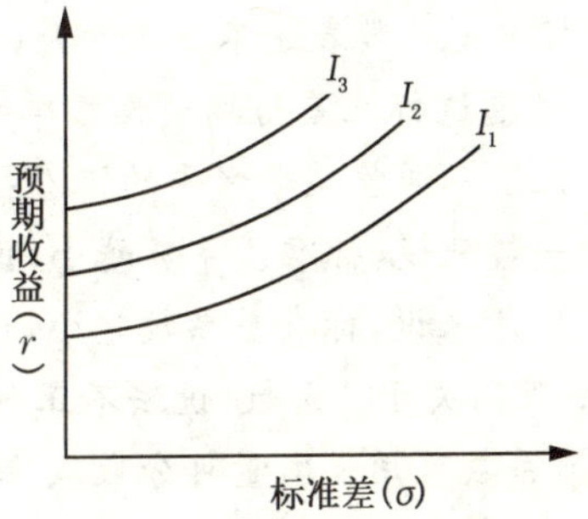

图 6—4 愿冒较大风险的投资者

资对象的偏好选择也会不同。

关键术语

股息 现金股息 股票股息 债券估价 系统性风险 非系统风险 无差异曲线

应知考核

一、单项选择题

1. 最普通、最基本的股息形式是( )。

A. 现金股息 B. 股票股息 C. 财产股息 D. 负债股息

2. 适用于经营铁路、港口、水电、机场等业务的股份公司作为股息派发给股东的是( )。

A. 现金股息 B. 财产股息 C. 建业股息 D. 负债股息

3. 由于证券市场行情变动而引起的风险是( )。

A. 宏观经济风险 B. 市场风险

C. 利率风险 D. 通货膨胀风险

4. 违约风险最大的证券是( )。

A. 政府债券 B. 金融债券 C. 公司股票 D. 公司债券

5. 债券的主要风险是(　　)。

A. 财务风险　　B. 经营风险　　C. 信用风险　　D. 汇率风险

6. 某公司发行的股票,预期报酬率为10%,最近刚支付的股利为每股1元,估计股利年增长率为4%,则该种股票的价值为(　　)元。

A. 17.33　　B. 10　　C. 25　　D. 16.67

7. 股票的价值是指(　　)。

A. 股票的内在价值　　B. 股票的价格

C. 股息　　D. 红利

8. 市盈率是(　　)与每股收益的比值。

A. 每股净资产　　B. 每股股票的价格

C. 每股股息　　D. 每股销售收入

9. 标准差系数表述不正确的是(　　)。

A. 是通过标准差与期望收益率的对比

B. 比较不同收益率水平的证券投资风险程度的大小

C. 一般来说,标准差系数越小,说明该证券投资风险程度相对较低

D. 一般来说,标准差系数越小,说明该证券投资风险程度相对越大

10. 下列关于β系数,说法不正确的是(　　)。

A. β系数可用来衡量可分散风险的大小

B. 某种股票的β系数越大,风险收益率越高,预期报酬率也越大

C. β系数反映个别股票的市场风险,系数为0,说明该股票的市场风险为零

D. 某种股票β系数为1,说明该种股票的风险与整个市场风险一致

二、多项选择题

1. 公司的公积金来源有(　　)。

A. 超过股票面值的溢价部分

B. 每年从税后利润中按比例提存部分法定公积金

C. 股东大会决议后提取的任意公积金

D. 公司从外部取得的赠与资产

2. 股息的具体形式有(　　)。

A. 现金股息　　B. 股票股息　　C. 财产股息　　D. 负债股息

3. 债券价值考虑的因素主要有(　　)。

A. 票面利率　　B. 债券期限　　C. 市场利率　　D. 债券面值

4. 下列关于系数的表述中正确的有(　　)。

A. 某股票的β系数越大,说明其市场风险越大

B. 某股票的β系数等于1,则它的风险与整个市场的平均风险相同

C. 某股票的β系数等于2,则它的风险程度是股票市场的平均风险的2倍

D. 某股票的β系数是0.5,则它的风险程度是股票市场的平均风险的一半

5. 证券投资的系统风险包括(　　)。

A. 利率风险　　B. 汇率风险　　C. 市场风险　　D. 财务风险

三、判断题

1. 对于证券投资中的系统性风险，只要多买几家公司的股票，就可以降低其风险程度。（　）
2. 证券价格波动大对于证券投资来说是一个不利因素。（　）
3. 证券期限越长，利息率风险越大，期限性风险也越大。（　）
4. 证券价格与市场利率的变化方向相同。（　）
5. 证券投资人不能在未来出售证券的风险就是流动性风险。（　）

四、简述题

1. 简述股票收益的来源。
2. 简述债券投资收益的来源。
3. 简述债券投资的风险因素。
4. 简述证券投资风险的种类。
5. 简述投资收益与风险的关系。

应会考核

■观念应用

【背景资料】

证券投资组合的应用

某投资者的投资组合中包括三种证券，债券占40%，A股票占30%，B股票占30%，其系数分别为1、1.5和2，市场全部股票的平均收益率为12%，无风险收益率为5%。

【考核要求】

计算：(1)投资组合的系数；(2)投资组合的预期收益率。

■技能应用

股票价值分析

A公司股票的系数为2.5，无风险收益率为6%，市场上所有股票的平均报酬率为10%。要求：

(1)计算该公司股票的预期收益率。

(2)若该股票为固定成长股票，成长率为6%，预计1年后的股利为1.5元，则该股票的价值为多少？

【技能要求】

结合本项目内容，分析股票价值。

■案例分析

【情境与背景】

债券收益分析

A企业于2020年1月1日以每张1020元的价格购买B企业发行的企业债券。该债券的面值为1000元，期限为3年，票面年利率为10%。购买时市场年利率为8%。不考虑所得税。

【分析要求】

针对上述案例回答下列问题

(1)假设该债券一次还本付息，单利计息，利用债券估价模型评价A企业购买此债券是否合算?

(2)假设该债券每年支付一次利息,按复利计算,评价A企业是否可以购买此债券?

(3)假设该债券以800元的价格发行,没有票面利率,到期按面值偿还,则该债券是否值得购买?

项目实训

【实训项目】

证券投资收益与风险。

【实训情境】

某投资者2020年准备投资购买股票,现有A、B两家公司可供选择,从A公司、B公司2019年12月31日的有关会计报表及补充资料中获知,2019年A公司发放的每股股利为5元,股票每股市价为40元;2019年B公司发放的每股股利为2元,股票每股市价为20元。预期A公司未来5年内股利固定,以后转为正常增长,年增长率为6%;预期B公司股利将持续增长,年增长率为4%。假定目前无风险收益率为8%,市场上所有股票的平均收益率为12%,A公司股票的β系数为2,B公司股票的β系数为1.5。

【实训任务】

1. 请仔细阅读实训情境,分析与回答下面的问题:

(1)通过计算股票价值并与股票市价相比较,判断是否应当购买两公司的股票。

(2)若投资购买这两种股票各1000股,该投资组合的预期收益率是多少?

(3)求(2)中投资组合的β系数。

2. 填写实训报告。

《证券投资收益与风险》实训报告		
项目实训班级:	项目小组:	项目组成员:
实训时间: 年 月 日	实训地点:	实训成绩:
实训目的:		
实训步骤:		
实训结果:		
实训感言:		

项目七

证券投资基本分析

○ 知识目标

理解：证券投资基本分析的概念和特点。

熟知：证券投资基本分析的理论基础和内容。

掌握：宏观经济分析；行业分析；公司分析。

项目七课件

○ 技能目标

能够正确认知证券投资基本分析的实际运用，提高专业知识的应用能力、职业判断能力和相关知识的更新能力。

○ 素质目标

能够运用证券投资基本分析基本知识，分析证券投资基本分析中遇到的问题；能结合社会经济实际，提高分析和总结问题的能力、语言表达能力和与人合作的能力。

○ 项目引例

行业分析

2014 年 2 月，工业和信息化部在工业通信业发展情况发布会上表示，在 2017 年以前，钢铁、水泥、电解铝、平板玻璃、造船五大行业不再新增任何产能，同时对在建违规项目逐步清理；环保、能耗、安全等实施更加严格的标准，加大违规处罚力度。

在增量控制方面，工信部明确提出严禁建设新增项目，潜在新增产能有望得到全面遏制。以往地方政府为了解决就业和支持地方经济发展，对没有相关手续的生产线并未从严清理。此次工信部明确要求各地方、部门不得以任何名义、方式核准备案新增产能项目，并不得办理土地供应、能评、环评、授信等相关业务。

在存量淘汰方面，政策有意通过环保标准提高和产品结构调整加速落后产能淘汰。未来的水泥行业存量产能的淘汰主要通过以两个方面实现：在环保、能耗、安全方面执行更加严格的标准以加速小产能企业退出；通过产品结构优化、推动重组等方式提升产业集中度。

国家对高能耗行业产能过剩问题忍耐已到极限，未来政策执行可能会比此前更为严厉，水泥玻璃过剩产能化解前景乐观。

思考与讨论：

行业是如何分类的？行业的市场类型有哪些？影响行业兴衰的主要因素有哪些？

○ **知识精讲**

任务一　证券投资基本分析概述

证券投资的基本分析在整个证券投资分析方法体系中占有十分重要的地位。通过证券投资的基本分析，能使投资者比较清楚地把握影响证券行情波动的宏观、中观及微观层次的各种因素，从而为投资者做出正确的投资决策提供重要的参考依据。

一、证券投资基本分析的概念及特点

证券投资基本分析又称基本面分析，是指投资者根据经济学、金融学、财务管理学及投资学等基本原理，对影响证券市场供求关系的基本因素，如宏观经济指标、经济政策走势、行业发展状况、产品市场状况、公司销售和财务状况以及证券市场中的一些技术因素、政治因素、心理因素进行分析，评估证券真正价值，判断证券合理价位，作为选股依据的一种分析方法。

证券投资基本分析的特点：

第一，基本分析是以价值分析理论为基础，以统计方法和现值计算方法为主要分析手段，以“对价格与价值之间偏离程度的调整”来解释证券价格变化的基本原因的分析方法；

第二，基本分析是一种最基础、最主要的分析方法，相对于技术分析、心理分析和学术分析来说，它是目前西方投资界的主流方法和派别，是其他分析方法的基础和前提，也是种最简单、最重要的分析方法，所以每一个准备进行证券投资的投资者都必须掌握它；

第三，基本分析最适合选择具体投资对象的决策和进行中长期投资的决策，而对选择买卖时机的决策和短期投资的决策作用不是很大，另外它对预期整个证券市场的中长期前景也很有帮助。所以，打算进行长期投资的投资者应该掌握基本分析方法。

二、基本分析的理论基础及内容

基本分析的理论基础是经济学中的“（证券）商品的价值决定价格，价格围绕着价值波动”的原理，它具有两方面的含义：①任何一种投资对象都有其本身的“内在价值”作为价格的基准，并且这种“内在价值”可以通过对该种投资对象的现状和未来前景的分析面获得；②市场价格和“内在价值”之间的差距最终会被市场纠正，因此市场价格低于（或高于）内在价值的时候，买（卖）机会就到来了。在这里，价值成为测量证券价格合理与否的尺度。

基本分析的内容主要包括宏观经济分析、行业和区域分析、公司分析三部分。

1. 宏观经济分析

宏观经济分析主要探讨各项经济指标和经济政策对证券价格的影响。经济指标分为三类：①先行性指标，是对将来的经济状况提供预示性信息的指标，如货币供应量增减、股票价格指数变动率、社会平均或行业平均利润率等；②同步性指标，是与总体经济活动的变化同步变化的指标，如失业率、国内生产总值、居民储蓄率等；③滞后性指标，是其变化一般滞后于国民经济的变化的指标；如库存量、银行未收回贷款规模等。经济政策主要包括：货币政策、财政政策、信贷政策、债务政策、税收政策、利率与汇率政策、产业政策、收人分配政策等。

2. 行业和区域分析

行业分析是介于宏观经济分析与公司分析之间的中观层次的分析。行业分析主要分析行业所属的不同市场类型、所处的不同生命周期以及行业的业绩对于证券价格的影响。一方面，行业的发展状况对该行业上市公司的影响是巨大的。从某种意义上说，投资某个上市公司，实际上就是以某个行业为投资对象。另一方面，上市公司在一定程度上又受到区域经济的影响，尤其在我国，各地区的经济发展极不平衡，从而造成了我国证券市场所特有的"板块效应"。

3. 公司分析

公司分析是基本分析的重点，无论什么样的分析报告，最终都要落实在某个公司证券价格的走势上。如果没有对发行证券的公司状况进行全面的分析，就不能准确地预测其证券的价格走势。公司分析侧重对公司的竞争能力、盈利能力、经营管理能力、发展潜力、财务状况、经营业绩以及潜在风险等进行分析，借此评估和预测证券的投资价值、价格及其未来变化的趋势。

从基本分析的内容可以看出，基本分析是宏观的，是粗线条的，是通过对影响证券价格及其变动趋势的外围宏观因素进行研究，来评价证券的总体价值。公司发行的证券也是一种商品，具有价值，它们在证券市场上的价格则以价值为依据波动。基本分析是对证券内在长期投资价值的研究，主要是宏观环境和企业状况，对于市场本身运行不太关注，但可以对市场运行的大方向做出判断。

任务二　宏观经济分析

一、宏观经济分析的意义

宏观经济分析是对整体经济与证券市场之间关系的分析。证券市场作为资本市场的重要组成部分，总是在特定的宏观经济环境下运作，证券市场的参与主体及其经济行为、证券市场的运行状况，都会受到宏观经济形势的深刻影响。宏观因素主要包括国民经济总体状况、经济周期循环、财政与货币政策以及通货膨胀等，证券投资必须认真分析宏观经济政策，这无论是对投资者、投资对象，还是对证券业本身乃至整个国民经济的快速健康发展都具有非常重要的意义。

二、宏观经济分析的主要方法

（一）经济指标分析对比

宏观经济分析可以通过一系列经济指标的计算、分析和对比来进行。经济指标是反映经济活动结果的一系列数据和比例关系。经济指标有三类：①先行指标；②同步指标；③滞后指标。此外，在进行宏观经济分析时经常使用国内生产总值、国民生产总值、国民收入、个人收入、个人可支配收入等五个有密切联系的主要综合指标来反映和分析国民经济的主要状况，如经济发展水平及其增长状况、国内生产总值和国民收入在部门与行业间的分配情况等。

（二）计量经济模型

所谓计量经济模型，是指表示经济变量及其主要影响因素之间的函数关系，许多经济现象之间存在着相关或函数关系，建立计量经济模型并进行运算，就可以探寻经济变量间的平衡关系，分析影响平衡关系的各种因素。

为证券投资进行宏观经济分析，主要运用宏观计量经济模型。所谓宏观计量经济模型，是指在宏观总量水平上把握和反映经济运行的较全面的动态特征，研究主要宏观经济指标间的相互依存关系，描述国民经济各部门和社会再生产过程各环节之间的联系，并可用于宏观经济结构分析、政策模拟、决策研究以及发展预测等功能的计量经济模型。

在运用计量经济模型分析宏观经济形势时，还要注意模型的潜在变量被忽略、变量的滞后长度难以确定以及引入非经济方面的变量过多等问题，以充分发挥这一分析方法的优越性。

(三)概率预测

某随机事件发生的可能性大小称为该事件发生的概率，概率论则是一门研究随机现象的数量规律的学科。目前，越来越多的概率论方法被引入到经济、金融和管理学科领域，概率论成为有力的分析工具。

在宏观经济分析中引入概率论的方法进行预测。西方国家早在20世纪初期就已开始，但到第二次世界大战后才蓬勃发展起来，这主要是由于政府调节经济、制定改革措施的迫切需要。各种宏观经济预测实践都是政府制定财政政策、货币政策、对外经济政策的重要依据。

概率预测的重要性是由宏观经济环境和该方法自身的功能决定的。要了解经济活动的规律性，必须掌握它的过去，进而预测其未来。过去的经济活动都反映在大量的统计数字和资料上，根据这些数据，运用概率预测方法，就可以推算出以后若干时期各种相关的经济变量状况。

三、宏观经济与证券市场的关系

(一)国内生产总值(GDP)

国内生产总值是指一定时期内在一国境内所创造的产品和劳务的价值总额，是衡量国民经济活动水平高低的重要指标，是一国经济情况的根本反映。从长期看，在上市公司的行业结构与该国产业结构基本一致的情况下，股票平均价格的变动与GDP的变化趋势是相吻合的。

然而，我们不能简单地认为，GDP增长，证券市场就一定伴之以上升的走势，事实上走势有时恰恰相反，必须将GDP与经济形势结合起来进行考察。当GDP处于不稳定的非均衡增长状态时，暂时的高产出并不能代表好的经济形势。下面对几种基本情况进行阐述。

(1)持续、稳定、高速的国内生产总值增长，一般推动证券市场呈上升走势。这是因为在这种情形下，经济增长往往源于需求刺激下资源更充分的利用，社会总供求协调增长，经济结构趋于平衡、合理，经济的健康发展为证券市场的上升提供了良好的推动力量。具体体现在：上市公司利润持续上升，投资风险逐渐减小，股票和债券全面升值；国民收入和个人收入增加，扩大了对债券的需求；人们对经济形势的乐观预期进一步提升了证券投资的积极性。

(2)高通胀下的国内生产总值增长，必将导致证券市场行情下跌。高通货膨胀率的出现通常是由于社会总需求大大超过社会总供给，经济严重失衡，如果调控不当，极可能导致未来的滞胀。这时，经济中的各种矛盾会逐渐显现，企业经营面临困境，人们的收入降低，对未来的悲观预期加重，必将导致证券市场行情下挫。

(3)宏观调控下的国内生产总值减速增长，将使证券市场呈平稳渐升的态势。为了控制失衡状态下的国内生产总值高速增长，政府一般都要采取一些紧缩性的政策来减缓国内生产总值的增长速度，维持经济的稳定。如果调控得力，国内生产总值仍然保持适度增长而非负增长或者低增长，各种经济矛盾逐步缓解，人们对经济的发展将重新恢复信心，证券市场行情由此亦将平稳渐升。

(4)转折性的国内生产总值增长，会促使证券市场走强。当国内生产总值负增长速度逐渐减缓并呈现向正增长转变的趋势时，证券市场走势也将由下跌转为上升；当国内生产总值由低速增长转向高速增长时，证券市场亦将伴之以快速上升之势。

但是股票市场的变化和宏观经济增长之间的关系并不是这么简单。以上分析均沿着国内生产总值正增长的方向进行，当事实呈反方向运行时，则会得出相反的结果。股票市场反映的是投资者对未来经济的预期。同时，股票市场的资金供给与需求，投资者的行为等都会影响股票市场的表现。在我国，股票市场受到国家政策干预的影响比较大，和经济增长之间的关系不是十分明显。

(二)经济周期

经济周期是一个连续不断的过程，表现为扩张和收缩的交替出现。科学研究和实践证明，宏观经济走势呈螺旋式上升、波浪式前进，具有周期轮回的特征。宏观经济的这种周期性波动，被称为经济周期。任何国家的经济总是处在周期性运动之中：复苏→繁荣→危机→萧条→复苏……经济的周期波动直接影响整个社会的投资、生产和消费，影响上市公司的经营业绩和股市中投资者的心理预期，从而影响股价变动。

经济周期对证券市场走势的影响可以从经济周期四个阶段的运行轨迹来分析。

1. 萧条阶段

萧条阶段即经济活动低于正常水平的阶段。此时，信用收缩，投资减少，生产下降，失业严重，消费萎缩，悲观情绪笼罩着整个经济领域。在股市中，利空消息满天乱飞，市场人气极度低迷，成交量萎缩，股指不断探新低，一片熊市景象。当经济萧条到一定时期，人们压抑的需求开始显露，公司开始积极筹划未来，政府为了刺激经济增长，出台放松银根及其他有利于经济增长的政策。由于对经济复苏的预期，一些有远见的投资者开始默默吸纳股票，股价在缓缓回升。

2. 复苏阶段

这一阶段是萧条与繁荣的过渡阶段。在这一阶段，各项经济指标显示，经济已开始回升，公司的经营好转，盈利水平提高，因经济的复苏使居民的收入增加，加之良好预期，流入股市的资金开始增多，对股票的需求增大，从而推动股价上扬。股市的获利效应使投资者对股市的信心增强，更多的居民投资股市，形成股价上扬的良性循环。

3. 繁荣阶段

在这一阶段，信用扩张，投资增加，生产高涨，就业充分，消费旺盛，乐观情绪笼罩着整个经济领域。在股市中，投资者信心十足，交易活跃，成交剧增，股价指数屡创新高。当经济繁荣达到过热阶段时，政府为调控经济会提高利率，实行紧缩银根的政策，公司业绩会因成本上升、收益减少而下降，股价上升动力衰竭。此时，股价所形成的峰位往往成为牛市与熊市的转折点。

4. 衰退阶段

在这一阶段，生产总值开始下降，股价由繁荣末期的缓慢下跌变成急速下跌，由于股市的总体收益率降低甚至低于利率，加之对经济的预期看淡，人们纷纷离开股市，股市进入漫长的熊市。证券市场与宏观经济之间所具有的显著相关性只有在成熟的证券市场条件下才能表现出来，而在不成熟的证券市场上，证券市场与宏观经济的走势则经常会出现相互背离的现象。近几年来，我国经济强劲上升，股市却我行我素，疲弱不堪，证券市场与宏观经济走势相互背离极为严重。其中的原因是，在我国，影响上市公司股价或股市变动的核心因素并不是宏观经济基本面或公司基本面，而是我国证券市场的非市场化因素，尤其是股市形成机制和结构问题。政府作为市场的管理者，同时也是一个特殊的主体介入市场活动中，它通过行政机制和行政手段对证券市场进行全程的监管，这就决定了中国证券市场与经济发达国家不一样，它不可能完全通过市场引导资源配置，诱发规范的市场行为产生。

股票市场是一国经济状况的晴雨表，经济活动的变化都会在股价上显示出来，而且股价还会对可能的经济景气变动提前做出反应。当经济由萧条开始走向复苏乃至繁荣时，整个社会的需求扩大，这个时期的产出、价格、利率和就业不断上升，公司盈利不断提高，投资者预期良好，投资需求扩大，因此，股票价格会提前上涨。相反，当经济即将进入衰退期时，投资者预测生产者的利润会下降，股票收益受影响，投资信心受挫，因而股价就会领先下跌。由于股价变动要早于周期变动，因此只要投资者能预测出经济周期变动，在经济萧条末期买入股票，在经济繁荣的中、后期卖出股票就可获利。这种长期性的投资操作，有时比短线进出股市收效更大。

（三）通货膨胀

通货膨胀是指一般物价水平的持续上涨，它和失业一直是困扰各国政府的两个主要经济问题。通货膨胀是现代经济生活中一个较为复杂的经济现象，政府实行一定宏观政策来抑制通货膨胀往往需要付出一定的代价，如失业率的上升和GDP的低增长。我们从以下几方面分析通货膨胀对股价的影响：

（1）温和的通货膨胀对股价影响较小。通货膨胀在一定可容忍范围内持续，企业名义资产增值，导致股价上涨。同时，温和的通货膨胀必然伴随着经济增长，产量和就业持续增长，人们对未来预期较乐观，也会推动股价上涨。

（2）严重和恶性通货膨胀对股价影响较大，它将导致经济被严重扭曲，货币大幅贬值，人们会抢购商品，购买房屋以期保值。它从两方面影响股价：①股市资金分流，引起股价下跌；②企业生产所需原材料、劳务价格及资金成本飞涨，企业经营严重受挫，盈利下降，股价随之下跌。

（3）严重或恶性通货膨胀必然招致政府干预，动用某些紧缩性宏观经济政策影响经济运行，这种影响将改变资金流向和企业利润，从而影响股价。

（4）通货膨胀时，各类商品价格并不都按同一比率变动，而是相对价格的变动，因此，不同企业所受的影响不一，有些企业可能利益严重受损（如部分加工业），而有些企业可能从中获利（如生产紧缺原料的产业）。与之相应的是，获利公司股价上涨，受损失的公司股价下跌。

（5）通货膨胀不仅产生经济影响，还会产生社会影响，并影响公众的心理和预期。发生通货膨胀时，各种商品价格难以确定，使得企业未来经营状况也难以确定，从而影响公众对股息的预期，增大投资风险，导致股价下跌。

综合来看，通货膨胀对股价的影响机制为：适度的通货膨胀对证券市场有利。通货膨胀初期由于“负债效应”“税收效应”和“存货效应”，刺激了企业利润增加，股价上涨。但持续过度的通胀下，企业成本增加，高价格下需求下降，企业经营恶化，对股市产生负面效应，股价由涨到跌。特别是政府此时不得不采用严厉的紧缩政策，犹如雪上加霜，股市会在恐慌中狂跌。

(四)利率

利率是影响证券市场行情的敏感因素之一。利率波动反映出市场资金供求的变动状况，是重要的经济杠杆。利率变化会影响证券市场的价格水平，引起证券投资预期收益的变动，从而影响证券投资活动。利率变化会影响企业利润，从而影响股价水平，利率上升，企业融资成本上升，利润水平会相对降低；利率上升，意味着资金紧张，当企业难以顺利筹资时，可能会压缩原有生产规模，使企业预期利润降低。利率下降，对企业的影响刚好相反。投资者根据利率变化对企业利润进行预测的结果，是对股票投资的取舍，形成了股价和利率的反向运动：股价随利率提高而下跌，随利率下调而上涨。

利率变化会影响投资者的机会成本，影响持币者投资行为与储蓄行为的相互转换。利率上升时，金融资产中如银行存款的收益上升，持币者投资证券的需求减弱，储蓄行为加强，证券市场价格因投资需求下降而呈下降趋势；利率下降时，银行存款收益下降，持币者的储蓄行为减弱，投资行为加强，投资需求增大，证券市场价格呈上扬趋势。

利率变化对债券价格也会产生一定的影响：若市场利率上升，超过债券票面利率，债券持有人会以较低的价格出售，转而选择其他利率较高的金融资产，从而使得债券需求减少，价格下降；反之，若市场利率下降，债券利率相对较高，资金又会流向债券市场，使得债券价格上升。利率水平与债券价格呈反方向变化。

(五)汇率

汇率是指两国货币相互兑换的比率，是通过一国货币来衡量另一国货币的价格，因而又称汇价。汇率变化对证券市场影响是多方面的。一般而言，一国经济越开放，证券市场国际化程度越高，汇率影响就越大。

影响汇率的内在因素是本国货币的实际购买力，通货膨胀以及国内利率的高低等。汇率变动对证券市场的影响是复杂的，对于外向型的上市公司来说，汇率变动对其股价影响较大。因为汇率变动会使其产品在国际市场上的竞争力和公司盈利水平受到影响，而对于以国内市场为中心的上市公司来说，汇率的影响还是通过对内资金供应量的增减来实现的。以汇率上升为例，所引起的股价变化如下：

(1)汇率上升，本币贬值，引发通货膨胀，一旦恶化将导致股价下跌。

(2)汇率上升，导致资本外流，减少本国证券市场投资需求，股价因此下跌。

(3)汇率上升，本币贬值，有利于出口型企业获利，股价上涨；依赖进口的企业成本增加，收益减少，股价下跌。

(4)汇率上升，政府为稳定汇率，抛售外汇，减少本币供应，引发证券价格下跌。

现阶段，我国人民币在资本项目上尚不能自由兑换。外资只能用外汇购买专设的 B 股股票，因此不会出现上述严重的金融危机。

四、宏观经济政策对证券市场的影响

(一)宏观经济政策

国家或政府为了增进整个社会经济福利、改进国民经济的运行状况，使宏观经济的运行尽可能达到充分就业、物价稳定、经济增长、国际收支平衡的理想状态，有意识和有计划地运用一定的财政政策或货币政策工具对宏观经济的运行进行调控。

1. 财政政策

财政政策是政府依据客观经济规律制定的指导财政工作和处理财政关系的一系列方针、准则和措施的总称。财政政策主要通过财政赤字、财政补贴、改变税收、国债政策等手段影响总需求，促进社会总供给和总需求趋于平衡。财政政策的松紧对经济总量变化影响很大。总的来讲，积极的财政政策刺激经济发展，有利于证券价格上扬；紧缩的财政政策抑制经济过热，证券价格受挫。

2. 货币政策

货币政策是政府为实现一定宏观经济目标所制定的关于货币供应和货币流通组织管理的基本方针和基本准则。它对经济的调控是总体上和全方位的，反映在股市上，货币政策对股价总体走向的影响更大。货币政策的政策工具主要有：利率政策、贴现政策、准备金政策和公开市场业务等。

(二)财政政策对证券市场的影响

财政政策分为扩张性财政政策(即积极的财政政策)和紧缩性财政政策。总的来说，扩张性财政政策将刺激经济发展，使证券市场走强；紧缩性财政政策将使得过热的经济受到控制，进而使证券市场走弱。

1. 扩张性财政政策及其对证券市场的影响

(1)减少税收，降低税率，扩大减免税范围

增加微观经济主体的收入，以刺激经济主体的投资需求，从而扩大社会供给，进而增加人们的收入，并同时增加他们的投资需求和消费支出。对证券市场的影响为：增加收入直接引起证券市场价格上涨，增加投资需求和消费支出又会拉动社会总需求；而总需求增加又反过来刺激投资需求，从而使企业扩大生产规模，增加企业利润；企业利润增加，又将刺激企业扩大生产规模的积极性，进一步增加企业利润总额，提高了公司股票价值，股价上涨。因市场需求活跃，企业经营环境改善，盈利能力增强，进而降低了还本付息风险，债券价格也将上扬。

(2)扩大财政支出，加大财政赤字

扩大社会总需求，从而刺激投资，扩大就业。政府通过购买和公共支出增加商品和劳务需求，激励企业增加投入，扩大产品销售，于是企业利润提高，经营风险降低，从而使股票价格和债券价格上升。尤其是与政府购买和公共支出相关的企业将最先、最直接从财政政策中获益，发行的证券率先出现价格上涨。同时，居民在经济复苏中增加了收入，持有货币增加，景气的趋势更增加了投资者的信心，买气增强，证券市场趋于活跃，价格自然上扬。但过度使用此项政策，财政支出出现巨额赤字时，虽然进一步扩大了需求，却进而增加了经济的不稳定因素，通货膨胀加剧，物价上涨，有可能使投资者对经济的预期不乐观，反而造成股价下跌。

(3)减少国债发行

国债是证券市场上重要的交易品种，国债发行规模的缩减，使市场供给量减少，从而对证券市场原有的供给平衡发生影响，导致更多的资金转向股票，推动证券市场价格上扬。

(4)增加财政补贴

财政补贴往往使财政支出扩大，其政策效应是扩大社会总需求和刺激供给增加，同时，也提高了企业和居民收入，促使更多资金流入股市，从而使整个证券市场的总体水平趋于上涨。

2. 紧缩性财政政策及其对证券市场的影响

紧缩性财政政策的经济效应及其对证券市场的影响与扩张性财政政策相反，这里不再赘

述。

(三)货币政策对证券市场的影响

货币政策是指政府通过控制和调节货币供应量以保持社会总供给和社会总需求平衡的一种经济政策。

货币政策主要通过货币供应量、利率、公开市场业务等政策手段实现,其目标是保证币值稳定、经济增长、充分就业和国际收支平衡。积极的货币政策将导致证券价格上涨,紧缩的货币政策将使证券价格下降。

1. 利率变化对证券市场的影响

利率影响人们的储蓄、投资和消费行为,利率结构影响居民金融资产的选择和证券持有结构。一般来说,利率上升,可以使证券价格下降;利率下降,可以使证券价格上升。

(1)利率是计算股票内在投资价值的重要依据之一。当利率上升时,同一股票的内在投资价值下降,从而导致股票价格下跌;反之,则股价上升。

(2)利率水平的变动直接影响到公司的融资成本,进而影响股票价格。利率降低,可以降低公司的利息负担,增加公司盈利,股票价格也将随之上升;反之,利率上升,股票价格下跌。

(3)利率降低,部分投资者将把储蓄投资转成股票投资,需求增加,促成股价上升;反之,若利率上升,一部分资金将会从证券市场转向银行存款,致使股价下降。

利率对股票价格的影响一般比较明显,反应也比较迅速。因此,要把握住股票价格的走势,首先要对利率的变化趋势进行全面掌握。值得注意的是,利率政策本身是中央银行货币政策的一个组成内容,但利率的变动同时也受到其他货币政策因素的影响。如果货币供应量增加、中央银行贴现率降低、中央银行所要求的银行存款准备金比率下降,就表明中央银行在放松银根,利率将呈下降趋势;反之,则表示利率总的趋势是在上升。上述利率与股价运动呈反向变化是一般情况,不能将此绝对化,股价和利率并不是呈现绝对的负相关关系。

2. 调节货币供应量对证券市场的影响

货币供应量的变化对证券市场的直接影响表现在,它改变了市场上原有的资金与证券的比例,引发了证券价格的波动。当货币供给充足时,会增加证券市场买盘,使证券行情上升;当货币供给减少,证券买盘相对减少,证券行情因此下跌。

中央银行可以通过存款准备金率和再贴现政策调节货币供应量,从而影响货币市场和资本市场的资金供求,进而影响证券市场。如果中央银行提高存款准备金率,这在很大程度上限制了商业银行体系创造派生存款的能力,就等于冻结了一部分商业银行的超额准备。由于法定存款准备金率对应数额庞大的存款总量,并通过货币乘数的作用,使货币供应量更大限度地减少,证券市场价格趋于下跌。同样,如果中央银行提高再贴现率,对再贴现资格加以严格审查,商业银行资金成本增加,市场贴现利率上升,社会信用收缩,证券市场的资金供应减少,使证券市场行情走势趋软。反之,如果中央银行降低存款准备金率或降低再贴现率,通常都会导致证券市场行情上扬。

3. 法定存款准备金率的调整对证券市场的影响

法定存款准备金率是中央银行为实现货币政策目标所采用的政策。当中央银行提高法定存款准备金率时,商业银行可运用的资金减少,贷款能力下降,货币乘数变小,市场货币流通量便会相应减少。所以在通货膨胀时,中央银行可提高法定准备金率;反之,则降低。

调整法定存款准备金率的效果十分明显。一方面,它在很大程度上限制了商业银行体系创造派生存款的能力，而且其他政策工具也都是以此为基础，提高法定存款准备金率就等于冻结了一部分商业银行的超额准备；另一方面，法定存款准备金率对商业银行的资金总量影响巨大，这是因为，它对应数额庞大的存款总量，并通过货币乘数的作用对货币供给总量产生更大的影响。人们通常认为这一政策工具效果过于猛烈，它的调整会在很大程度上影响整个经济和社会心理预期，因此，一般对法定存款准备金率的调整都持谨慎态度。

4. 再贴现政策对证券市场的影响

再贴现政策是指中央银行对商业银行用持有的未到期的票据向中央银行融资所做出的规定，一般包括再贴现率的确定和再贴现的资格条件。再贴现率主要局限于短期政策效应，由中央银行根据市场资金供求进行调整，影响商业银行融入资金成本，影响其对社会的信用量，从而调整货币供给总量。中央银行对再贴现条件的规定则着眼于长期，发挥抑制或扶持作用，能起到改变资金流向的作用。

5. 公开市场业务对证券价格的影响

公开市场业务是指中央银行在金融市场上公开买卖有价证券，以调节市场货币供应量的政策行为。根据经济形势的变化，如果中央银行认为有必要放松银根，则在证券市场上买进债券，从而使市场上货币供给量增加，这会推动利率下调，资金成本降低，从而企业和个人的投资和消费热情高涨，生产扩张，利润增加，进而推动股票价格上涨；如果中央银行认为需要收紧银根，则在证券市场上抛售债券。此时，证券的供给增加，会引起证券价格下跌。由于货币政策的主要内容在于调节货币供给和利率水平，因此对证券市场的影响较为直接、迅速。我们之所以特别强调公开市场业务对证券市场的影响，还在于中央银行公开市场业务的运作是直接以国债为操作对象，从而直接关系到国债市场的供求变动，影响到国债市场的波动。

任务三　行业分析

一、行业

行业作为一个企业群体，其成员由于产品在很大程度上的可相互替代性而处于一种彼此紧密联系的状态，并且由于产品可替代性的差异而与其他企业群体相区别。了解行业的增长情况，对正确做出投资策略是有帮助的。

二、行业分类

为了掌握和分析社会经济结构，系统地收集和整理有关的统计资料，需要对社会经济进行分类。行业是按照一定标准划分的，一般把国民经济分成三大产业，即第一产业、第二产业和第三产业，各产业又进一步划分为不同行业。第一产业为农业，包括农、林、牧、渔业，受自然力的影响很大。第二产业为工业，包括采掘业、能源工业、制造业、加工业及建筑业等。一般也把工业分为重工业和轻工业两大类，生产机器设备等生产资料的工业为重工业，如矿业、制造业、能源工业等；生产服装、食品等消费资料的工业为轻工业。而第三产业为服务性行业，如运输业、商业、金融保险业、教育卫生事业等。

从社会的进步和发展看，农业是最先发展的行业，但由于第二产业、第三产业近年来快速发展，农业已不再是主导产业，上市公司数量较少。我国是一个发展中国家，工业在今后一段时期内会占主导地位，而工业内部的各产业结构也会在发展中不断地进行调整。在股票市场上，工业股票占了非常大的比例，而且股价均不高，是投资者投资选取的最广阔的领域。在工业内部各行业中，有的发展速度较快，有的发展速度较慢，投资者应对各行业进行分析，从而找出发展速度较快的行业进行投资。

第三产业将成为我国今后发展速度最快的行业。该产业范围很广，主要可分为四个层次：第一个层次是流通部门，主要有交通运输业、邮电通信业、商业和物资仓储业等；第二个层次是服务部门，主要有公用事业（电、水、煤气供应等）、金融、保险业、房地产业、贸易、信息业和旅游业等；第三个层次是教育、文化卫生、广播电视、社会福利事业等；第四个层次是国家机关、社会团体、军队和警察等。在股票市场上，有许多上市公司属于第三产业。在上证分类股价指数中，还专门将第三产业划分为商业、公用事业和房地产三个分类股价指数。这说明在上市公司中，第三产业股票具有举足轻重的地位。而从上证分类股价指数变动中，也可看出公众投资者对房地产业、商业和公用事业类股票的偏爱。随着经济的不断发展和工业化程度的提高，第三产业将占国民经济的主导地位，尤其是房地产业、金融保险业、邮电通信业、商业及国际贸易等行业，都会有快速的发展。所以，在股票的投资过程中，必须选择具有发展前景的行业股票进行投资，才能在若干年后，获取优厚的投资回报，反之则会导致亏损。

三、行业的市场类型

根据国民经济各行业中的企业数量、产品属性、价格控制程度和其他一些要素，各种行业基本上可分为四种类型：完全竞争、完全垄断、垄断竞争和寡头垄断。

（一）完全竞争型市场

完全竞争型是指行业中许多企业生产同质产品的市场情形。其特点是：

①生产者众多，各种生产资料可以完全流动；

②产品不论是有形的还是无形的，都是同质的、无差别的；

③没有一个企业能够影响产品的价格，企业永远是价格的接受者而不是价格的制定者；

④企业的盈利基本上由市场对产品的需求来决定；

⑤生产者可自由进入或退出这个市场；

⑥市场信息对买卖双方都是畅通的，生产者和消费者对市场情况非常了解。

从上述特点可以看出，完全竞争型市场是一个理论性很强的市场类型，其根本特点在于所有的企业都无法控制市场的价格，也无法使产品差异化。在现实经济中，完全竞争的市场类型是很少见的，初级产品的市场类型较相似于完全竞争。

（二）完全垄断型市场

完全垄断型是指市场中只有一家企业生产某种产品的市场情形。其行业特点是：

①市场被独家企业所控制，其他企业不可以或不可能进入该行业；

②产品没有或缺少相近的替代品；

③垄断者能够根据市场的供需情况制定理想的价格和产量，在高价少销和低价多销之间进行选择，以获取最大的利润；

④垄断者在制定产品的价格与生产数量方面的自由度是有限的，要受到反垄断法和政府管制的约束。

当前的现实生活中没有真正的完全垄断型市场，每个行业都或多或少地引进了竞争。公用事业（如发电厂、煤气公司、自来水公司以及邮电通信等）和某些资本、技术高度密集型或稀有金属矿藏的开采等行业接近完全垄断的市场类型。

（三）垄断竞争型市场

垄断竞争型是许多企业生产同种但不同质产品的市场情形。其行业特点是：

①生产者众多，各种生产资料可以流动；

②生产的产品同种类但不同质，即产品之间存在着差异，产品的差异性是指各种产品之间存在着实际或想象上的差异，这是垄断竞争与完全竞争的主要区别；

③由于产品差异性的存在，生产者可以树立自己产品的信誉，从而对其产品的价格有一定的控制能力。

在国民经济各产业中，制成品的市场一般都属于这种类型。

（四）寡头垄断型市场

寡头垄断型指相对少的企业，在某种产品的生产中占据很大市场份额的情形。其行业特点是：

①少数生产者的产量非常大；

②各企业产品具有同质性或只有微小差别，相互之间替代性很强；

③企业对市场价格具有一定垄断能力，由于只有少量的生产者生产同一种产品，因此每个企业的价格政策和经营方式的改变会对其他生产者产生重要影响。

一般资本和技术密集型企业，由于需要巨额资金和先进技术而限制了大量新企业的加入，如钢铁冶炼、飞机制造等行业。

事实上，完全竞争和完全垄断是两种极端类型，现实经济中绝大多数行业应属垄断竞争型或寡头垄断型。一般而言，行业竞争程度越高，其产品价格和企业利润越受市场供求影响，投资风险越大；反之，行业垄断程度越高，其产品价格和企业利润越受企业自身和政府控制，投资风险相对较小。投资者应选择竞争程度低的行业进行投资。因为垄断型公司在行业中处于领先地位，能获取垄断利润，而且新的竞争者很容易进入的行业往往会由于过度竞争而过早成熟并衰退。

四、行业生命周期分析

（一）行业生命周期

通常，每个行业都要经历一个由成长到衰退的发展演变过程，这个过程被称为行业的生命周期。一般地，行业的生命周期可分为初创期、成长期、成熟期和衰退期。不同生命周期阶段，行业发展不同。

1. 初创期

在这一阶段，由于新行业刚刚诞生或初建不久，只有为数不多的资金投资于这个新兴的行业。另外，这时创业投资及产品研制开发费用较高，而大众对其产品尚缺乏全面了解，致使产品市场需求较小，销售收入低，因此这些创业公司财务上可能不但没有盈利，反而会出现较大亏损。较高的创业成本与狭小的市场需求之间的矛盾导致了公司投资风险很大，同时公司还面临着因财务困难而引发的破产风险。因此，处于初创期的行业风险高，收益低。这类企业更适合投机而非投资。在初创阶段后期，随着行业生产技术提高，生产成本降低和市场需求的扩大，新行业便转向了高风险、高收益的成长期。

2. 成长期

行业的成长期实际上就是行业的扩大再生产时期。在这一时期，新行业产品逐步赢得了消费者的关注，需求上升，市场随之扩张。由于市场前景看好，新厂商不断加入该行业，竞争加剧。生产厂商不再单纯依靠扩大生产来增加收益，必须提高生产技术、降低成本、研制开发新产品来争取竞争优势。因此，这一时期企业利润虽然增长很快，但面临竞争风险也大，这一阶段有时也被称为投资机会期。按优胜劣汰规律，拥有一定市场营销手段和财务优势的大企业逐渐主导市场。生产厂商的数量在大幅增减之后开始稳定下来，市场需求基本饱和，产品销售增长率减缓，整个行业开始进入成熟稳定期。

3. 成熟期

行业成熟首先表现在技术的成熟，即行业内企业普遍采用的是适用的，至少有一定先进性、稳定性的技术。其次表现在产品的成熟，产品的成熟是行业成熟的标志。产品的基本性能、式样、功能、规格、结构都将趋向成熟，并且已经被消费者习惯使用。第三是生产工艺的成熟。最后是产业组织的成熟，行业内企业间建立起了良好的分工协作关系，市场竞争是有效的，市场运作规则合理，市场结构稳定。

这一时期是行业发展的高峰时期，通常会持续较长时间。进入成熟期的行业市场已被少数资本雄厚、技术先进的大厂商控制，在竞争中生存下来的少数大厂商瓜分了整个行业的市场份额，且市场份额比例变化程度很小，新企业难以进入该行业，因此风险较小。厂商竞争手段逐渐从价格手段转向各种非价格手段，如提高产品质量、改善性能和加强售后服务等。

在行业成熟期，行业增长速度下降到一个适度水平。在某些情况下，整个行业的增长可能会完全停止，其产出甚至下降。行业的发展很难较好地保持与国民生产总值同步增长。

4. 衰退期

经过一个较长的稳定期后，由于新产品和大量替代品的出现，原行业产品市场需求逐步减少，产品销售量开始下降，某些厂商退出，转向其他有利可图的行业。原行业厂商数量不断减少，市场萎缩，当正常利润无法维持或现有投资折旧完毕时，整个行业便逐步解体。但在很多情况下，行业衰退期往往比行业生命周期的其他阶段的总和还要长，大量行业都是衰而不亡，甚至与人类社会长期共存。例如钢铁业、纺织业在衰退，但人们却看不到它们的消亡。

综上所述，在一个行业的生命周期不同阶段会表现出不同特点（见表 7－1）。

表 7－1 **行业生命周期**

项　目	初创期	成长期	成熟期	衰退期
公司数量	少	增加	减少	少
利润	亏损→逐步提高	增加	高→下降	减少→亏损
风险	高	高	降低	低
风险形态	技术风险、市场风险	市场风险、管理风险	管理风险	生存风险
股价	变动大	不断上升	开始下降	较低

由于证券投资收益与行业业绩之间有着明显的相关关系，投资者在选择投资对象时应注意分析所属行业的生命周期，并根据自己风险承受能力来选择证券进行投资。

五、影响行业兴衰的主要因素

(一)政府政策

1. 政府影响的行业范围

政府的管理措施可以影响到行业的经营范围、增长速度、价格政策、利润率和其他许多方面。政府实施管理的主要行业有:公用事业如煤气、电力、供水、排污、邮电通信、广播电视等,运输部门如铁路、公路、航空、航运管道运输等,金融部门如银行与非银行金融机构、保险公司、商品与证券交易市场、经纪商、交易商等。政府实施管理的主要行业都是直接服务于公共利益或与公共利益密切联系的,公用事业是社会的基础设施,投资大、建设周期长、收效慢,允许众多厂商投巨资竞相建设是不经济的。因此政府往往通过授予某些厂商在指定地区独家经营某项公用事业特许权的方法来对它们进行管理。被授权的厂商也就因此而成为这些行业的合法垄断者。但这些合法的垄断者和一般的垄断者不一样,它们不能随意规定价格,其定价要受到政府的调节和管制。政府一般只允许这些厂商获得合理的利润率,而且政府的价格管理并不保证这些企业一定能够盈利,成本的增加、管理的不善和需求的变化同样会使这些企业发生亏损。交通运输行业与大众生活和经济发展有着密切的联系,这些产业服务的范围广(国内外运输),涉及的问题多(各地不同的法律、税收和安全规则等),因而有必要由政府统一管理。金融部门,尤其是银行部门,是国民经济的枢纽,也是政府干预经济的主要渠道之一,它们的稳定关系到整个经济的繁荣和发展,因而是政府重点管理的对象。

2. 政府对行业的促进干预和限制干预。

政府对行业的促进作用可通过补贴、优惠税法、限制外国竞争的关税、保护某一行业的附加法规等措施来实现,因为这些措施有利于降低该行业的成本,并刺激和扩大其投资规模。例如,美国纺织业就受到进口关税这一法律的极大保护。同时,考虑到生态、安全、企业规模和价格因素,政府会对某些行业实施限制性规定,这会加重该行业的负担,某些法律已经对某些行业的短期业绩产生了副作用。在美国,铁路和天然气行业可以证明政府的干预是怎样影响私人利润的。总的来说,政府的干预手段极大地维护了某些行业的稳定性,否则情况会变得十分混乱。

(二)技术因素

技术进步对行业有深远影响。技术进步一方面创造新产品,开拓新领域,满足社会潜在需求,使新行业不断出现,另一方面创造新工艺,推动现有产业的技术升级。此外,技术进步能提高新行业的生产效率,降低成本,从而加速行业的市场扩张,实现规模经济。从某种意义上讲,行业生命周期已演变成技术的生命更替。

(三)社会倾向的改变对行业的影响

现代社会的消费者和政府越来越重视经济行业应承担的社会责任,越来越注意工业化给社会带来的各种影响。这种日益增强的社会意识或社会倾向已经对许多行业产生了明显的影响。如20世纪90年代中期以来在公众的强烈要求和压力下,许多西方国家,特别是产品责任法最为严格的美国,纷纷对许多行业的生产及产品做出了种种限制性规定。如美国政府要求汽车制造商加固汽车保险杠、安装乘员安全带、改善燃油系统、提高防污染系统的质量等。医药行业也受到政府的专门监督,如美国的食品与药品受管理委员会和消费者的监督。为防止环境污染、保持生态平衡已成为工业化国家一个重要的社会趋势,在发展中国家也正日益受到重视。

(四)相关行业变动因素的影响

相关行业变动对股价的影响一般表现在三个方面：

第一，如果相关行业的产品是该行业生产的上游产品，那么相关行业产品价格变化与该行业的生产成本直接相关。比如钢材价格上涨，可能会使生产汽车的公司股票价格下跌。

第二，如果相关行业的产品是该行业产品的替代品，那么相关行业产品价格上涨，在其产品需求下降的同时，就会增加对该行业产品的市场需求，从而使市场销售量增加，公司盈利也因此提高，股价上升。比如茶叶价格上升，可能对经营咖啡制品的公司股票价格产生利好影响。

第三，如果相关行业的产品与该行业生产的产品是互补关系，那么相关行业产品价格上升，会对该行业内部的公司股票价格产生不利影响。如 1973 年石油危机爆发后，美国消费者开始偏爱小型节油汽车，结果对美国传统汽车制造业造成相当大的打击，其股价大幅下跌。

六、经济周期与行业分析

各行业变动往往与国民经济总体的周期变动有一定关系，呈现出明显的可测定的增长或衰退的迹象。据此，行业可分为以下三类。

(一)成长型行业与经济周期的关系

成长型行业的发展状况与经济活动总水平的周期及其振幅并不紧密相关。这类行业收入增长的速率并不总是随着经济周期的变动而同步变动，因为它们主要依靠技术进步、新产品开发及更优质的服务而发展，从而使其经常呈现出增长形态。

我国现阶段计算机、网络工程 IT 产业、移动通信、生物制药及航空业等表现出成长态势。投资者对高增长的行业十分感兴趣，主要是因为这些行业在经济周期性波动中为投资者提供了一种财富“套期保值”的手段。在经济增长时，高增长行业的发展速度通常高于平均水平；在经济衰退时，其所受影响较小甚至仍能保持一定的增长。但是，由于这种行业的股票价格不会随经济周期的变化而变化，因此投资者难以把握精确的购买时机。

(二)周期型行业与经济周期的关系

周期型行业的发展状况直接与经济周期有关。当经济增长时，对这些行业产品的需求增加，行业相应扩张；当经济衰退时，对该行业产品需求下降，行业收缩。该类型行业收益的变化幅度往往会在一定程度上夸大经济的周期性，产生这种现象的原因是，当经济上升时，对这些行业相关产品的购买被延迟到经济改善之后。例如，耐用消费品制造业、旅游业等需求收入弹性较高的行业就属于典型的周期性行业。

(三)防守型行业与经济周期的关系

防守型行业的特征是其产品需求相对稳定，不受经济周期的影响，不因经济繁荣而大幅上升，也不因经济衰退而萎缩，甚至有些防守型行业在经济衰退时期还会有一定的实际增长。

该类型行业的产品往往是生活必需品或是必要的公共服务，公众对其产品有相对稳定的需求，因而行业中有代表性的公司盈利水平相对较稳定。例如，食品业、医药业和公用事业就属这一行业。对其投资属于收入投资，而非资本利得投资。一般来说，在投资决策过程中，投资者应选择成长型行业，享受快速增长带来的高股息和高股价，但也不应排斥其他两类行业。只要时机把握得当，就可以获得较为稳定的收益，降低投资风险。

任务四 公司分析

一、公司竞争能力分析

公司在行业中的竞争地位是分析公司基本素质的首要内容。市场规律就是优胜劣汰，在本行业中无竞争优势的企业，注定要随时间推移逐渐萎缩直至消亡。投资者一般都愿意投资具有强大竞争实力的公司。对公司竞争能力分析主要是利用企业的历年资料对其技术水平、规模经营优势、管理水平、资本实力、项目储备及新产品开发等方面进行分析，与本公司历史情况进行纵向比较，与同类型的公司进行横向比较，最终得出客观结论。公司竞争能力主要表现在其所占市场份额的大小，可用以下指标衡量：

（一）年销售额及其增长率

公司年销售额大小是衡量一个公司在同行业中相对竞争地位的综合指标。一般来说，年销售额越大，说明公司竞争能力越强，对市场影响力越大。而年销售额较小的公司很有可能在竞争中消亡。年销售额的年增长率从动态角度反映了公司的成长性，销售额增长越快，说明公司竞争能力越强。投资者往往选择销售额增长速度高于行业平均速度的成长型公司，因为成长型公司发展潜力大，前景乐观，利润不断增加。

此外，销售额及其增长率的稳定性也是投资者关注的问题，它在很大程度上决定了投资该公司风险的大小。在其他条件相同时，公司销售额及增长率越稳定，公司盈利及盈利增长越稳定，股息派发也就越稳定，投资者面临的风险较低。相反，若公司销售额大起大落，必将给经营者带来困难，稳定的盈利及股息难以保证，投资风险加大。公司销售额的稳定性与公司所处行业性质有关。一般情况下，提供基本劳务和生活必需品的公司销售额较稳定，而经营生产资料和耐用消费品的公司则稳定性较差。因此，分析销售额时要考虑公司所属行业是周期型还是防御型，即考虑公司生产产品的需求收入弹性的大小。

（二）市场占有率

公司的市场占有率说明了公司在行业中所处的地位。市场占有率越高，公司对市场的影响力越大，公司竞争能力越强。而且市场占有率的变化动态地反映了公司竞争能力的增减。市场占有率提高，说明公司竞争优势加强；反之，竞争优势削弱。在考察公司市场占有率时，还应结合销售额分析。例如，当整个行业处于衰退期时，产品需求降低，销售额锐减，许多公司陆续退出该行业，这时候市场占有率的提高就毫无意义。因此，只有在销售额长期稳定并呈增长趋势时，市场占有率的高低才反映公司竞争能力的强弱。各公司应不断开拓进取，挖掘现有市场潜力并不断进军新的市场，以扩大市场占有率。

（三）公司盈利能力及增长性分析

公司盈利是销售收入减去成本费用后的余额。一般而言，在其他条件不变前提下，销售额上升，公司盈利也会增加；如果销售额既定，则成本费用的下降也导致公司盈利增加。只有具有较强盈利能力的公司才具有较强竞争能力。在分析公司盈利能力时，应剔除影响公司盈利的偶然和临时因素，尽可能准确地衡量公司在正常年景下的盈利能力并据以预测公司未来盈利的变动趋势。衡量公司盈利能力的指标有资产利润率、销售利润率及每股收益率。

二、公司经营管理能力分析

管理水平的高低也是确定公司竞争优势的一项重要因素。公司经营业绩与公司经营者的管理水平和经营效率密不可分。公司经营管理能力直接影响公司的盈利及长远发展。分析公司的经营管理能力，可以从以下几方面入手。

(一)公司管理人员素质能力分析

公司管理人员素质能力高低决定了公司的发展成功与否。决策层是企业最高权力机构，主要对公司经营方向、筹资方式等各项重大方针做出决定。因此，决策层应具备明确的生产经营战略和良好的经济素质，有较高的企业管理能力和丰富工作经验，有清晰的思维和综合的判断能力。管理层主要是贯彻决策层意图，协调各部门工作，进行日常的全局管理。管理层人员应具有与该企业或部门相关的技术知识，通晓现代化管理理论知识，有实际工作经验，有较强组织能力，有务实高效的工作作风。各职能部门则应在管理层的指挥下各司其职，严格执行操作程序，以保证公司日常工作顺利进行。在一个高效合理的管理机构中，决策者和高层管理人员是关键，当然也应包括能胜任公司各项工作的所有员工的最优组合。

(二)经营效率分析

评价公司经营效率即考察公司生产能力和经营能力的利用程度，利用程度越高，说明经营效率越高。衡量指标主要有开工率、人均产量和人均销售额、资产周转率及毛利率等，通常还采用盈亏平衡分析方法评价公司经营效率。公司在生产经营过程中需要一定的固定成本和可变成本。固定成本是指不随产量变化而变化的成本，如固定资产折旧费、企业管理费；可变成本是指随产量变化而发生变化的成本，如原材料、辅助材料费用和人工费。

(三)多项经营和新产品开发能力分析

公司经营范围如果局限于某单一产品或业务领域之内，则容易受经济波动的影响。因此公司应在主营业务之外开拓业务范围，进行多项经营，提高公司利润同时又降低了经营风险。公司拓展业务途径有两种：一是纵深拓展，即向公司目前生产经营对象的原材料和消费市场延伸，控制原材料供应和销售市场，避免因原材料紧缺价格上涨和销售市场竞争激烈带来的损害。二是横向拓展，即发展与目前生产经营范围无关的领域，虽然横向开拓可以很大程度上降低经营风险，但应避免经营范围过于庞杂，以致最高管理层难以控制全局，不易取得陌生领域的竞争优势，造成企业利润下滑或亏损。

(四)公司战略制定和实施情况

公司战略规划支配着公司的发展，昭示着公司的前景。随着我国管理思想理论与实践的发展，公司战略研究越来越受到人们的重视。

(五)人事管理效率和企业文化分析

企业文化在现代企业中起着越来越重要的作用。一个企业的人事管理效率决定着该企业的生产效率和员工能力能否充分发挥，也影响着该企业的企业文化。

三、公司财务分析

证券发行公司的财务状况及前景是影响证券价格长期波动的基本因素之一。财务分析是股票投资基本分析的重要组成部分，各上市公司的获利能力、偿债能力、成长能力等财务状况直接影响到该公司股票价格及投资者收益。因此，研究证券投资必须认真做好公司财务分析工作。

(一)公司主要财务报表

财务分析的对象主要是财务报表,就是将公司财务报表及其他有关会计记录中的资料加以整理,使之显示各项信息间有意义的相互关系,进而分析和解释各种关系,以帮助分析者了解和评估公司过去的经营业绩,衡量公司目前的财务状况,并预测公司未来发展的前景。财务报表中最重要的有资产负债表、利润表和现金流量表等。

1. 资产负债表

利用资产负债表,财务分析者可以了解企业资产、负债和所有者权益的金额及结构情况,分析、评价企业资产质量以及短期偿债能力、长期偿债能力、利润分配能力等。表 7-2 为星海公司的资产负债表(简表)。

表 7-2　　资产负债表

编制单位:星海公司　　2019 年 12 月 31 日　　单位:万元

资　产	年末余额	期初余额	负债和所有者权益(或股东权益)	年末余额	期初余额
流动资产:			流动负债:		
货币资金	1 800	1 600	短期借款	4 000	3 800
交易性金融资产	1 200	1 600	①应付票据	600	200
①应收票据	100	400	②应付账款	2 200	2 000
②应收账款	2 640	2 400	预收款项	940	960
预付款项	100	80	流动负债合计	7 740	6 960
存货	10 000	8 280	非流动负债:		
流动资产合计	15 840	14 360	长期借款	5 000	4 000
非流动资产:			非流动负债合计	5 000	4 000
债权投资	900	900	负债合计	12 740	10 960
固定资产	30 000	26 000	实收资本(或股本)	26 000	26 000
无形资产	1 000	900	资本公积	1 200	1 200
非流动资产合计	31 900	27 800	盈余公积	2 000	2 000
			未分配利润	5 800	2 000
			所有者权益(或股东权益)合计	35 000	31 200
资产总计	47 740	42 160	负债和所有者权益(或股东权益)总计	47 740	42 160

2. 利润表

利润表又称损益表、收益表,是综合反映企业在某一段时期内发生的各项经营收支和盈亏实现情况的报表。它直接反映发行公司获利状况,显示每股净利及盈余,是分析企业经济效益和经营业绩的依据。表 7-3 为星海公司的利润表(简表)。

表 7—3　　**利润表**

编制单位:星海公司　　2019 年度　　单位:万元

项　目	上年数	本年数
一、营业收入	44 000	38 000
减:营业成本	24 400	21 700
税金及附加	2 600	2 160
销售费用	3 800	3 040
管理费用	2 000	1 700
财务费用	800	600
加:投资收益	800	400
二、营业利润	11 200	9 200
加:营业外收入	6	10
减:营业外支出	10	14
三、利润总额	11 196	9 196
减:所得税费用	2 760	2 500
四、净利润	8 436	6 696

3. 现金流量表

现金流量表是反映一家公司在一定时期现金流入和现金流出动态状况的报表。企业编制现金流量表的目的是通过如实反映企业各项活动的现金流入、流出情况,从而有助于使用者评价企业的现金流和资金周转情况。表 7—4 为星海公司的现金流量表。

表 7—4　　**现金流量表**

编制单位:星海公司　　2019 年度　　单位:万元

项　目	行　次	金　额
一、经营活动产生的现金流量		
销售商品、提供劳务收到的现金	1	29 500
收到的税费返还	3	50
收到的其他与经营活动有关的现金	8	200
经营活动现金流入小计	9	29 750
购买商品、接受劳务支付的现金	10	27 700
支付给职工以及为职工支付的现金	12	200
支付的各项税费	13	300
支付的其他与经营活动有关的现金	18	50
经营活动现金流出小计	20	28 250
经营活动产生的现金流量净额	21	1 500

续表

项 目	行 次	金 额
二、投资活动产生的现金流量		
收回投资收到的现金	22	
取得投资收益收到的现金	23	100
处置固定资产、无形资产和其他长期资产收回的现金净额	25	
收到其他与投资活动有关的现金	28	50
投资活动现金流入小计	29	150
购建固定资产、无形资产和其他长期资产支付的现金	30	
投资支付的现金	31	
支付其他与投资活动有关的现金	35	120
投资活动现金流出小计	36	120
投资活动产生的现金流量净额	37	30
三、筹资活动产生的现金流量		
吸收投资收到的现金	38	
取得借款收到的现金	40	200
收到其他与筹资活动有关的现金	43	90
筹资活动现金流入小计	44	290
偿还债务支付的现金	45	
分配股利、利润或偿付利息支付的现金	46	
支付其他与筹资活动有关的现金	52	20
筹资活动现金流出小计	53	20
筹资活动产生的现金流量净额	54	270
四、汇率变动对现金及现金等价物的影响	55	
五、现金及现金等价物净增加额	56	1 800

(二)财务比率分析

财务比率分析是财务分析中应用最广泛的一种分析方法,是同一张财务报表的不同项目之间、不同类别之间,或在两张不同资产负债表、损益表的有关项目之间,用比率来反映它们的相互关系,以求发现企业经营中存在的问题,并据此评价企业财务状况。比率分析涉及企业管理各个方面,通常分为六大类:偿债能力分析、资本结构分析、经营效率分析、盈利能力分析、成长能力分析和投资收益分析。

1. 偿债能力分析

偿债能力是指公司偿还各种到期债务的能力。偿债能力分析是公司财务能力分析的一个重要方面,偿债能力分析可以揭示公司的财务风险。

对公司的偿债能力分析主要是通过对其资产负债率、流动比率、速动比率几个指标的分析实现的。

(1)资产负债率

资产负债率是指公司负债总额占其全部资产总额的比率，它是衡量公司利用债权人提供的资金进行经营活动的能力和反映债权安全程度的一个指标。其计算公式是：

$$资产负债比率=\frac{负债总额}{资产总额}\times 100\%$$

资产负债率反映公司偿还债务的综合能力，这个比率越高，公司偿还债务的能力越差；反之，偿还债务的能力越强。

(2)流动比率

流动比率又称营运资金比率，是流动资产除以流动负债的比值。其计算公式为：

$$流动比率=\frac{流动资产}{流动负债}$$

企业能否偿还短期债务要看有多少债务，以及有多少可变现偿债的资产。流动资产越多，短期债务越少，则偿债能力越强。如果用流动资产偿还全部流动负债后，剩余的营运资金(营运资金＝流动资产－流动负债)越多，说明不能偿还的风险越小。因此，营运资金的多少可以反映偿还短期债务的能力。但是，营运资金是一个绝对数，如果企业间规模相差很大，绝对数相比无意义。而流动比率是一个相对数，排除了企业规模不同的影响，更适合企业间及同一企业不同历史时期的比较。

原则上，流动比率越高，企业短期偿债能力越强。但事实上，比率太高，表示资金可能发生闲置，未作最有效运用。根据经验法则，通常认为企业最低流动比率为 2 较合适。这是因为处在流动资产中变现能力最差的存货金额，约占流动资产总额的一半，剩下的流动性较大的流动资产至少要等于流动负债，企业短期偿债能力才有保证。当然，投资者还应考虑行业特性，如重型机械制造行业生产期较长，通常存货很多，流动比率应相对提高；而娱乐行业的流动比率就可以降低。

(3)速动比率

由于流动资产中各项目的变现能力不尽相同，故衡量企业短期偿债能力时，除流动比率外，投资者(特别是短期债权人)还希望获得比流动比率更进一步的有关变现能力的比率指标，这就是速动比率。其计算公式为：

$$速动比率=\frac{速动资产}{流动负债}=\frac{流动资产-存货}{流动负债}$$

速动资产是流动资产的一部分，它把流动资产中变现能力最差的存货及无法变现的预付费用剔除，而仅包含流动资产中的现金、银行存款、有价证券、应收票据及应收账款等较易变现部分。一般认为速动比率等于 1 比较适当，不宜太高，也不能太低。在分析流动性时，流动比率与速动比率通常配合使用。在单期财务报表中，若流动比率大于 2，而速动比率小于 1，代表存货或预付费用过多，需进一步分析；在比较多期财务报表中，流动比率逐年提高而速动比率逐年降低，表示存货或预付费用逐年增加，也值得关注。

2. 资本结构分析

(1)股东权益比率

股东权益比率用所有者提供的资本在总资产中的比重来表示，反映企业基本财务结构是否稳定。其公式为：

$$股东权益比率=\frac{股东权益总额}{资产总额}\times 100\%$$

股东权益比率与负债比率之和等于1。这两个比率是从不同的侧面来反映公司长期债务状况的，一般说来，股东权益比率越大，负债比率就越小，公司的财务风险也越小，偿还长期债务的能力就越强。但如果比率过高，则会减少财务杠杆作用的发挥，对股东较为不利。

(2)长期负债比率

长期负债比率是从总体上判断企业状况的一个指标。其公式为：

$$长期负债比率=\frac{长期负债}{资产总额}\times 100\%$$

由于是长期负债，所以公司不会面临很大的流动性不足风险，短期偿债压力不大。公司可以把长期负债筹得的资金用于增加固定资产，扩大经营规模。但如果长期负债比率过高，则意味着股东权益比率较低，公司资本结构风险较大，稳定性差，在经济衰退时期，会给公司带来额外的风险。

(3)固定资产对股东权益比率

此项比率可用以测试企业的偿债能力，也可反映企业固定资产投资是否适当，企业是否有短期资金长期使用所暴露的财务风险。该比率的计算公式为：

$$固定资产对股东权益比率=\frac{固定资产}{股东权益总额}\times 100\%$$

一般情况下，此比率若小于1，表示企业购置固定资产所需资金全都来自股东，公司经营比较稳健。此比率若大于1，表示企业购置固定资产所需资金有一部分来自于债权人，公司资本结构不尽合理，财务风险较大。

3. 经营效率分析

公司的经营效率反映了公司资金的周转状况。对公司经营效率进行分析，可以了解公司的营业状况及经营管理水平。公司的资金周转状况与销售、生产、供应各个经营环节密切相关，任何一个环节出现问题，都会影响到公司资金的正常周转。对一家公司来说，销售有着重要而特殊的意义，因为只有把产品销售出去，才能实现其经济价值，收回最初投入的资金，顺利完成一次资金周转。

评价公司经营效率常用的财务指标有：存货周转率、应收账款周转率、固定资产周转率、流动资产周转率、总资产周转率等。这些指标有多种获取渠道，投资者既可以根据公司的财务报表计算得出，也可以通过证券投资软件获取。

(1)存货周转率和存货周转天数

存货周转率是衡量企业购入存货、投入生产和销售收回等环节管理状况的综合性指标。公式如下：

$$存货周转率(或周转次数)=\frac{销售成本}{平均存货}$$

$$平均存货=\frac{期初存货+期末存货}{2}$$

$$存货周转天数=\frac{360}{存货周转率}=平均存货\times\frac{360}{销货成本}$$

一般来讲，存货周转速度越快，存货转换为现金或应收账款的速度越快，经营资金占用越少，流动性越强，从而提高了使用效率，提升了企业管理水平。但是，存货周转率过高，也可能说明公司管理方面存在一些问题，如存货水平低，甚至经常缺货，或者采购次数过于频繁，批量太小。

对于存货周转率，不同的行业，有不同的特点。

(2)应收账款周转率和周转天数

应收账款和存货一样，在流动资产中有举足轻重的地位。及时收回应收账款，既增强了企业的短期偿债能力，又反映了企业管理应收账款方面的效率。反映应收账款周转速度的指标是应收账款周转率，即年度内应收账款转为现金的平均次数，用时间表示的周转速度是应收账款周转天数。计算公式如下：

$$\text{应收账款周转率}=\frac{\text{销售收入}}{\text{平均应收账款}}$$

$$\text{应收账款周转天数}=\frac{360}{\text{应收账款周转率}}=\frac{\text{平均应收账款}\times 360}{\text{销售收入}}$$

一般来说，应收账款周转率越高，平均收账期越短，说明应收账款的流动性越大。否则企业营运资金会过多滞留在应收账款上，影响正常资金周转。

(3)总资产周转率

总资产周转率反映了资产总额的周转速度。周转率越大，说明总资产周转越快，反映销售能力越强。企业可以通过薄利多销的办法，加速资产周转，带来利润绝对额的增加。

$$\text{总资产周转率}=\frac{\text{销售收入}}{\text{平均资产总额}}$$

(4)固定资产周转率

固定资产周转率是衡量企业运用固定资产效率的指标。该比率越大，说明固定资产运用效率高，利用固定资产效果好。

$$\text{固定资产周转率}=\frac{\text{销售收入}}{\text{平均固定资产}}$$

(5)股东权益周转率

股东权益周转率说明公司运用所有者资产的效率。该比率越高，表明所有者资产的运用效率越高，营运能力越强。

$$\text{股东权益周转率}=\frac{\text{销售收入}}{\text{平均股东权益}}$$

4. 盈利能力分析

盈利能力(又称获利能力)是企业获取利润的能力。盈利是企业存在的根本目的。不论是投资人、债权人还是企业经理人员，都很重视和关心企业的盈利能力。

盈利能力分析是公司财务分析的重要组成部分，也是评价公司经营管理水平的重要依据。公司的各项经营活动都会影响到公司的盈利，但是对公司获利能力进行分析，一般只分析公司正常经营活动的获利能力，不涉及非正常的经营活动。这是因为非正常的、特殊的经营活动，虽然也能给公司带来收益，但它不是经常的、持久的收益，不能作为公司的一种获利能力加以评价。评价公司获利能力的财务指标主要有：销售毛利率、销售净利率、主营业务利润率、总资产收益率、净资产收益率等。

(1)销售毛利率

在商品生产行业，毛利是销售收入减去销售成本的余额；在服务行业，毛利是劳务收入减去劳务成本的余额。毛利率表示每一元收入扣除成本后，有多少钱可以用于各项期间费用和形成利润。毛利率是公司净利率的最初基础，没有足够大的毛利率便不能获得盈利。

$$毛利率=\frac{销售收入-销售成本}{销售收入}\times 100\%$$

(2)销售净利率

销售净利率反映每一元销售收入带来的净利润的多少，表示销售收入的收益水平。企业在增加销售收入额的同时，必须相应获得更多净利润，才能保持或提高净利率。分析净利率的变动，可以促使企业在扩大销售的同时，注意改进经营管理，提高盈利水平。

$$销售净利率=\frac{净利润}{销售收入}\times 100\%$$

(3)净资产收益率

净资产收益率是净利润与平均股东权益的百分比，是公司税后利润除以净资产得到的百分比率，该指标反映股东权益的收益水平，用以衡量公司运用自有资本的效率。该指标体现了自有资本获得净收益的能力。指标值越高，说明投资带来的收益越高。净资产收益率可衡量公司对股东投入资本的利用效率。它弥补了每股税后利润指标的不足。例如在公司对原有股东送红股后，每股盈利将会下降，从而给投资者造成错觉，以为公司的获利能力下降了，而事实上，公司的获利能力并没有发生变化，用净资产收益率来分析公司获利能力就比较适宜。

$$资产收益率=\frac{净利润}{平均资产总额}\times 100\%$$

(4)股东权益收益率

股东权益收益率又称净资产收益率，反映股东权益的收益水平，指标值越高，说明投资带来的收益越高。

$$股东权益收益率=\frac{净利润}{净资产}$$

(5)主营业务利润率

主营业务利润率反映公司主营业务获利水平。该指标值越高，说明公司主营业务收益越高，竞争优势越大。

$$主营业务利润率=\frac{主营业务利润}{主营业务收入}\times 100\%$$

5. 成长能力分析

衡量上市公司成长能力的主要指标有主营业务增长率、主营利润增长率、净利润增长率、总资产增长率等。

(1)主营业务收入增长率

主营业务收入增长率可以用来衡量公司的产品生命周期，判断公司发展所处阶段。主营业务收入增长率是本期的主营业务收入减去上期的主营业务收入，再除以上期主营业务收入的比值。

$$主营业务收入增长率=\frac{本期主营业务收入-上期主营业务收入}{上期主营业务收入}\times 100\%$$

一般来说，如果主营业务收入增长率超过10%，说明公司产品处于成长期，没有产品更新的风险，公司将继续保持良好增长势头。如果主营业务收入增长率为5%～10%，说明公司产品已进入稳定期，可能不久后将进入衰退期，需着手开发新产品。如果该比率低于5%，说明公司产品已进入衰退期，保持市场份额已很困难，主营业务利润开始滑坡，若无新产品的开发，公司将面临生存风险。

(2)主营利润增长率

主营利润增长率是本期的主营业务利润减去上期的主营业务利润，再除以上期主营业务利润的比值。

$$主营利润增长率=\frac{本期主营业务利润-上期主营业务利润}{上期主营业务利润}\times100\%$$

一般来说，主营利润稳定增长且占利润总额的比例呈增长趋势的公司正处在成长期。一些公司尽管利润总额有较大幅度的增加，但主营业务利润却未相应增加，甚至大幅下降，这样的公司质量不高，投资这样的公司，尤其需要警惕，这里可能蕴藏着巨大的风险。

(3)净利润增长率

净利润增长率就是本期净利润减去上期净利润，再除以上期净利润的比值。

$$净利润增长率=\frac{本期净利润-上期净利润}{上期净利润}\times100\%$$

净利润是公司经营业绩的结果。净利润的增长是公司成长性的基本特征，净利润增幅较大，表明公司经营业绩突出，市场竞争力强。反之，净利润增幅小甚至出现负增长值也就谈不上具有成长性。

(4)总资产增长率

总资产增长率是公司本期总资产减去上期总资产，再除以上期总资产的比值。

$$总资产增长率=\frac{本期总资产-上期总资产}{上期总资产}\times100\%$$

公司所拥有的资产是公司生存与发展的物质基础，处于扩张时期的基本表现就是其规模的不断扩大。这种扩大一般来自两方面的原因：一是所有者权益的增加，二是公司负债规模的扩大。对于前者，如果是由于公司发行股票而导致所有者权益大幅增加，投资者需要关注募集资金的使用情况，如果募集资金还处于货币形态或作为委托理财等方式，这样的总资产增长率反映出的成长性将大打折扣；对于后者，公司往往是在资金紧缺时向银行贷款或发行债券，资金闲置的情况会比较少，但它受到资本结构的限制，当公司资产负债率较高时，负债规模的扩大空间就有限。

6. 投资收益分析

投资收益分析是将公司财务报表中公布的数据与有关公司发行在外的股票数、股票市场价格等资料结合起来进行分析，以便投资者对不同上市公司股票的优劣做出评估和判断。对公司投资收益分析的主要指标有普通股每股盈余、股息发放率、普通股获利率、市盈率、本利比、投资收益率、每股净资产、净资产倍率等。

(1)普通股每股盈余

每股盈余指公司普通股每股在一年中所赚得的盈余，反映了普通股的获利水平。该指标值越高，每一股份可得的利润越多，股东投资效益越好，是投资者评估股票价值时的重要指标。其计算公式为：

$$每股盈余=\frac{税后利润-优先股股利}{发行在外的加权平均普通股股数}\times 100\%$$

(2)股息发放率

股息发放率反映普通股股东从每股的净收益中分得多少股息。对股东而言,该指标比每股盈余更直接体现当前利益。

$$股息发放率=\frac{每股股息}{每股净收益}\times 100\%$$

(3)普通股获利率

普通股获利率指股东每股可以从公司收取的股息除以市价,衡量股东真正实现的报酬大小。

$$普通股获利率=\frac{每股股息}{每股市价}\times 100\%$$

(4)市盈率

市盈率又称本益比,指投资者为获得单位盈余所付出的成本。原则上,倍数越低,说明公司股票上涨潜力越大,投资价值越高。

$$市盈率=\frac{每股市价}{每股盈余}\times 100\%$$

(5)本利比

本利比与市盈率的道理相近,只是用每股股利代替每股盈余,因此本利比通常比市盈率高(因为公司盈余不可能全部派发)。

$$本利比=\frac{每股市价}{每股股利}$$

(6)投资收益率

投资收益率反映公司利用资金进行投资的获利能力。指标值越高,说明获利能力越强。

$$投资收益率=\frac{投资收益}{平均投资额}\times 100\%$$

(7)每股净资产

每股净资产反映了每股普通股所代表的股东权益额,是支撑股票市场价格的基础,通常被认为是股价下跌的最低价。该指标值越大,表明公司抵御外部因素影响的能力越强。

$$每股净资产=\frac{净资产}{投资在外的普通股股数}$$

(8)净资产倍率

净资产倍率表明股价以每股净值的若干倍在流通转让,可用来评价股价相对于净值是否被高估。该倍率越小,说明股票的投资价值越高。

$$净资产倍率=\frac{每股市价}{每股净值}$$

关键术语

证券投资基本分析　行业

应知考核

一、单项选择题

1. 市盈率的计算公式是(　　)。

A. 每股价格乘以每股收益　　B. 市场价格除以账面价值

C. 每股价格除以每股收益　　D. 每股价格加上每股收益

2. 流动资产与流动负债之间的比率,称为(　　)。

A. 资产负债率　　B. 资产净利率　　C. 流动比率　　D. 产权比率

3.(　　)是其他分析方法的基础和前提,也是种最简单、最重要的分析方法。

A. 基本分析　　B. 技术分析　　C. 心理分析　　D. 学术分析

4. 主要探讨各项经济指标和经济政策对证券价格的影响的是(　　)。

A. 宏观经济分析　　B. 行业分析　　C. 公司分析　　D. 基本分析

5.(　　)是基本分析的重点。

A. 学术分析　　B. 技术分析　　C. 心理分析　　D. 公司分析

6. 经济活动低于正常水平的阶段是(　　)。

A. 萧条阶段　　B. 复苏阶段　　C. 繁荣阶段　　D. 衰退阶段

7. 萧条与繁荣的过渡阶段是(　　)。

A. 萧条阶段　　B. 复苏阶段　　C. 繁荣阶段　　D. 衰退阶段

8. 公用事业(如发电厂、煤气公司、自来水公司以及邮电通信等)和某些资本、技术高度密集型或稀有金属矿藏的开采等行业接近(　　)市场。

A. 完全竞争　　B. 完全垄断　　C. 垄断竞争　　D. 寡头垄断

9. 一般资本和技术密集型企业,由于需要巨额资金和先进技术而限制了大量新企业的加入,如钢铁冶炼、飞机制造等行业是(　　)市场。

A. 完全竞争　　B. 完全垄断　　C. 垄断竞争　　D. 寡头垄断

10.(　　)时期是行业发展的高峰时期,通常会持续较长时间。

A. 初创期　　B. 成长期　　C. 成熟期　　D. 衰退期

二、多项选择题

1. 基本分析的内容主要包括(　　)。

A. 宏观经济分析　　B. 行业分析

C. 区域分析　　D. 公司分析

2. 宏观经济分析的主要方法有(　　)。

A. 经济指标分析对比　　B. 计量经济模型

C. 概率预测　　D. 定性分析

3. 各种行业基本上可分为(　　)类型。

A. 完全竞争　　B. 完全垄断　　C. 垄断竞争　　D. 寡头垄断

4. 行业的生命周期可分为(　　)。

A. 初创期　　B. 成长期　　C. 成熟期　　D. 衰退期

5. 对公司的偿债能力分析主要包括(　　)。

A. 资产负债率　　B. 流动比率　　C. 速动比率　　D. 市盈率

三、判断题

1. 基本分析是以价值分析理论为基础。 ( )
2. 基本分析是对证券内在短期投资价值的研究。 ( )
3. 经济指标有三类:先行指标;同步指标;滞后指标。 ( )
4. 一般而言,一国经济越开放,证券市场国际化程度越高,汇率影响就越小。 ( )
5. 一般来说,利率上升,可以使证券价格上升;利率下降,可以使证券价格下降。 ( )

四、简述题

1. 简述证券投资基本分析的概念及特点。
2. 简述宏观经济与证券市场的关系。
3. 简述影响行业兴衰的主要因素。
4. 简述经济周期与行业分析。
5. 简述公司经营管理能力分析。

应会考核

■观念应用

【背景资料】

行业分析

2008 年,我国政府出台了 4 万亿元的经济刺激方案,鼓励和加大道路设施建设、国家电网、新能源、农村基础设施、社会保险等领域的投入。

【考核要求】

问题:试分析政府的财政经济刺激计划对我国证券市场相关行业的影响。

■技能应用

公司财务分析

某股份公司 2019 年年末的财务报表如下(见表 1):

表 1　　资产负债表

编制单位:某公司　　金额单位:万元

资　产	年初	年末	负　债	年初	年末
流动资产			流动负债合计	220	218
货币资金	100	95			
应收账款净额	135	150	长期负债合计	290	372
存货	160	170	负债合计	510	590
待摊费用	30	35			
流动资产合计	425	450	所有者权益合计	715	720
固定资产净值	800	860			
合　计	1 125	1 310	合　计	1 225	1 310

该公司 2019 年销售收入净额 1 014 万元(其中赊销收入 570 万元)。

【技能要求】

根据上表计算出下列财务比率。(计算结果保留两位小数)

(1)该公司 2019 年年末的速动比率。

(2)该公司 2019 年年末的总资产周转率。

(3)该公司 2019 年年末的产权比率。

(4)该公司 2019 年年末的资产负债比率。

(5)该公司 2019 年年末的固定资产周转率。

(6)该公司营运资金与上年比增加的百分比。

■ 案例分析

【情境与背景】

债券收益分析

行业解读:万科靠什么实现高成长

自 2012 年起,房地产行业整体上的日子非常不好过,许多房地产商甚至到了步履艰难的地步。但是,行业龙头老大万科却再次展现出了"王者雄风"——一份堪称靓丽的年报,使得万科再次成为市场关注的焦点,也让投资者对整个房地产板块增多了几分美好的遐想。

万科在 2012 年 2 月 28 日公布年报,公司实现净利润 125.51 亿元,同比增长 30.4%;净资产收益率达到 19.66%,创 1993 年以来最高水平;每股收益达到 1.14 元,并将实施每 10 股派现 1.8 元。

万科披露的数据还显示,公司不仅销售规模在 2010 年就已经突破了千亿元,营业收入也在 2012 年突破了千亿元,达到 1 031.2 亿元,同比增长了 43.7%,稳居房地产行业第一。这使得万科成为行业内资金最为充裕、财务结构最为稳健的企业之。2012 年年底,万科所持有的货币资金量达 522.9 亿元,远超短期借款和一年内到期的长期借款总和;而公司的净负债率仅为 23.5%,继续处于行业低位。

受公司公布年报的提振,万科股价在 2 月 28 日当天大幅飙升,并带动整个房地产板块不顾高悬于头上的调控政策的威慑,纷纷走出上涨行情。

净资产收益率是衡量一家公司成长性的重要指标。万科 2012 年的净资产收益率比肩 1993 年,而过来人都清楚,1993 年前后正是东南沿海开放地区房地产业方兴未艾的时候,也是房地产行业处处暴利的时候。自那时以来的 20 年间,整个行业虽不断在裂变中壮大,却也不断经历着风风雨雨、起落轮回,特别是近几年伴随着房价飞涨而招致的层层政策调控打压,使得不少房企不仅利润大减,而且财务状况不断恶化,甚至连生存都出现了危机,而万科却能够在这样的市况面前仍然实现高速增长,靠的是什么?

【分析要求】

针对情境与背景分析上述案例。

项目实训

【实训项目】

证券投资基本分析。

【实训情境】

能够对各行业的投资价值进行判断并用于指导投资活动。组建学习小组,介绍行业分析的要求；引导学生利用互联网和证券交易软件进行信息收集：

(1)参考网站：http://www.cs.com.cn/（中国证券报）；http://www.eastmoney.com/（东方财富网）；http://finance.sina.com.cn/（新浪财经）

(2)证券交易软件：同花顺证券交易软件；华安大智慧证券交易软件

【实训任务】

1. 分析行业投资价值。

2. 填写实训报告

《证券投资基本分析》实训报告		
项目实训班级：	项目小组：	项目组成员：
实训时间： 年 月 日	实训地点：	实训成绩：
实训目的：		
实训步骤：		
实训结果：		
实训感言：		

项目八

证券投资技术分析

项目八课件

○ 知识目标

理解：证券投资技术分析的概念；运用技术分析时应注意的问题。

熟知：技术分析的基本假设；技术分析的要素。

掌握：技术分析主要理论；技术分析主要指标。

○ 技能目标

能够正确认知证券投资技术分析，结合证券投资技术分析的主要方法，熟悉压力线、支撑线、趋势线及常见的持续整理形态和反转突破形态；提高专业知识的应用能力、职业判断能力和相关知识的更新能力。

○ 素质目标

能够运用证券投资技术分析基本知识，能结合社会经济实际，提高分析问题的能力、语言表达能力和与人合作的能力。

○ 项目引例

K线分析

2020年1月8日，潍柴动力开盘价19.00元、收盘价19.01元、最高价19.30元、最低价18.78元，涨幅0.05%。在K线图上留下了一个带上下影线的十字星(见图1)，这个十字星包含怎样的含义呢?

思考与讨论：

这个上下影线的十字星让你想到了什么呢？此股的后市情况如何？

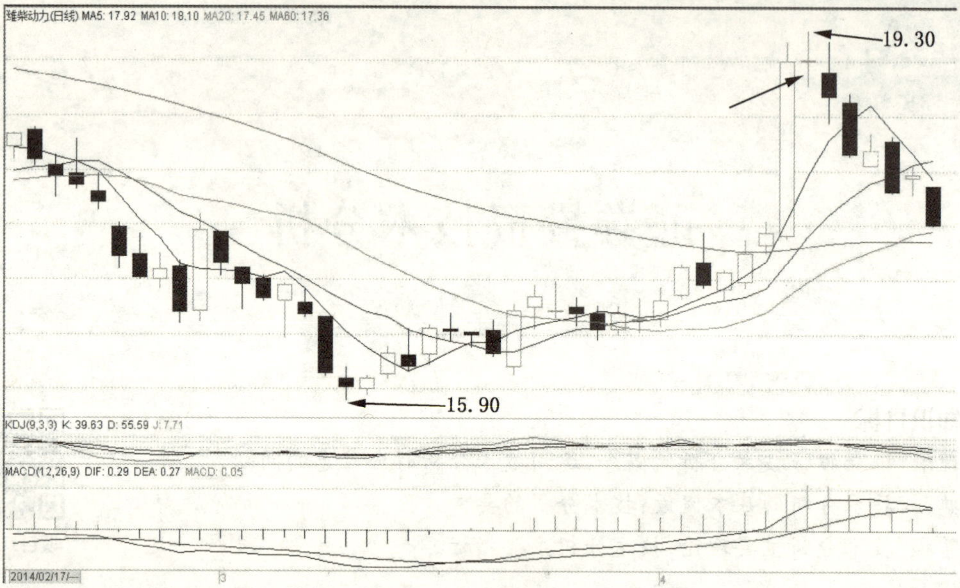

图 1 十字星图形

○ 知识精讲

任务一 证券投资技术分析概述

一、证券投资技术分析的概念

技术分析是指抛开证券内在价值，仅对证券的市场行为进行分析，从而决定证券投资时机的一种分析方法。技术分析强调从市场行为本身出发，运用统计学、心理学等科学原理与方法，分析价格、成交量和技术指标等已经发生的市场资料数据，预测证券价格的变动趋势。其要点是通过观察分析证券在市场中过去和现在的具体表现，运用有关逻辑、统计等方法，归纳总结出在过去的历史中所出现的典型的市场行为特点，得到一些市场行为的固定模式，并利用这些模式来预测证券市场未来的变化趋势。

技术分析围绕二级市场交易展开，以著名的道氏理论和K线理论为理论支撑，目前常用的有K线理论、波浪理论、形态理论、趋势理论和技术指标分析等。

二、技术分析的基本假设

技术分析的理论依据由一些主要的理论假设所组成，这些理论假设包括以下三个方面：

(一)市场行为涵盖一切信息

其基本思想是：任何一个影响证券市场的因素，最终都必然体现在股票价格的变动上。外在的、内在的、基础的、政策的和心理的因素，以及其他可能影响股价的因素，都已经在市场行为中得到了反映。

作为技术分析人员，不必对影响股票价格的因素具体是什么过多关心。技术分析家们并不关注价格上涨或下跌的原因，而只关注价格上涨或下跌本身所将带来的结果。同样，技术分析在通过研究市场行为来预测市场价格变动的趋势时，也不关注该市场行为形成的原因，而只关注该市场行为会给价格带来怎样的影响。

(二)价格沿趋势移动

趋势的概念对于技术分析方法来说是必需的，技术分析者们必须接受这样一个前提，即市场确实有趋势可循，股价的变动符合一定的规律，否则，技术分析的预测作用就无从体现。也正是由于这一条，技术分析者们才花费大量心血，试图找出股票价格变动的规律。

这个基本前提的推论是：价格按照某种趋势运动，在外部条件不变的情况下，这种正常进行中的趋势将会一直持续，而非反转。即股价的变动按照一定的规律进行，股价有保持原来方向的惯性。

这项假设借鉴了物理学中的牛顿惯性定律。根据这项假设，一个趋势一般情况下将持续下去，除非出现一些外来力量使趋势停止甚至反转。因此，投资者无须搜集大量决定股票价值因素的资料，只需要一直跟随趋势进行操作，直到它显示出反转的迹象为止。

(三)历史往往会重演

这条假设是从人的心理因素方面考虑的。技术分析的大部分关于主体与市场行为的研究与心理学和其他一些人文科学分不开。市场中进行具体买卖的是人，是由人决定最终的操作行为。这一行为必然要受到人类心理学中某些规律的制约。

在证券市场上，如果一个人在某种情况下按一种方法进行操作取得了成功，那么今后再遇到类似环境的时候，他就会按照上次成功的方法进行操作；如果前一次失败了，他就不会照搬前次的操作方法。投资者在进行技术分析时，一旦遇到与过去某一时刻相同或相似的情况，就会不自觉地与过去的结果进行比较。因此，技术分析认为，根据历史资料概括出的规律本身已经包含了未来证券市场的一切变化趋势，可以根据历史预测未来。

三、技术分析的要素

证券市场中，价格、成交量、时间和空间是进行分析的要素。这几个因素的具体情况和相互关系是进行正确分析的基础。

(一)价、量关系

市场行为最基本的表现就是成交价和成交量。过去和现在的成交价、成交量涵盖了过去和现在的市场行为。技术分析就是利用过去和现在的成交价、成交量资料，以图形和指标分析工具来分析、预测未来的市场走势。在某一时点上的价和量反映的是买卖双方在这一时点上共同的市场行为，是双方的暂时均衡点。随着时间的变化，均衡会被不断地打破和重新建立，这就是价量关系的变化。

一般说来，买卖双方对价格的认同程度通过成交量的大小得到确认。认同程度小，分歧大，成交量小；认同程度大，分歧小，成交量大。双方的这种市场行为反映在价、量上就往往呈现出这样一种趋势规律：价升量增，价跌量减。根据这一趋势规律，当价格上升时，成交量不再增加，意味着价格得不到买方确认，价格的上升趋势就将会改变；反之，当价格下跌时，成交量萎缩到一定程度就不再萎缩，意味着卖方不再认同价格继续往下降了，价格下跌趋势就将会改变。

(二)时、空关系

在进行行情判断时，时间有着很重要的作用。一个已经形成的趋势在短时间内不会发生根本改变,中途出现的反方向波动,对原来趋势不会产生大的影响。一个形成了的趋势又不可能永远不变,经过一定时间又会有新的趋势出现。循环周期理论着重关心的就是时间因素,它强调了时间的重要性。

在某种意义上讲,空间可以认为是价格的一方面,指的是价格波动能够达到的极限。

四、运用技术分析时应注意的问题

使用技术分析方法最大的忌讳就是将技术分析的结论"神话"或"机械化",这是绝大多数投资者容易犯的错误。

(一)技术分析必须与其他分析方法相结合

仅靠过去和现在的数据、图表去预测未来是不可能完全可靠的。任何一种工具的使用都有其适用范围,需要将技术分析和其他分析方法相结合,提高准确度。

(二)切忌片面地使用单一的技术分析方法

技术分析方法包括 K 线、切线、形态、价量、指标等多种理论,这些理论各有其优势。片面孤立地使用一种技术分析方法会带来很大的局限性和盲目性。不同的技术分析方法在不同的场合会有不同的表现,在什么场合、用什么方法是需要根据实际的市场情况灵活使用的。

(三)已经存在的结论要经过自己的实践验证后才能放心地使用

前人和他人总结的理论是在一定的条件和环境中得到的。随着环境的改变,其他人成功的方法照搬到自己的交易实践中有可能会产生不同的结果。此外,投资者的性格特点也会对投资结果产生一定影响。投资能否获得投资收益除了掌握理论之外,是多种因素综合作用的结果。在从书本上获取一般原理和他人经验的同时,要通过实践对这些经验进行仔细推敲,总结出适合于自己使用的部分。

(四)技术分析的本质是一种概率分析

技术分析的大部分结论所依据的是"历史会重演"。从统计学的观点来看,这实际上是进行统计分析,必然会涉及错误率的问题。技术分析方法总结出的成功率较高的结论,也会有出错的时候。但是并不能因为小概率亏损事件的发生而证明"买进的决策是错误的"这个结论。技术分析原理掌握得再好,也并不能保证每一次投资都能获益。

任务二　技术分析主要理论

一、道氏理论

道氏理论是股市技术分析的鼻祖,是各种技术分析方法的理论基础。为了反映市场的总体趋势,它创立了著名的道琼斯工业平均指数,并认为市场价格指数可以解释和反映市场的大部分行为。

道氏理论认为,股价变动趋势有三种,即长期趋势、中期趋势和短期趋势,三种趋势同时存在、相辅相成。

1. 长期趋势分析

证券市场的长期趋势又称主要趋势(Primary Trend),它是指连续 1 年或 1 年以上的证券价格的变化趋势,是市场价格运动的主要方向。长期趋势包括两个相反趋势,一部分是上升趋势，另一部分是下降趋势。

(1)上升趋势。它通常包括三个阶段：

第一阶段：进货阶段。市场表现为价升量增。买方对发行证券的企业盈利情形看好，开始买进被悲观的卖方卖出的股票和债券，或者卖方由于种种原因减少卖出量，这一切导致了证券市场价格的徐徐上升。在这一阶段，企业公布的财务报表显示的企业财务状况尚属一般，投资者对证券买卖尚存戒心，证券市场交易不很活跃，但交易量开始增加。

第二阶段：上升阶段。投资者入市，价格上升较快。证券市场价格已经上升，企业盈余的增加导致了证券市场交易量的增加；企业收益情况的好转已引起投资者的注意，敏感的投资者在这一阶段可能获利颇丰。

第三阶段：沸腾阶段。价格迅速上扬，成交量激增。证券市场上各种证券的价格已经升至一个高峰，投资者争先恐后购买证券，股市一片沸腾，交易量很大；企业收益情况渐入佳境的事实已为投资者熟悉与知晓；企业趁此机会大量发行新的股票和债券。

(2)下跌趋势。它通常也包括三个阶段：

第一阶段：出货阶段。由于先入市的投资者获利丰厚，不断平仓了结，股价见顶回落，上述的上升趋势已经结束。交易额虽然并未下降，反而略有增加，但已有减少的趋势；投资者参与交易仍然很活跃，但获得的差价利益已经大大减少，整个购买气氛已经冷却下来；敏感的投资者预感到企业的收益达到高峰，于是提前将其所持有的证券卖出以获取差价利益。

第二阶段：恐慌阶段。此时，股价呈垂直下跌状，成交量的比例差距达到最大。这时，买方数量减少而卖方数量增多，证券价格急剧下跌，交易量已大幅度减少，投资者参与交易的活跃程度已大幅度下降。这一阶段过后，一般都必须经过较长期间的喘息或停滞才进入第三阶段。

第三阶段：结束阶段。此时，下跌趋势并没有加速，低价股可能在第一或第二阶段就跌掉了前面多头市场所涨升的部分。业绩较为优良的股票持续下跌，因为这种股票的持有者是最后动摇信心的。各种坏消息弥漫整个证券市场，只有在这些坏消息消失之后，这一阶段才告结束。

2. 证券市场的中期趋势分析

证券市场的中期趋势也称次要趋势(Secondary Trend)，是指连续3周以上、1年以下(中国一般在3个月)证券价格的变化趋势。它是主要趋势进行过程中的调整。证券市场的中期趋势与其长期趋势有密切的关联，这主要表现在：

第一，中期趋势的证券价格波动幅度为长期趋势的升降幅度的1/3左右。

第二，当中期趋势下跌时，若其谷底较上期谷底为高，就表明长期趋势上升；反之，当中期趋势上升时，若其波峰较上期波峰为低，就表示长期趋势下降。如图8—1所示。

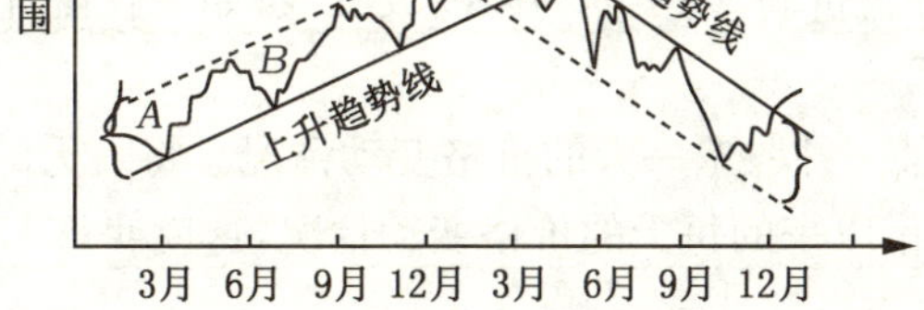

图8—1　证券市场的中期趋势

图中左半部所表示的情形是：中期趋势不断地上升或下降，但其下降时的谷底却总是较上期的谷底为高，则意味着长期趋势上升。图中右半部所表示的情形是：中期趋势不断地上升或下降，但其上升时的波峰却总是较上期的波峰为低，则意味着长期趋势下降。而对于投资者来说，至关重要的是寻找长期趋势从上升转为下降或从下降转为上升的转折点。

道氏理论认为，长期趋势上升与下降的转折点应根据道琼斯工业股指数及铁路股指数的运动方向互证来判断确定。

3. 证券市场短期趋势分析

证券市场的短期趋势也称短暂趋势(Near Term Trend)，是指连续 6 天以内的证券交易价格的变化趋势。它是次要趋势中的调整。短期趋势可能是人为操纵而形成的，这与客观反映经济动态的中长期趋势有本质的不同。鉴于此，证券市场的短期趋势一般不被人们作为重要趋势分析的对象。当然也应该承认，证券市场的短期波动也是形成中期趋势和长期趋势的基础。证券市场的长期趋势运动犹如海潮，中期趋势好比海浪，而短期趋势就像微波。海潮既有涨潮也有退潮；海浪寄于海潮之中，虽排空大浪也不能抗逆海潮；微波寄于海浪之中，几股微波连接在一起就可形成海浪。

对于投资者来说，证券市场趋势分析的重要意义在于把握时机，通过适时地买卖证券来获取利益。这里重要的问题有两点：一是要弄准证券市场的趋势是上升还是下降；二是要认识清楚投资者自己目前所处的位置。如果长期趋势处于上升阶段，则在中期趋势上升到一个顶峰时不要急于将证券脱手，因为更好的卖出机会在后面。此时如能清楚自己的位置，静下心来等等看，证券在手中多放一段时间会卖出更好的价钱。同样道理，当证券市场的长期趋势是上升而中期趋势处于下跌之势时，也不必为自己手中证券贬值而恐慌，因为不久证券市场的价格总要涨起来的。如果证券市场的长期趋势处于下跌阶段，即使中期趋势处于上升状态，甚至达到较高的顶峰，也不要盲目乐观，应抓紧时间把证券赶快出手，否则将失去一次机会，而且近期恐怕再难等到比现在更好的机会了。

道氏理论适于判断大势，做长期趋势分析，对每日每时都发生的小波动无能为力，对选股作用不大，且由于理论的结论落后于实际价格，信号太迟，所以短线操作性较差。

二、K 线理论

(一)K 线的概念

K 线又称日本线，它起源于日本。当时日本还没有股票市场，K 线只是用于米市交易，经过上百年的运用和变更，目前已经形成了一整套 K 线分析理论。

K 线是将某一种股票一天的价格变动情况用蜡烛形连接起来的图形。价格的变动主要体现在四个价格上，即开盘价、最高价、最低价和收盘价。K 线由影线和实体组成。影线在实体上方的部分叫上影线，下方的部分叫下影线。实体分阳线和阴线两种，又称红(阳)线和黑(阴)线。如果收盘价比开盘价高，则实体为阳线或红线；如果收盘价比开盘价低，则实体为阴线或黑线，如图 8－2 所示。

一条 K 线记录的是某一种股票一天的价格变动情况。将每天的 K 线按时间顺序排列在一起，就组成该股票自上市以来的每天的价格变动情况，这就叫日 K 线图。

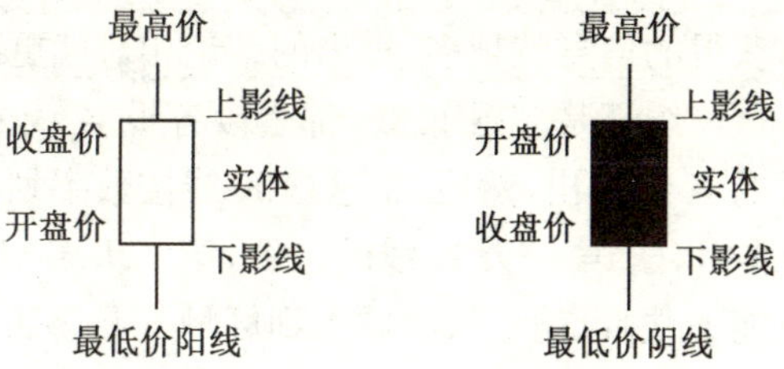

图 8—2　K 线的两种常见形态

(二)K 线的主要形状

除了图 8—2 所画的 K 线形状外,由于四个价格的不同取值,还会产生其他形状的 K 线。概括起来,常见的 K 线有如图 8—3 所示的几种。

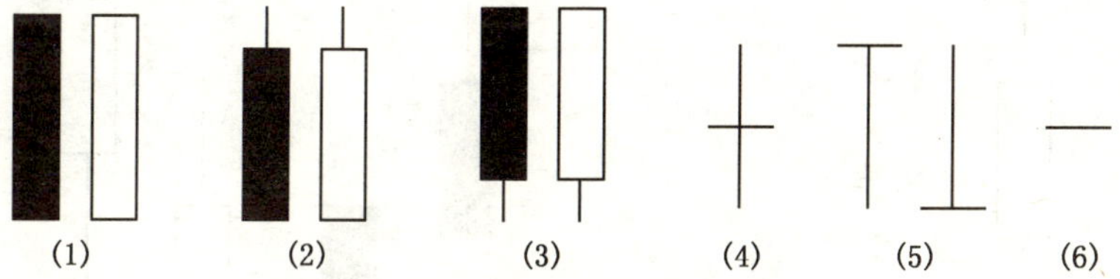

图 8—3　K 线常见的几种形状

(1)光头光脚的阳线和阴线。这种 K 线既没有上影线又没有下影线。当收盘价和开盘价分别与最高价和最低价中的一个相等时,就会出现这种 K 线。

(2)光脚阳线和光脚阴线。这是没有下影线的 K 线。当开盘价或收盘价正好与最低价相等时,就会出现这种 K 线。

(3)光头阳线和光头阴线。这是没有上影线的 K 线。当收盘价或开盘价正好与最高价相等时,就会出现这种 K 线。

(4)十字形。当收盘价与开盘价相同时,就会出现这种 K 线,它的特点是没有实体。

(5)T 字形和倒 T 字形。在十字形的基础上,如果再加上光头或光脚的条件,就会出现这两种 K 线。它们没有实体,而且没有上影线或者没有下影线,形状像正和倒的英文字母 T。

(6)一字形。这是一种非常特别的形状,同十字形和 T 字形 K 线一样,没有实体,并且它的四个价格相等。这种情况在国外非常罕见,往往是在发行一个事先定好价格的股票时,会遇到这种情况。在中国由于实行涨跌停板制度,经常可以看到此图形。

除了日 K 线外,我们还可以画周 K 线、月 K 线和年 K 线。其画法与日 K 线几乎完全一样,区别只在四个价格时间参数的选择上。周 K 线是指这一周的开盘价、这一周之内的最高价和最低价,以及这一周的收盘价。月 K 线则是这一个月之内的四个价格。周 K 线和月 K 线的优点是反映趋势和数周期比较清晰。

(三)K 线的应用

K 线图其实是将买卖双方一段时间以来实际"战斗"的结果用图形表示出来的方法之一。从中能够看到买卖双方在争斗中力量的增加和减少、风向的转变,以及买卖双方对争斗结果的认同。

K线的应用有单独一根K线的应用和两根K线、三根K线乃至多根K线组合的应用，一般来说，取得根数越多，获得的信息就越多，得出的结论相对就更准确，可信度也更大些。

无论是两根K线、三根K线还是多根K线，都是以各根K线的相对位置的高低和阴阳来推测行情的。将前一天的K线画出，然后，将这根K线按数字划分成五个区域，如图8-4所示。之后，看第二天K线相对于第一天K线的位置，第二天多空双方争斗的区域越高，越有利于上涨；越低，越有可能下跌，也就是从区域1到区域5是多方力量减少、空方力量增加的过程。

例如，如果出现连续两阴两阳线的情况（见图8-5），是多空双方的一方已经取得决定性胜利，今后将以取胜的一方为主要运动方向。左图是空方获胜，右图是多方获胜。第二根K线实体越长，超出前一根K线越多，则取胜的一方优势越大。

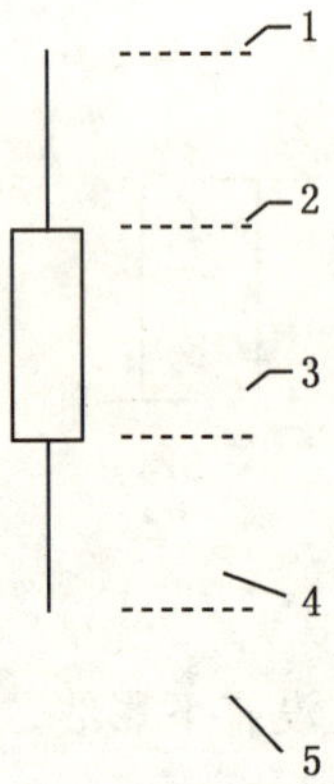

图8-4 K线区域划分

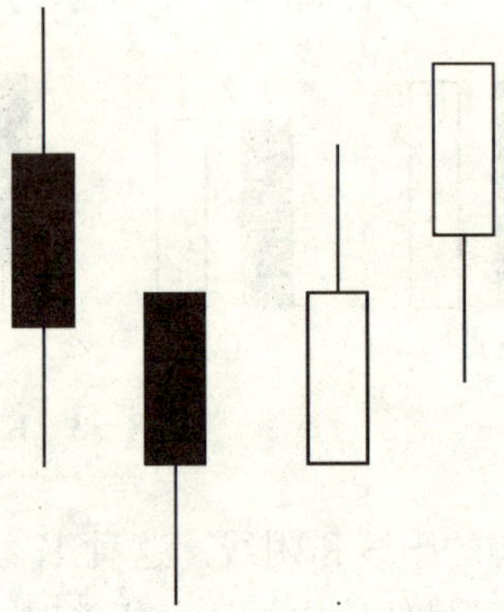

图8-5 连续两阴、两阳

总之，无论K线的组合多么复杂，考虑问题的方式是相同的，都是由最后一根K线相对于前面K线的位置来判断多空双方的实力大小。

（四）应用K线组合应注意的问题

无论是一根K线，还是两根、三根K线以至多根K线，都是对多空双方的争斗做出的一个描述，由它们的组合得到的结论都是相对的，不是绝对的。对具体进行股票买卖的投资者而言，结论只是起一种建议作用。

在应用时，有时会发现运用不同种类的组合会得到不同的结论。有时应用一种组合得到明天会下跌的结论，但是次日股价没有下跌，而是出现与事实相反的结果。这个时候的一个重要原则是尽量使用根数多的K线组合的结论，将新的K线加进来重新进行分析判断。一般说来，多根K线组合得到的结果不大容易与事实相反。

三、切线理论

证券投资一定要弄准证券市场的趋势是上升还是下降，是暂时的还是长久的，然后再认识清楚投资者自己目前所处的位置。也就是说要“顺势而为”，不要“逆势而动”。要认清趋势，就需要运用切线理论和方法，它是一种帮助人们识别大势是继续维持原方向还是将要掉头反向而去的较为实用的方法。

切线理论是用画辅助线的方法寻找股价运动的规律和未来运动的方向，从而使投资者对股价的变动趋势进行科学预测，选择买卖时机。切线理论中的切线主要包括趋势线、轨道线、黄金分割线、百分比线等。

（一）趋势分析

1. 趋势的概念

趋势就是指股票价格的波动方向。若确定了一段上升或下降的趋势，则股价的波动必然朝着这个方向运动。上升行情中，虽然有时有下降，但不影响上升的大方向；同样，下降行情中也可能上升，但不断出现的新低使下降趋势不变。

一般来说，市场变动不是朝一个方向直来直去，中间肯定要有曲折，从图形上看就是一条曲折蜿蜒的折线，每个折点处就形成一个峰或谷。由这些峰和谷的相对高度，可以看出趋势的方向。

2. 趋势的方向

趋势从其发展的方向看，可分为上升方向、下降方向和水平方向三种（见图 8—6）。如果价格波动图形中后面的峰与谷都高于前面的峰与谷，表明趋势是上升方向；如果图形中后面的峰与谷都低于前面的峰与谷，则表明趋势是下降方向；如果价格图形中后面的峰与谷和前面的峰与谷相比没有明显的高低之分，几乎呈水平延伸.则表明趋势是水平方向。

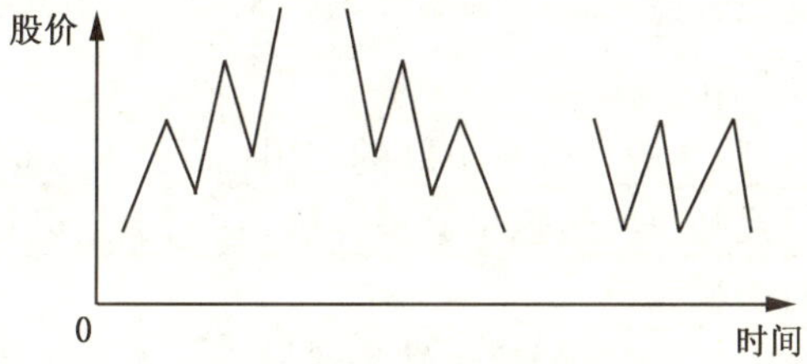

图 8—6　趋势的三种方向

3. 趋势的类型

按趋势运行的时间分类，趋势分为长期趋势、中期趋势和短期趋势三个类型。

（1）长期趋势是股价变动的大方向，一般持续时间很长，可达半年甚至几年。对于投资者而言，只有了解并掌握了长期趋势，才能真正做到顺势而为。

（2）中期趋势是股价在长期趋势运行过程中进行的调整，它一般不会改变长期趋势的发展方向，是总运动中的局部反方向运动过程，也就是常说的调整和反弹，时间跨度较短。

（3）短期趋势是股价（股市）在短时间内的变动趋势，是对中期趋势的调整。时间一般很短，短则数小时，长则数天。

（二）支撑线和压力线

1. 支撑线和压力线的概念

（1）支撑线又称抵抗线（见图 8—7），是指当股价下跌到某个价位附近时，会出现买方增加、卖方减少的情况，从而使股价停止下跌，甚至有可能回升。这个起着阻止股价继续下跌的价格就是支撑线所在的位置。支撑线起到了阻止股价继续下跌的作用。

（2）压力线又称阻力线（如图 8—7 所示），是指当股价上涨到某个价位附近时，会出现卖方增加、买方减少的情况，从而使股价停止上涨，甚至有可能回落。这个起着阻止股价继续上涨的价格就是压力线所在的位置。压力线起到了阻止股价继续上涨的作用。

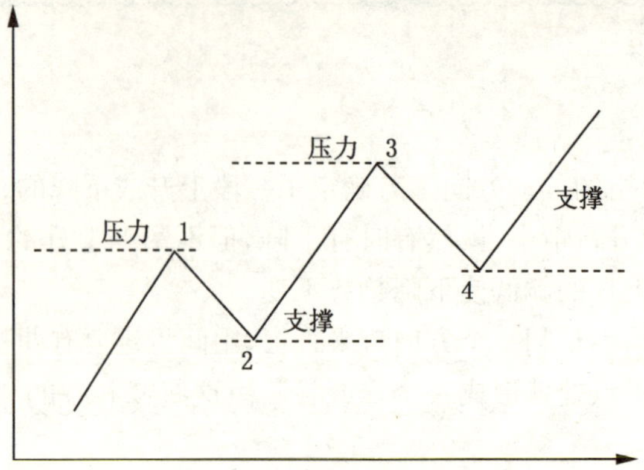

图 8—7 支撑线和压力线

有些人会产生这样的误解,认为只有在下跌行情中才有支撑线,只有在上升行情中才有压力线。其实,在下跌行情中也有压力线,在上升行情中也有支撑线。但是由于在下跌行情中人们最注重的是跌到什么地方,所以关心支撑线就多一些;在上升行情中人们更注重涨到什么地方,所以关注压力线多一些。

2. 支撑线和压力线的作用

支撑线起着阻止或暂时阻止股价继续下跌的作用;而压力线起着阻止或暂时阻止股价继续上升的作用。不过,支撑线和压力线迟早会被突破,它们不足以长久地阻止股价保持原来的变动方向,只是使之暂时停顿而已。

支撑线和压力线有时会成为重要的趋势转折线。当一个长期的涨势受阻于某一压力位时,上升趋势就会处于极为关键的时刻,一旦随后的走势无力攻克前一压力位,则会演变成各种反转形态(如 M 头、三重顶等)或盘整形态,反之亦然。(见图 8—8)

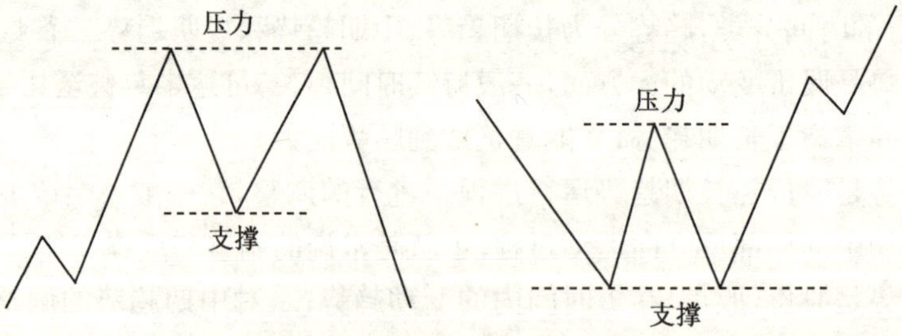

图 8—8 支撑线和压力线

3. 支撑线和压力线的相互转化

一条压力线被市场有效突破后,股价会上升,当股价再次下跌到该线时,该压力线将转化为支撑线。一条支撑线被市场有效跌破后,股价会下跌,当股价再上升到该线时,该支撑线将转化为一条新的压力线(见图 8—9)。

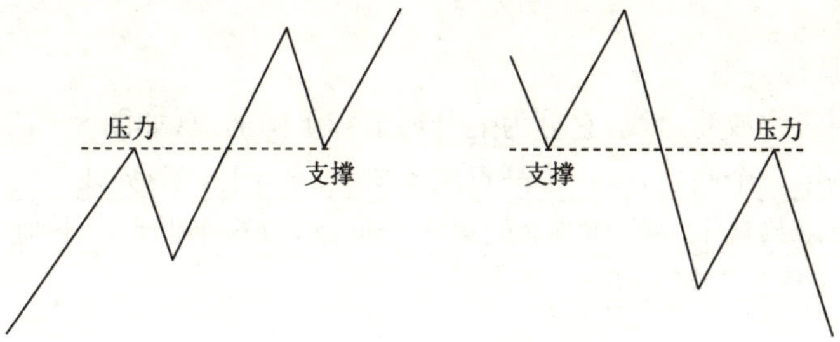

图 8—9 支撑线和压力线的相互转化

(三)趋势线

1. 趋势线的概念

趋势线是表现证券价格波动趋势的直线,它是将一段时间内股价波动的低点或高点依次相连,形成一条向上或向下倾斜的直线。从趋势线的方向中,可以明确地看出价格波动的趋势。趋势线可分为上升趋势线和下降趋势线两种。在上升趋势中,将两个上升的低点连成一条直线,就得到上升趋势线;在下降趋势中,将两个下降的高点连成一条直线,就得到下降趋势线(见图 8—10)。

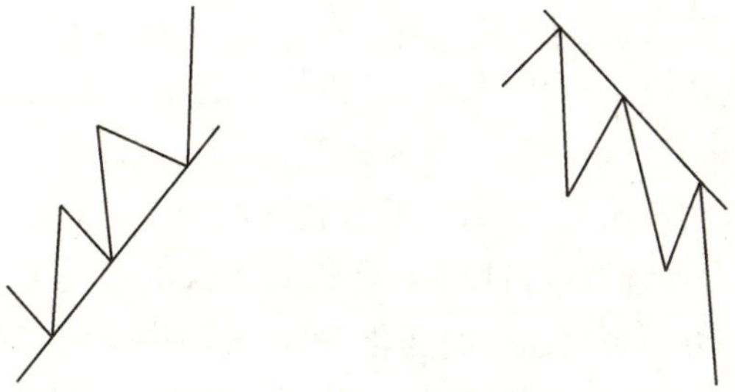

图 8—10 上升和下降趋势线

2. 趋势线的作用

一般来说,趋势线有两种作用:

①趋势线使股价总是保持在这条线的上方(上升趋势线)或下方(下降趋势线)。实际上,就是起支撑和压力作用。

②趋势线被有效突破后,就预示着股价的下一步的走势将要反转方向。越重要、越有效的趋势线被突破后,其反转的信号越强烈。被突破后的趋势线原有的支撑和压力作用将会相互交换,原来的支撑线现在起压力作用,原来的压力线将起支撑作用(如图 8—11 所示)。

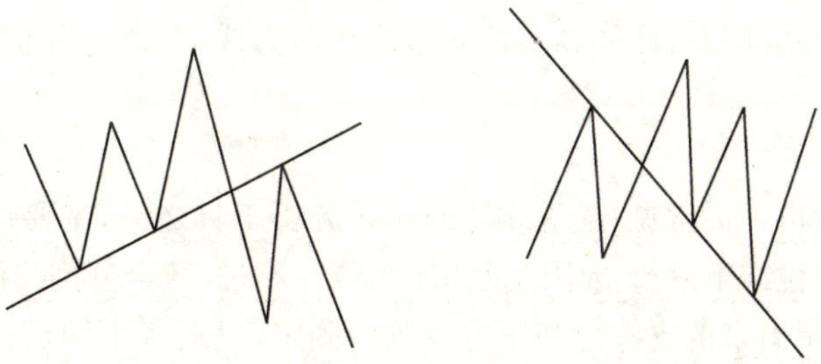

图 8—11 趋势线被突破后的转向作用

(四)轨道线

1. 轨道线的概念

轨道线又称通道线或管道线,它分为上升通道和下降通道(如图 8—12 所示)。在上升趋势上寻找其波动的第一个高点,以这个高点向上画一条与上升趋势线平行的直线,两者合称为上升通道。在下降趋势上寻找其波动的第一个低点,以这个低点向下画一条与下降趋势线平行的直线,两者合称为下降通道。

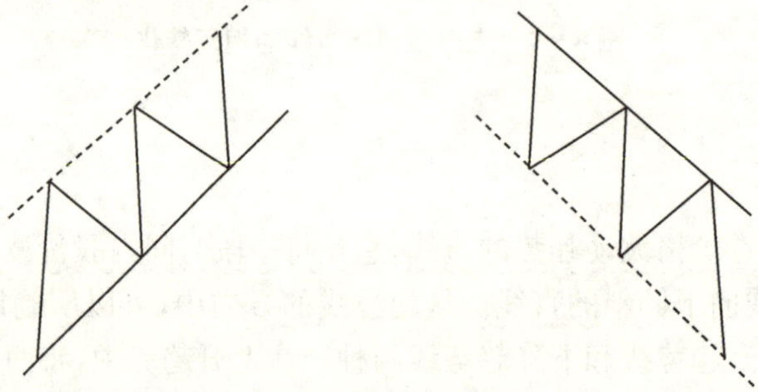

图 8—12 轨道线

2. 轨道线的作用

一个通道一旦得到确认,在一定时间内,价格将在这个通道里变动。如果通道上面的或下面的直线被突破,就意味着价格将有一个大的变化。

如果在一次波动中未触及通道线,离得很远就开始掉头,这往往是原有趋势将要改变的信号,因为市场已经没有力量继续维持原有的上升或下降的规模了。

投资者应利用通道一方面观察通道的变化,另一方面决定何时在通道内买入或卖出。在一个确定的上升通道中,价格回落到趋势线时,是买入的时机,而股价升到上升通道线时,便是短线获利了结的时机,反之亦然。

3. 轨道线的突破

当通道线被市场快速、有效地突破后,并不是趋势反向的开始,而是原来趋势加速的开始,即原来的趋势线的斜率将会增加,趋势线的方向将会更加陡峭。上升通道的上线被突破后,应是加码买入的好机会;下降通道的下线被突破后,则是卖出的好机会。

(五)黄金分割线和百分比线

黄金分割线和百分比线是两种重要的切线,这两条切线的共同特点是:它们都是水平的直线(其他的切线大多是斜的)。它们注重于支撑线和压力线的价位,而对什么时间达到这个价位不过多关心。对于水平切线而言,每个支撑位或压力位是相对固定的。为了弥补它们在时间上考虑得不周,在应用时,往往画多条支撑线或压力线,并通过分析,最终确定一条支撑线或压力线。

1. 黄金分割线

黄金分割线是股市中最常见、最受欢迎的切线分析工具之一,主要运用黄金分割来揭示上涨行情的调整支撑位或下跌行情中的反弹压力位。不过,黄金分割线没有考虑到时间变化对股价的影响,所揭示出来的支撑位和压力位较为固定,投资者不知道什么时候会达到支撑位与压力位。因此,如果股价指数或股价在顶部或底部横盘运行的时间过长,其参考作用则要打一定的折扣，但这并不影响黄金分割线作为使用切线工具的作用。

黄金分割线就是利用黄金分割比率进行的切线画法，在行情发生转势后，无论是止跌转升或止升转跌，以近期走势中重要的高点和底点之间的涨跌额作为计量的基数，将原涨跌幅按 0.191 、0.382、0.5、0.618、0.809 分割为 5 个黄金点，股价在反转后的走势将有可能在这些黄金分割点上遇到暂时的阻力或支撑。黄金分割率的原理源自斐波那契数字即大自然数字。黄金分割率中运用最经典的数字是 0.382、0.618，极易产生支撑和压力（如图 8－13 所示）。

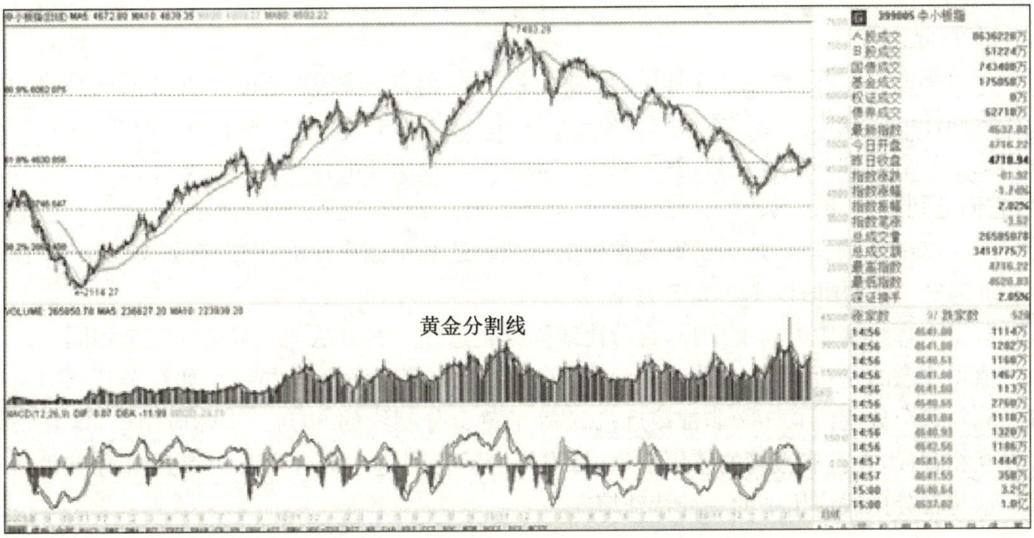

图 8－13　受到整个下跌幅度的黄金分割位压制

假设一只上涨的股票，由 10 元涨到 15 元，呈现一种强势，然后出现回调，那么在回调的过程中，黄金分割率 0.382 位的价格为 13.09 元，0.5 位的价格为 12.50 元，0.618 位的价格为 11.91 元，就是该股的三个支撑位。

如果股价在 13.09 元附近获得支撑，该股强势不改，后市突破 15 元创新高的概率较大。若创了新高，该股就运行在第三主升浪中。能冲到什么价位呢？用一个 0.382 价位，即(15－13.09)＋15＝16.91 元，这是第一压力位；用两个 0.382 价位，即(15－13.09)×2＋15＝18.82 元，为第二个压力位；第三个压力位为 10 元的整数倍即 20 元。

如果该股从 15 元开始下调至 12.50 元附近获得支撑，则该股的强势特征已经趋淡，后市突破 15 元的概率一般，若突破，高点一般能达到一个 0.382 价位即 16.91 元左右；若不能突破，往往形成 M 头，后市行情将趋于走弱。

如果该股从 15 元下调至 0.618 位，即 11.91 元，甚至更低才获得支撑，则该股已经由强转弱，破 15 元再创新高的可能性较小，大多仅在下调空间的 0.5 位附近，假设回调至 11.91 元，反弹目标位大约在(15－11.91)×0.5＋11.91＝13.46 元，然后再行下跌，运行该股的下跌 C 浪。大约下跌的价位是，11.91－(15－13.09)＝10 元，是第一支撑位，也是前期低点；11.91－(15－13.09)×2＝8.09 元，是第二支撑位。

假设一只下跌的股票由 40 元跌至 20 元，然后出现反弹，黄金分割率的 0.382 位为 27.64 元；0.5 位为 30 元；0.618 位为 32.36 元。

如果该股仅反弹至0.382位27.64元附近即遇阻回落，则该股的弱势特性不改，后市下破20元创新低的概率较大。

如果该股反弹至0.5位30元遇阻回落，则该股的弱势股性已经有转强的迹象，后市下破20元的概率一般。大多在20元之上再次获得支撑，形成w底，此后逐步恢复强势行情。

如果反弹至0.618位32.36元附近才遇阻回落，则该股的股性已经由弱转强，后市下破(32.36－20)×0.5＋20＝26.18元，然后再逐步走强。

黄金分割法对具有明显上升或下跌趋势的个股有效，对平台运行的个股无效，使用时需要加以区分。

2. 百分比线

当价格持续上涨，肯定会遇到压力，遇到压力后，就要回调，回调的位置是很重要的。百分比线同样可以提供一些参考价位。以一轮上涨行情开始的最低点和最高点两者之间的差，分别乘上几个特别的百分比数，就可以得到未来支撑位出现的位置。这些百分比数一共有九个，它们分别是：1/8、1/4、3/8、1/2、5/8、3/4、7/8、1/3、2/3，如图8－14所示。

之所以用分数表示，是为了突破整数的习惯。这九个数字中有些很接近，如3/8和1/3、2/3和5/8。在应用时以1/3、2/3为主。

对于下降行情中的向上反弹，百分比线同样也适用。其方法与上升情况完全相同。

值得注意的是：百分比线中有几条线非常接近或等于黄金分割线。如百分比线3/8＝37.5%与黄金分割线0.382非常接近；1/2等于黄金分割线的50%。实际应用中，这几条线可以互相替代，并且有很高的使用价值，每当行情运行到这一带时常常会遇到阻力或遇到支撑。这是百分比线应用中的一种特殊情况。

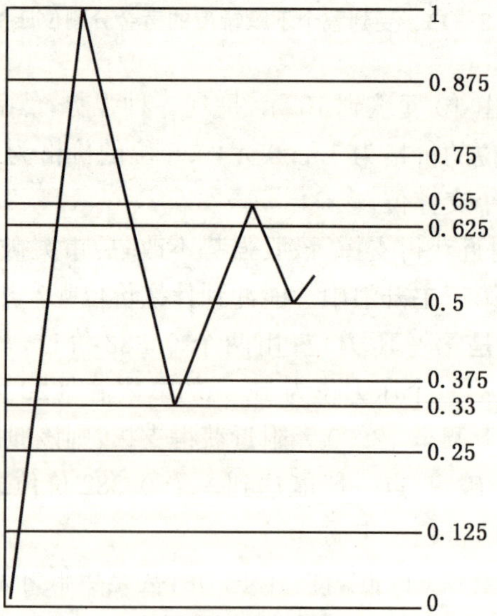

图8－14　百分比线

(六)甘氏线

甘氏线(Gann Line)分上升甘氏线和下降甘氏线两种，是由William D. Gann创立的一套独特的技术分析方法。甘氏线是William D. Gann将百分比原理和几何角度原理结合起来的产物。甘氏线是从一个点出发,依一定的角度,向后画出的多条直线,所以又称角度线,如图 8—15 所示。

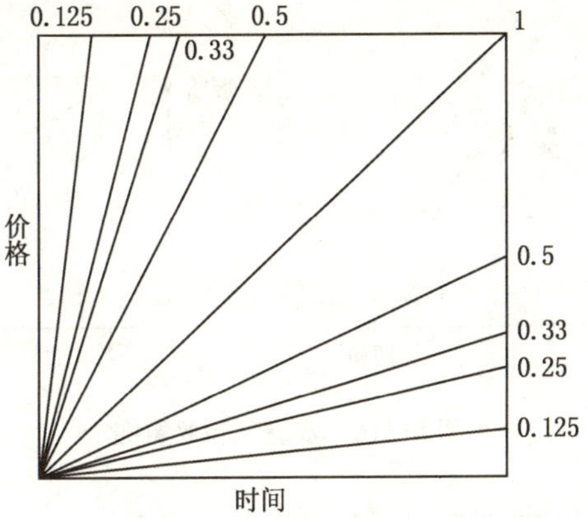

图 8—15 甘氏线

图中的每条直线都有一定的角度,这些角度的取得都与百分比线中的那些数字有关。每个角度的正切或余切分别等于百分比数中的某个分数(或者说是百分数)。

甘氏线中的每条直线都有支撑和压力的功能,但这里面最重要的是 45 度线、63.75 度线和 26.25 度线。这三条直线分别对应百分比线中的 50%、62.5%和 37.5%线。其余的角度虽然在价格的波动中也能起一些支撑和压力作用,但重要性都不大,也都很容易被突破。

甘氏线的具体应用:

第一步:确定起始点,被选择的点同大多数切线的选点方法一样,一定是显著的高点和低点,如果刚被选中的点马上被创新的高点和低点取代,则甘氏线的选择也随之变更。

第二步:确定起始点后再找角度(即 45 度线),如果起始点是高点,则应画下降甘氏线;反之,如果起始点是低点,则应画上升甘氏线。这些线将在未来起支撑和压力作用。

四、形态理论

前面的 K 线理论已经告诉我们一些有关对今后股价运动方向进行判断的方法。只是 K 线理论更注重短线的操作,它的预测结果只适用于很短的时期,有时仅仅是一两天。为了弥补这种不足,我们将 K 线按时间序列组成一条上下波动的曲线,这条曲线就是股价在一段时间移动的轨迹,这条曲线的上下波动实际上表明的仍然是多空双方进行争斗的结果。一个时期内,多方处于优势,力量增强,股价将向上移动;如果空方处于优势,则股价将向下移动;如果双方力量均衡,则股价会横盘整理。可以用下面的表示方法具体描述股价移动的规律:保持平衡—打破平衡—新的平衡—再打破平衡—再寻找新的平衡……

股价的移动就是按这一规律循环往复、不断运行的。因此,股价的移动曲线的形态分成两大类型:反转突破形态(Reversal Patterns)和整理形态(Continuation Patterns)。

1. 反转突破形态

反转突破形态的出现表示股价运动将出现方向性转折,即由原来的上升行情转变为下跌行情,或由原来的下跌行情转变为上升行情。反转形态主要有双重顶和双重底、头肩顶和头肩底、三重顶和三重底、圆形顶和圆形底等。

(1)双重顶和双重底(Double Tops and Bottoms)

双重顶和双重底又称 M 头和 W 底,这种形态在实际中出现得非常频繁。图 8－16 是这种形态的简单形状。

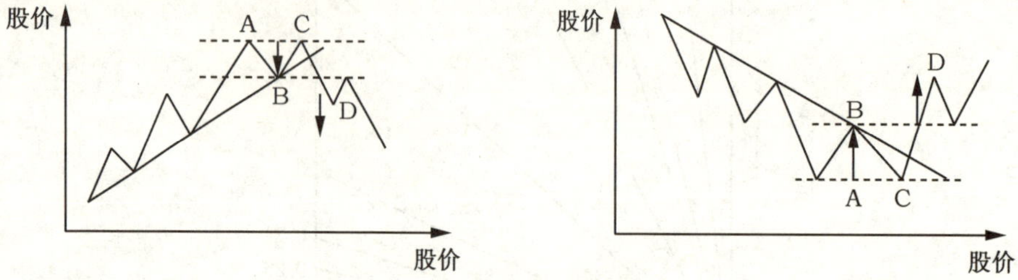

图 8－16　双重顶和双重底

从图 8－16 中可以看出,双重顶底一共出现两个顶和两个底,也就是两个相同高度的高点和两个相同高度的低点。下面以 M 头为例说明双重顶形成的过程。

在上升趋势过程的末期,股价在第一个高点 A 建立了新高点之后正常回落,受上升趋势线的支撑,这次回落将在 B 点附近停止。之后就应继续上升,但是力量不够,上升高度不足,在 C 点(与 A 点几乎等高)遇到压力,股价向下,这样就形成 A 和 C 两个顶的形状。

M 头形成以后,有两种可能的前途:第一是未突破 B 点的支撑位置,股价在 A、B、C 三点形成的狭窄范围内上下波动,演变成今后要介绍的矩形。第二是突破 B 点的支撑位置继续向下,这种情况才是双重顶反转突破形态的真正开始。前一种情况只能说是一个潜在的双重顶反转突破形态出现了。

以 B 点作平行于 A、C 连线的平行线(图 8－16 中的中间一条虚线),就得到一条非常重要的直线——颈线(Neck Line)。A、C 连线是趋势线,颈线是与这条趋势线对应的轨道线,这条轨道线在这里起的是支撑作用。

一个真正的双重顶反转突破形态的出现,除了必要的两个相同高度的高点以外,还应该向下突破 B 点支撑。

突破颈线就是突破轨道线、突破支撑线,所以也有突破是否被认可的问题。前面介绍的有关支撑压力线被突破的确认原则在这里都适用,主要是百分比原则和时间原则。前者要求突破到一定的百分比数,后者要求突破后至少是两日。

双重顶反转突破形态一旦得到确认,就可以用它对后市进行预测了。它的主要功能是测算功能,详述如下。

从突破点算起,股价将至少要跌去与形态高度相等的距离。

所谓的形态高度,就是从 A 或 C 到 B 的垂直距离,亦即从顶点到颈线的垂直距离。图 8－16 中右边箭头所指的将是股价至少要跌到的位置,换句话说,股价必须在这条线之下才能找到像样的支撑,它之前的支撑都不足取。

上面说的是双重顶。对于双重底,有完全相似或者说完全相同的结果,只要将对双重顶的介绍反过来叙述就可以了。比如,向下说成向上,高点说成低点,支撑说成压力。

(2)头肩顶和头肩底形态

头肩顶和头肩底(Head And Shoulders Tops and Bottoms Patterns)是实际股价形态中出现最多的形态,是最著名和最可靠的反转突破形态。图 8－17 是这种形态的简单形式。

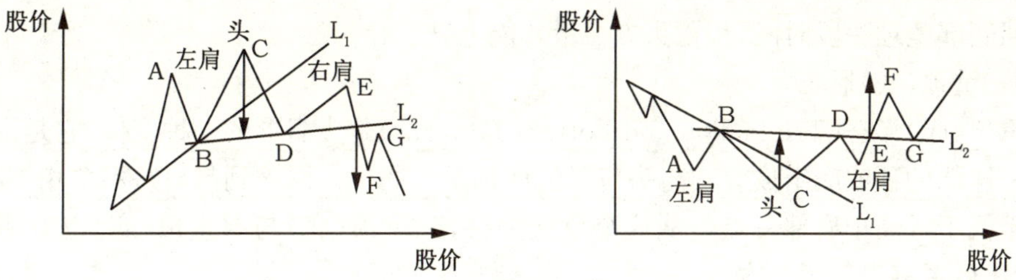

图 8－17　头肩顶和头肩底

从图 8－17 中可以看出，这种形态一共出现三个顶和三个底，也就是要出现三个局部的高点和局部低点。中间的高点(低点)比另外两个都高(低)，称为头(底)，左右两个相对较低(高)的高点(低点)称为肩，这就是头肩形名称的由来。以下以头肩顶为例对头肩形进行介绍。

在上升趋势中，不断升高的各个局部的高点和低点保持着上升的趋势，然后在某一个位置趋势的上涨势头将放慢。

图 8－17 中 A 点和 B 点还没有放慢的迹象，但在 C 点和 D 点已经有了势头受阻的信号，这说明这一轮上涨趋势可能已经出了问题。最后，股价走到了 E 和 F 点，这时反转向下的趋势已势不可挡。

在图 8－17 中的直线 L1 和直线 L2 是两条明显的支撑线。在 C 点到 D 点突破直线 L1 说明上升趋势的势头已经遇到了阻力，E 点和 F 点之间的突破则是趋势的转向。另外，E 点的反弹高度没有超过 C 点，也是上升趋势出了问题的信号。

图中的直线 L2 其实就是头肩顶形态中极为重要的直线——颈线。在头肩顶形态中，它是支撑线，起支撑作用。

头肩顶形态走到了 E 点并调头向下，只能说是原有的上升趋势已经转化成了横向延伸，还不能说已经反转向下了。只有当图形走到了 F 点，即股价向下突破了颈线，才能说头肩顶反转形态已经形成。

同大多数的突破一样，这里颈线的被突破也有一个是否被认可的问题。百分比原则和时间原则在这里都适用。

颈线被突破，反转确认之后，我们就知道股价下一步的大方向是下跌，而不是上涨或横盘。下跌的深度，可以借助头肩顶形态的测算功能进行计算。

从突破点算起，股价将至少要跌去与形态高度相等的距离。

形态高度的测算方法是这样的：量出从“头”到颈线的距离(图 8－17 中从 C 点向下的箭头长度)，这个长度就是头肩顶形态的形态高度。上述原则是股价下落最起码的深度，是最近的目标，价格的实际下落位置要根据很多别的因素来确定。

上述原则只是给出了一个范围，只对我们有一定的指导作用。预计股价今后将跌到什么位置能止住或将要涨到什么位置而调头，永远是进行股票买卖的人最关心的问题，也是最不易回答的问题。

对头肩底而言，除了在成交量方面与头肩顶有所区别外，其余可以说与头肩顶一样，只是方向正好相反。

值得注意的是，头肩顶形态完成后，向下突破颈线时，成交量不一定扩大，但日后继续下跌时，成交量会放大。头肩底向上突破颈线，若没有较大的成交量出现，可靠性将降低，或者会再跌回底部整理一段时间，积蓄买方力量才能上升。

(3)三重顶(底)形态

三重顶(底)形态(Triple Top and Bottom Patterns)是头肩形的一种变体，它是由三个一样高或一样低的顶或底组成。其与头肩形的区别是头的价位回缩到与肩差不多相等的位置，有时甚至低于或高于肩部一点。从这个意义上讲，三重顶(底)与双重顶(底)也有相似的地方，前者比后者多涨落了一次。

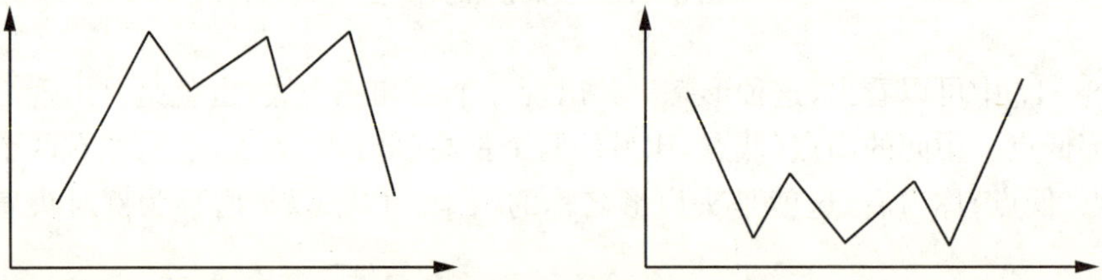

图 8—18 三重顶(底)

图 8—18 是三重顶(底)的简单图形。三重顶(底)的颈线差不多是水平的，三个顶(底)也差不多是相等高度。

应用和识别三重顶(底)主要是用识别头肩形的方法，可以直接应用头肩形的结论和应注意的事项。头肩形适用的规律三重顶(底)都适用，这是因为三重顶(底)从本质上说就是头肩形。有些文献甚至不把三重顶(底)单独看成一类形态，而直接将其纳入头肩形态。

与一般头肩形最大的区别是，三重顶(底)的颈线和顶部(底部)连线是水平的，这就使得三重顶(底)具有矩形的特征。比起头肩形来说，三重顶(底)更容易演变成持续形态，而不是反转形态。另外，如果三重顶(底)的三个顶(底)的高度依次从左到右是下降(上升)的，则三重顶(底)就演变成了直角三角形态。这些都是我们在应用三重顶(底)时应该注意的地方。

(4)圆弧形态

圆弧形态(Rounding Top and Bottom Patterns)将股价在一段时间的顶部高点用折线连起来，每一个局部的高点都考虑到，我们有时可能得到一条弧线，盖在股价之上；将每个局部的低点连在一起也能得到一条弧线，托在股价之下(见图 8—19)。

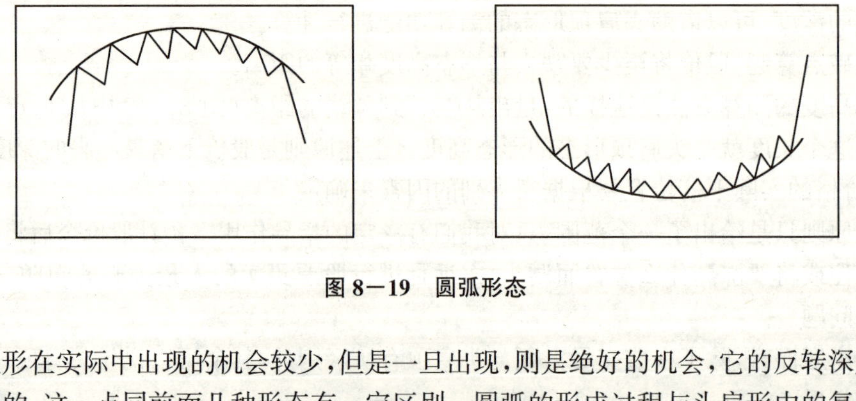

图 8—19 圆弧形态

圆弧形在实际中出现的机会较少，但是一旦出现，则是绝好的机会，它的反转深度和高度是不可测的，这一点同前面几种形态有一定区别。圆弧的形成过程与头肩形中的复合头肩形有相似的地方，只是圆弧形的各种顶或底没有明显的头肩的感觉。这些顶部和底部的位置都差不多,没有明显的主次区分。这种局面的形成在很大程度上是一些机构大户炒作的结果。这些人手里有足够的股票,如果一下抛出太多,股价下落太快,手里的货可能不能全出手,只能一点一点地往外抛,形成来回的拉锯,直到手中股票接近抛完时,才会大幅度打压,一举使股价跌到很深的位置。如果这些人手里持有足够的资金,一下买得太多,股价上得太快,也不利于今后的买入,也要逐渐地分批建仓,使得股价一点一点地来回拉锯,往上接近圆弧缘时,才会用少量的资金一举将股价提拉到一个很高的高度。因为这时股票大部分在机构大户手中,别人无法打压股价。

在识别圆弧形时,成交量也是很重要的。无论是圆弧顶还是圆弧底,在它们的形成过程中,成交量的过程都是两头多、中间少。越靠近顶或底,成交量越少,到达顶或底时成交量达到最少(圆弧底在达到底部时,成交量可能突然大一下,之后恢复正常)。在突破后的一段时期,都有相当大的成交量。

圆弧形形成所花的时间越长,今后反转的力度就越强,越值得人们去相信这个圆弧形。一般来说,圆弧形形成所花的时间应该与一个头肩形形成的时间相当。

(5)V形

V形是一种反转形态,它出现在市场进行剧烈波动的过程中。它的顶或底只出现一次,这一点同其他反转形态有较大的区别。V形的反转一般事先没有明显的征兆,我们只能从别的分析方法中得到一些不明确的信号,如已经到了支撑位或处于压力区域等。V形是一种失控的形态,在应用时要特别小心(见图8－20)。

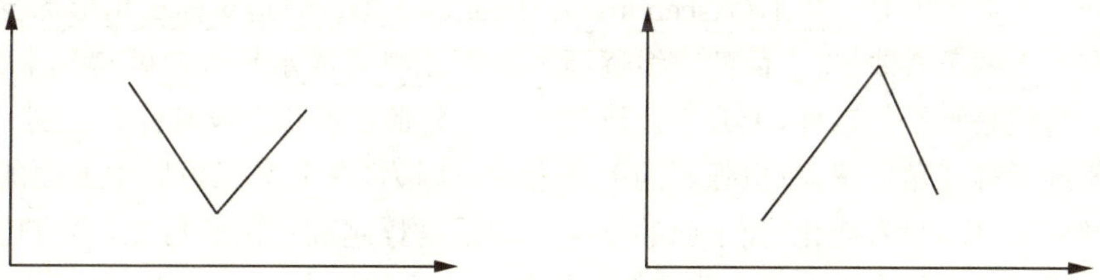

图8－20　V形顶和底

2. 整理形态

整理形态的出现表示股价原来趋势的继续,是市场仅仅在股价某一个水平做出必要的调整运动的形态。调整完成后股价仍沿着原来的趋势继续运动而不是趋势的反转。整理形态主要有三角形、矩形、旗形和楔形等。

(1)三角形

三角形态属于持续整理形态的一类形态。三角形主要分为三种:对称三角形、上升三角形和下降三角形。

①对称三角形。对称三角形(Symmetrical Triangles Pattern)情况大多是发生在一个大趋势的进行中,它表示原有的趋势暂时处于休整阶段,之后还要顺着原趋势的方向继续运行。由此可见,出现对称三角形后,股价今后走向最大的可能是沿原有的趋势方向运动。

图8－21是对称三角形的一个简化图形,这里的原有趋势是上升,所以,三角形态完成以后是突破向上。从图中可以看出,对称三角形有两条聚拢的直线,上面的向下倾斜,起压力作用;下面的向上倾斜,起支撑作用。两直线的交点称为顶点。另外,对称三角形要求至少应有

四个转折点，图中的A、B、C、D、E都是转折点。四个转折点的要求是必然的，因为每条直线的确定需要两个点，上下两条直线就至少要求有四个转折点。正如趋势线的确认要求第三点验证一样，对称三角形一般应有六个转折点，这样，上下两条直线的支撑压力作用才能得到验证。

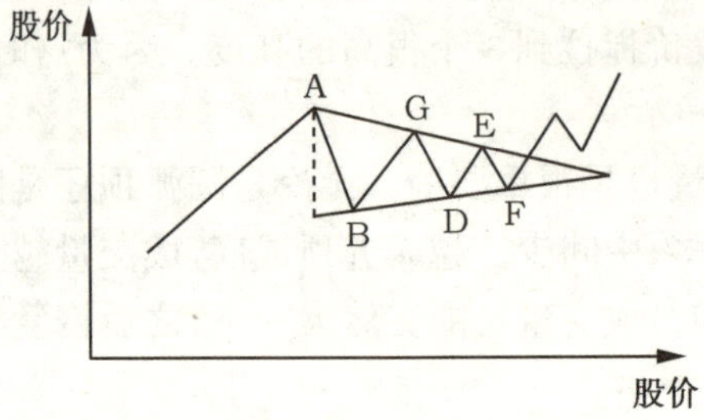

图8—21　对称三角形

对称三角形只是原有趋势运动的途中休整阶段，所以持续的时间不应太长。持续时间太长，保持原有趋势的能力就会下降。一般说来，突破上下两条直线的包围，继续沿原有既定的方向运动的时间要尽量早些，越靠近三角形的顶点，三角形的各种功能就越不明显，对我们进行买卖操作的指导意义就越不强。根据多年的经验，突破的位置一般应在三角形的横向宽度的1/2到3/4的某个点。三角形的横向宽度指的是图8—21中顶点到虚线的距离。

②上升三角形。上升三角形(Ascending Triangles Pattern)是对称三角形的变形体。对称三角形有上下两条直线，将上面的直线逐渐由向下倾斜变成水平方向就得到上升三角形。除了上面的直线是水平的以外，上升三角形与对称三角形在形状上没有什么区别。只不过上升三角形比起对称三角形来，有更强烈的上升意识。因为，在上升三角形中上面的压力线是水平的，始终都一样，没有变化，而下面的支撑线却是越撑越高。由此可见，多方比空方更为积极。通常以三角形的向上突破作为这个持续过程终止的标志。

如果股价原有的趋势是向上，则很显然，遇到上升三角形后，几乎可以肯定今后是向上突破。一方面要保持原有的趋势，另一方面形态本身就有向上的愿望。这两方面的因素使股价很难逆大方向而动。

如果原有的趋势是下降，则出现上升三角形后，前后股价的趋势判断会有些难度。一方要继续下降，保持原有的趋势；另一方要上涨，两方必然发生争执。如果在下降趋势处于末期时(下降趋势持续了相当一段时间)出现上升三角形，还是以看涨为主，这样上升三角形就成了反转形态的底部。图8—22是上升三角形的简单图形表示。

③下降三角形。下降三角形(Descending Triangles Pattern)同上升三角形正好反向，是看跌的形态。它的基本内容同上升三角形可以说完全相似，只是方向相反。从图8—23可以很明白地看出下降三角形所包含的内容。

此外，三角形还有两种变形体，即喇叭形与菱形，在实际中出现的次数不多。这两种形态的共同之处在于大多出现在顶部，而且两者都是看跌。受篇幅所限，不做详述。

(2)矩形

矩形又叫箱形，也是一种典型的整理形态。股票价格在两条横着的水平直线之间上下波动，作横向延伸的运动。矩形在形成之初，多空双方全力投入，各不相让。空方在价格上涨到

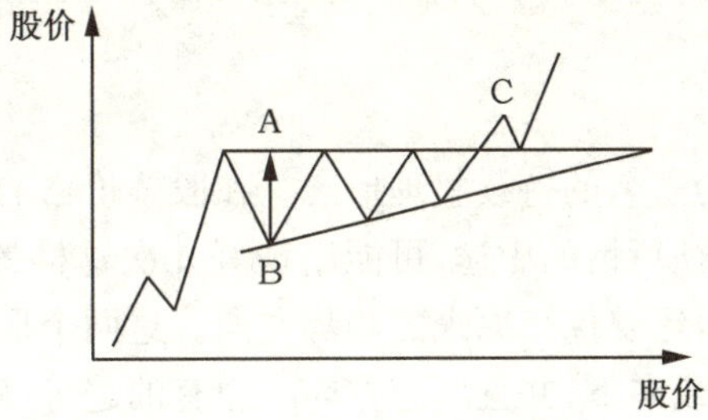

图 8－22　上升三角形

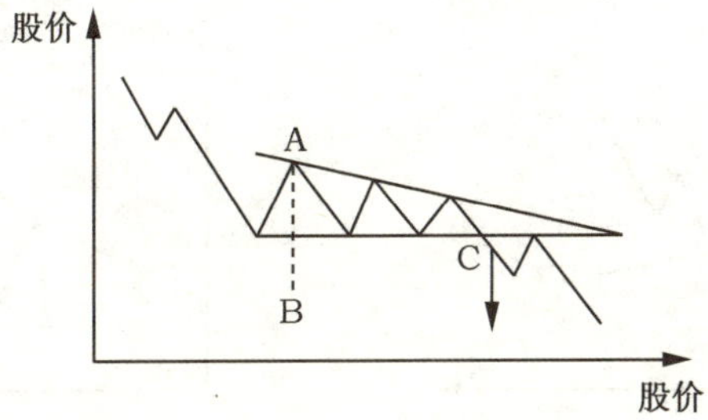

图 8－23　下降三角形

某个价位就抛压，多方在股价下跌到某个价位就买撑，时间一长就形成两条明显的上下界线。随着时间的推移，双方的战斗热情会逐步减弱，市场趋于平淡。

如果原来的趋势是上升，那么经过一段矩形整理后，会继续原来的趋势，多方会占优势并采取主动，使股价向上突破矩形的上界。如果原来是下降趋势，则空方会采取行动，突破矩形的下界。图 8－24 是矩形的简单图示。

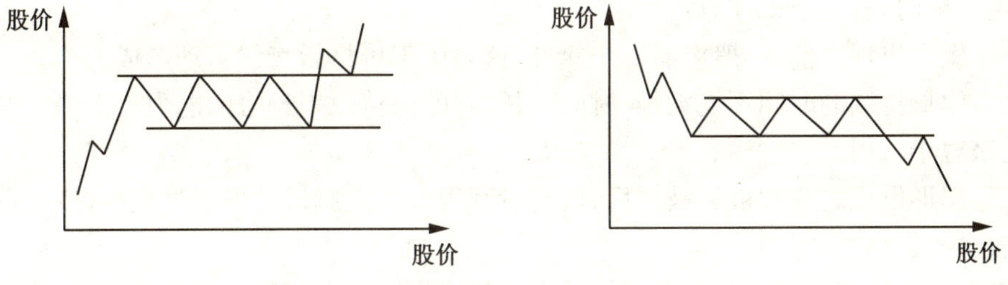

图 8－24　矩形

从图 8－24 中可以看出，矩形在其形成的过程中极可能演变成三重顶(底)形态，这是我们应该注意的。正是由于矩形的判断有这么一个容易出错的可能性，在面对矩形和三重顶(底)进行操作时，几乎一定要等到突破之后才能采取行动，因为这两个形态今后的走势方向完全相反。一个是持续整理形态，要维持原来的趋势；一个是反转突破形态，要改变原来的趋势。

与别的大部分形态不同，矩形为我们提供了一些短线操作的机会。如果在矩形形成的早期能够预计到股价将进行矩形调整，那么，就可以在矩形的下界线附近买入，在矩形的上界线附近抛出，来回做几次短线的进出。如果矩形的上下界线相距较远，那么，这种短线操作的收益也是相当可观的。

(3)旗形和楔形

旗形和楔形是两个最为著名的持续整理形态。在股票价格的曲线图上，这两种形态出现的频率最高，一段上升或下跌行情的中途，可能出现好几次这样的图形。它们都是一个趋势的中途休整过程，休整之后，还要保持原来的趋势方向。这两个形态的特殊之处在于，它们都有明确的形态方向，如向上或向下，并且形态方向与原有的趋势(旗杆)方向相反。例如，如果原有的趋势方向是上升，则这两种形态整理的形态方向就是下降。

①旗形。从几何学的观点看旗形(Flags Formation)应该叫平行四边形，它的形状是一上倾或下倾的平行四边形，如图 8－25 所示。

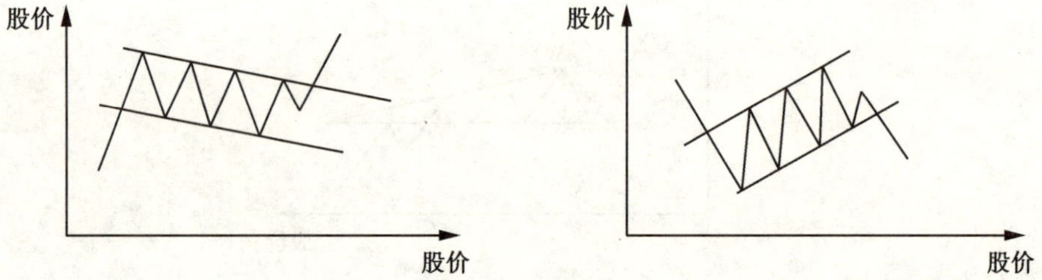

图 8－25 旗形

旗形大多发生在市场极度活跃，股价的运动是剧烈的、近乎直线上升或下降的方式的情况下。这种剧烈运动就是产生旗形的条件。由于上升或下降得过于迅速，市场必然会有所休整，旗形就是完成这一休整过程的主要形式之一。

旗形的上下两条平行线起着压力和支撑作用，这一点有些像轨道线。这两条平行线的某一条被突破是旗形完成的标志。

应用旗形时，有几点要注意：

第一，旗形出现之前，一般应有一个旗杆，这是由于价格做直线运动形成的。

第二，旗形持续的时间不能太长，时间一长，它的保持原来趋势的能力将下降。经验告诉我们，应该短于三周。

第三，旗形形成之前和被突破之后，成交量都很大。在旗形的形成过程中，成交量从左向右逐渐减少。

②楔形。如果将旗形中上倾或下倾的平行四边形变成上倾和下倾的三角形，我们就会得到楔形(Wedge Formation)，如图 8－26 所示。

从图中可以看出，楔形的上下两条边都是朝着同一个方向倾斜。这与前面介绍的三角形形态不同。

同旗形和三角形一样，楔形有保持原有趋势方向的功能。股价运行趋势的途中会遇到这种形态。

与旗形和三角形不同的是，楔形偶尔也可能出现在顶部或底部而作为反转形态。这种情况一定是发生在一个趋势经过了很长时间且接近尾声的时候。我们可以借助很多别的技术分析方法，从时间上判断趋势是否可能接近尾声。尽管如此，当我们看到一个楔形后，首先还是把它当成中途的持续形态。

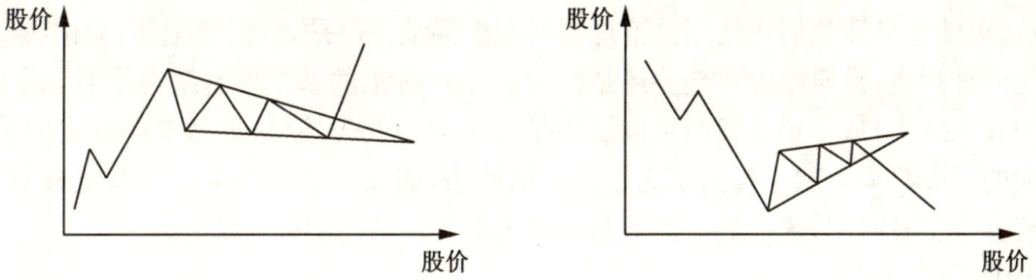

图 8－26　楔形

在形成楔形的过程中，成交量是逐渐减少的。楔形形成之前和突破之后，成交量都很大。

五、波浪理论

波浪理论全称是艾略特波浪理论，它是技术分析方法中最为神奇的方法，是以美国人艾略特(R. N. Elliott)的名字命名的一种价格趋势分析理论。该理论是依据大海的潮汐及波浪的变化规律，来描述和预测股票价格的波动规律及未来走势。波浪理论是股市分析理论中运用最多，而又最难了解和精通的方法。

1. 波浪理论的主要原理

波浪理论主要研究三方面问题：价格走势所形成的形态、价格走势图中各个高点和低点所处的相对位置、完成某个形态所经历的时间长短。其中，价格的形态是最重要的，它是波浪理论赖以生存的基础。高点和低点所处的相对位置是波浪理论中个浪的开始和结束位置，它可以用黄金分割率加以推断。完成某个形态所处的时间可以预测某个大趋势的即将来临和结束，提示我们采取应变的措施。总之，这三个方面可以概括为形态、比例和时间，其中，以形态最为重要。

2. 波浪理论的形态分析

波浪理论认为证券市场应该遵循一定的周期，周而复始、循环往复地向前发展。艾略特指出，股市的发展是依据一组特殊且不断重复的规律进行的，这组规律即是以 5 个上升浪和 3 个下跌浪作为一次循环交替推进。3 个下跌浪可以理解为是对 5 个上升浪的调整，如图 8－27 所示。

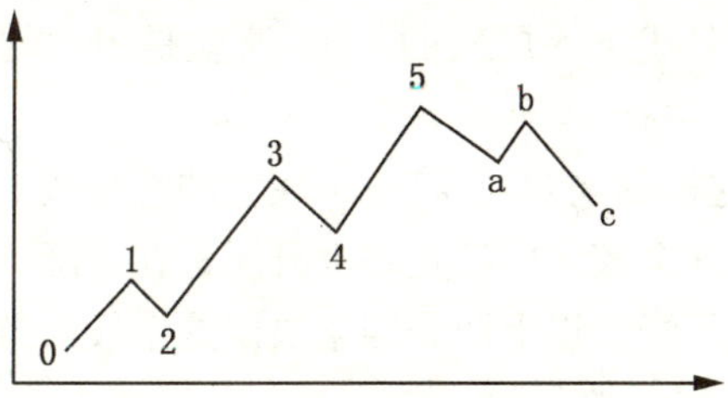

图 8－27　波浪结构的基本形态

0～1 是第一浪，1～2 是第二浪，2～3 是第三浪，3～4 是第四浪，4～5 是第五浪。这 5 浪中，第一、第三和第五浪称为上升主浪，而第二和第四浪称为是对第一和第三浪的调整浪。上述 5 浪完成后，紧接着会出现一个 3 浪的向下调整，这 3 浪是：从 5 到 a 为 a 浪，从 a 到 b 为 b 浪，从 b 到 c 为 c 浪。

考虑波浪理论必须弄清一个完整周期的规模的大小。因为趋势是有层次的，每个层次的不同取法，可能会导致我们在使用波浪理论时发生混乱。但是，我们要记住，无论我们所研究的趋势是何种规模，是原始主要趋势还是日常小趋势，8浪的基本形态结构是不会变化的。

在图8－27中，从0到5我们可以认为是一个大的上升趋势，而从5到c我们可以认为是一个大的下降趋势。如果我们认为这是2浪的话，那么c之后一定还会有上升的过程，只不过可能要等很长时间，这里的2浪只是一个大的8浪结构中的一部分。

3. 浪的合并与浪的细分

波浪理论考虑股价形态的跨度是可以随意而不受限制的。大到可以覆盖从有股票以来的全部时间跨度，小到可以只涉及数小时、数分钟的股价走势。正是由于上述时间跨度的不同，在数8浪时，必然会涉及将一个大浪分成很多小浪和将很多小浪合并成一个大浪的问题，这就是每一个浪所处的层次的问题。处于层次较低的几个浪可以合并成一个层次较高的大浪，而处于层次较高的一个浪又可以细分成几个层次较低的小浪。层次的高低和大浪、小浪的地位是相对的。对比其他层次高的浪来说，它是小浪，而对层次比它低的浪来说，它又是大浪。下面我们以牛市为例，说明一下波浪细分和合并的原则(见图8－28)。

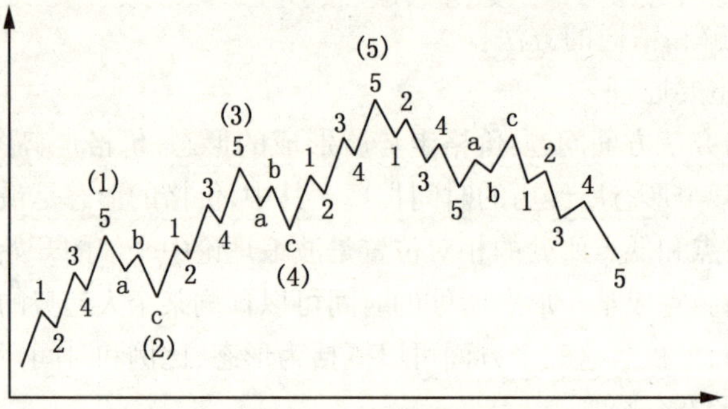

图8－28 波浪的合并与细分

从图8－28中可以看出，规模最大的是2浪，从起点到顶点是第一大浪，从顶点到末点是第二大浪，它是第一大浪的调整浪。第一大浪和第二大浪又可以细分成5浪和3浪，共8浪。第一大浪可以分成5浪，而第二大浪可以分成3浪，这8浪是规模处于第二大的大浪。

第二层次的浪又可以细分成下一层次的小浪，这就是图中的各个1、2、3、4、5以及a、b、c。数一下可知这样的小浪一共有34个。

将波浪细分时，会遇到这样的问题，是将一个较大的浪分成5个较小的浪，还是分成3个较小的浪呢？这个问题要看这个较大的浪是在上升还是在下降，同时还要看比这个较大的浪高一层次的波浪是上升还是下降。以上两个因素决定这个较大的浪的细分是3浪还是5浪。

4. 波浪理论的应用及其注意的问题

我们知道了一个大的周期的运行全过程，就可以很方便地对大势进行预测。首先，我们要明确当前所处的位置，只要明确了目前的位置，按波浪理论所指明的各种浪的数目就会很清楚地知道下一步该做什么。

要弄清楚目前的位置，最重要的是认真准确地识别3浪结构和5浪结构。这两种结构具有不同的预测作用。一组趋势向上(或向下)的5浪结构，通常是更高层次的波浪的1浪，中途若遇调整，我们就知道这一调整肯定不会以5浪的结构而只会以3浪的结构进行。

如果我们发现了一个5浪结构，而且目前处在这个5浪结构的末尾，我们就清楚地知道，一个3浪的回头调整浪即将出现。如果这一个5浪结构同时又是更上一层次波浪的末尾，则我们就知道一个更深的、更大规模的3浪结构将会出现。上升5浪、下降3浪的原理也可以用到熊市中，这时结论变成下降5浪、上升3浪。

从表面上看，波浪理论会给我们带来利益，但是从波浪理论自身的构造我们会发现它众多的不足。

首先，波浪理论从理论上讲是8浪结构完成一个完整的过程，但是，主浪的变形和调整浪的变形会产生复杂多变的形态，波浪所处的层次又会产生大浪套小浪、浪中有浪的多层次形态，这些都会使应用者在具体数浪时发生偏差。浪的层次的确定和浪的起始点的确认是应用波浪理论的两大难点。

其次，面对同一个形态，不同的人会产生不同的数法，而不同的数浪法产生的结果可能相差很大。且波浪理论只考虑了价格形态上的因素，而忽视了成交量方面的影响，这给人为制造形态的人提供了机会。正如在形态学中有假突破一样，波浪理论在应用中也可能会产生一些形态让人上当。当然，这个不足是很多技术分析方法都存在的。

任务三　技术分析主要指标

一、移动平均线(MA)

(一)移动平均线的概念

移动平均线是通过平均数的原理将每天的股价予以平均，剔除数列中的不规则波动，显示出该种数列的真正动向并用以判断股价未来的走势。它是道琼斯理论的具体体现，也是K线图的重要补充，它不仅可以观察股价运动的动态过程，还可以指明买卖时机，是常用的技术分析方法之一。

(二)移动平均线的计算

MA是连续若干天的价格的算术平均值。根据对数据处理方法的不同，MA可分为算术移动平均线(SMA)、加权移动平均线(WMA)和指数平滑移动平均线(EMA)等三种。在实际应用中常使用的是指数平滑移动平均线。其计算公式为：

$$EMA_t(N)=C_t\times\frac{1}{N}+EMA_{t-1}\times\frac{N-1}{N}$$

公式中，C_t——计算期中第t日的收盘价；

EM_{t-1}——第$t-1$日的移动平均数。

天数N是MA的参数，例如10日的移动平均线常简称为10日线(MA(10))，同理投资者有5日线，15日线等概念。起点的移动平均线值可用起点的收盘价代替。

根据计算期的长短，MA可分为三种：短期移动平均线、中期移动平均线和长期移动平均线。短期移动平均线有5日线、10日线和20日线等；中期移动平均线有30日线，45日线、60日线等；长期移动平均线有120日线、180日线和255日线等，各期的移动平均线记为MA(5)、MA(10)、MA(20)等。

由于短期移动平均线较长期移动平均线更易于反映行情价格的涨跌，所以一般又把短期移动平均线称为快速MA，长期移动平均线则称为慢速MA。

(三)移动平均线的的特性

MA是对收盘价进行平滑之后的产物，平滑的目的是消除偶然因素的影响。此外，MA稍微具有一点平均成本价的含义。MA具有以下几个特点：

1. 追踪趋势

MA能够表示价格的趋势方向，不受小的反向波动的影响，并追随这个趋势。用原始数据得到的价格图表不具备这种保持追踪趋势的特性。

2. 滞后性与稳定性

短时间内，MA的数值发生比较大的改变（无论是向上还是向下）比较困难，必须当天的价格有很大的变动。因为MA的变动不是一天的变动，而是几天的变动，一天的大变动被几天一分，变动就会变小而显不出来。这种特性的优点是不被暂时的小波动所迷惑，缺点是在价格原有趋势已经反转时反应迟缓，速度落后于大趋势。

3. 助涨助跌性和支撑压力性

当价格突破了MA时，无论是向上突破还是向下突破，价格有继续向突破方向再走一阵的愿望，这就是MA的助涨助跌性。这其实具有了支撑线和压力线的特性。MA被突破，实际上是支撑线和压力线被突破，只不过MA是曲线，而不是直线。

(四)移动平均线的应用

经典实用MA的方法是格兰维尔(Granville)法则，可叙述如下：

(1)平均线从下降逐渐转为水平，且有往上方抬头迹象，而价格从平均线的下方突破平均线时，便是买进信号（见图8－29中①处）。

(2)价格趋势走在平均线上，价格下跌并未跌破平均线且立刻反转上升，则也是买进信号（见图8－29中②处）。

(3)价格虽然跌破平均线，但又立即回升到平均线上，此时平均线仍然持续上升，仍为买进信号（见图8－29中③处）。

(4)价格突然暴跌，跌破平均线，而且远离平均线，则有可能反弹上升，亦为买进信号（见图8－29中④处）。

(5)价格突然暴涨，突破平均线，且远离平均线，则有可能反弹回跌，为卖出时机（见图8－29中⑤处）。

(6)平均线从上升逐渐转为盘局或下跌，而价格向下跌破平均线，为卖出信号（见图8－29中⑥处）。

(7)价格趋势走在平均线下，价格上升并未突破平均线且立刻反转下跌，也是卖出信号（见图8－29中⑧处）。

(8)价格虽然向上突破平均线，但又立刻跌至平均线下，此时平均线仍然持续下降，仍为卖出信号（见图8－29中⑧处）。

对于格兰维尔法则的记忆，只要掌握了支撑和压力的思想就不难。常说的死亡交叉和黄金交叉，实际上就是向上向下突破支撑或压力的问题。

需要说明的是，每天的价格实际上是参数为1的MA。价格相对于移动平均线实际上是短期MA相对于长期MA。从这个意义上说，如果只面对两个不同参数的MA，则我们可以将相对短期的MA当成价格，将较长期的MA当成MA，这样，上述法则中价格相对于MA的所有叙述，都可以换成短期MA相对于长期MA。

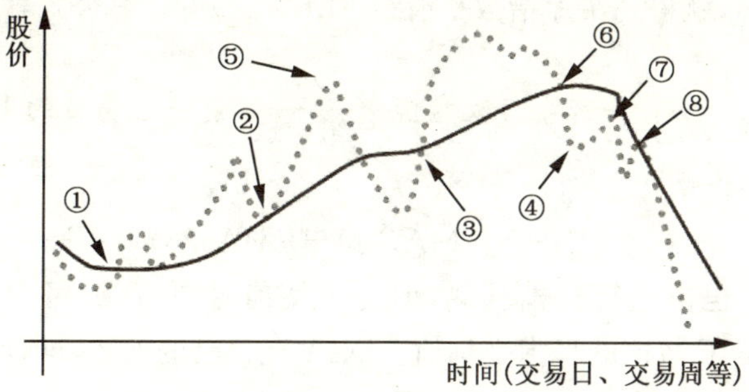

图 8－29　格兰维尔移动平均线八大法则

最后指出，在盘整阶段或趋势形成后的中途休整阶段或局部反弹和回档阶段，MA 的信号出现得很频繁，极易发生错误的信号，这是使用 MA 最应该注意的。MA 知识作为支撑线或压力线，站在某线之上，当然有利于上涨，但并不是说一定会涨，支撑线也有被突破的时候。

二、指数平滑移动平均线(MACD)

指数平滑移动平均线是利用快速移动平均线和慢速移动平均线，在一段上涨或下跌行情中两线之间的差距拉大，而在涨势或跌势趋缓时两线又相互接近或交叉的特征，通过双重平滑运算后研判买卖时机的方法。

(一)指数平滑移动平均线的计算公式

MACD 由正负差(DIF)、异同平均数(DEA)和柱状线(BAR)三部分组成(见图 8－30)，DIF 是核心，DEA 是辅助。DIF 是快速指数平滑线与慢速指数平滑线之差，快速和慢速的区别在于进行指数平滑所采用的参数，参数小的是快速，参数大的是慢速。

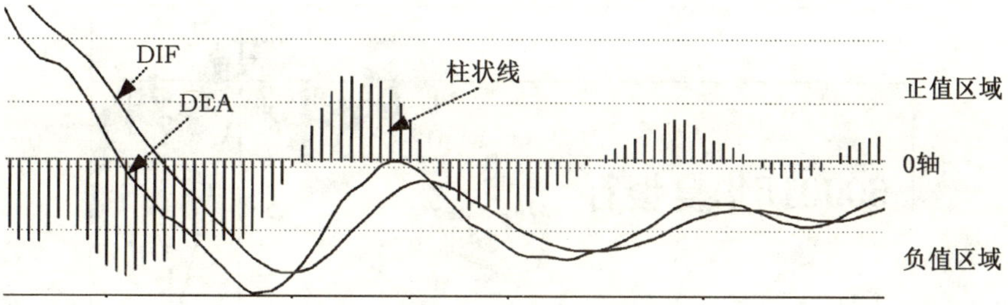

图 8－30　MACD 指标

指数平滑线 EMA 的计算采用递推的方法，其公式为：

$$今日EMA = a \times 今日收盘价 + (1-a) \times 前一交易日的EMA$$

其中，$a>0$ 是计算平滑线的参数。a 的选择不同，可得到不同速度的 EMA。此外，第一个 EMA 值等于第一天的收盘价。下面以常用的参数 12 和 26 为例。

如果取 $a=\frac{2}{12+1}$，就得到快速指数平滑线 EMA(12)的计算公式：

$$EMA(12) = \frac{2}{12+1} \times 今日收盘价 + \frac{11}{12+1} \times 前一交易日的EMA(12)$$

如果取 $a=\frac{2}{26+1}$，就得到快速指数平滑线 EMA(26)的计算公式：

$$EMA(26)=\frac{2}{26+1}\times 今日收盘价+\frac{25}{26+1}\times 前一交易日的 EMA(26)$$

DIF 是两条指数平滑线之差，计算公式为：

$$DIF= EMA(12)-EMA(26)$$

虽然单独用 DIF 也能进行行情预测，但为了使信号更可靠，可引入另一个指标 DEA。DEA 是连续数日的 DIF 数值的算术平均值。DEA 有自己的参数，即计算 DIF 的算术平均值的天数。对 DIF 进行移动平均的处理是为了消除某些因素的影响。

$$DEA=\frac{2}{10}\times 今日\ DIF+\frac{8}{10}\times 昨日\ DEA$$

此外，在分析软件上还有一个指标叫柱状线(BAR)，它是 DIF 值减去 DEA 值的差再乘以 2，即

$$BAR=2\times(DIF-DEA)$$

(二)指数平滑移动平均线的应用

MACD 的使用应从下面几个方面考虑：

1. 当 DIF 向上突破 MACD(DEA)线时，为买入信号(此处可以称 DIF 为快线，MACD 为慢线)，应只可作空头暂时回补。

2. 当 DIF 向下跌破 MACD 线时，为卖出信号，应只可作高抛，暂时获利了结。

3. DIF>0，是多头市场；DIF<0，是空头市场。

4. DIF 和 MACD 与价格曲线的背离：DIF 或 MACD 与价格曲线在较低的位置形成低背离，是买入信号，顶背离为卖出信号。MACD 的实例如图 8—31 所示，MACD 与价格形成背离，所以 7.03 元是最佳卖出信号点。

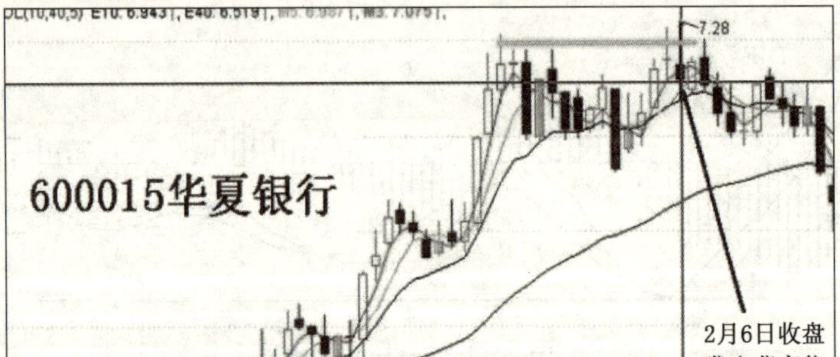

图 8—31 MACD 实例

(三)指数平滑移动平均线的柱状图分析

在股市分析软件中通常采用DIF值减DEA值而绘制成柱状图,用红绿柱状来分析行情,既直观明了又实用可靠。

(1)当红柱状持续放大时,表明股市处于牛市行情中,股价将继续上涨,这时应持股待涨或短线买入股票,直到红柱无法再放大时才考虑卖出。

(2)当绿柱状持续放大时,表明股市处于熊市行情之中,股价将继续下跌,这时应持币观望或卖出股票,直到绿柱开始缩小时才可以考虑少量买入股票。

(3)当红柱状开始缩小时,表明股市的上涨行情即将结束,股价将下跌,这时应卖出部分股票。

(4)当绿柱状开始收缩时,表明股市的下跌行情即将结束,股价将止跌向上(或进入盘整),这时可以少量进行长期战略性建仓而不要轻易卖出股票。

(5)当红柱开始消失、绿柱开始放出时,这是股市转势信号之一,表明股市的上涨行情(或高位盘整)即将结束,股价将开始加速下跌,这时应开始卖出大部分股票而不能买入股票。

(6)当绿柱开始消失、红柱开始放出时,这也是股市转势信号之一,表明股市的下跌行情(或低位盘整)即将结束,股价将开始加速上升,这时应开始加码买入股票或持股待涨。

MACD的优点是除掉了MA频繁出现的买入卖出信号,避免假信号的出现,用起来比MA更有把握。

MACD的缺点同MA一样,在股市没有明显趋势而进入盘整时,失误的时候较多。另外,对未来股价上升和下降的深度不能提供有帮助的建议。

三、相对强弱指数

相对强弱指数(Relative Strength Index)简称RSI,是目前流行最广、使用最多的技术指标之一,它是由美国技术分析大师威尔德(J. Welles Wilder)在1978年提出的。RSI可应用于股票、期货和外汇等市场。

(一)相对强弱指数的基本概念

相对强弱指数即股市收盘指数(个股收盘股价)的相对升降幅度。它反映出一段时间内,在股市中买方力量与卖方力量的相对强弱程度及买卖双方力量对比的变化情况,并以此为据来分析股价未来的走势。此方法运用简单,效果良好,成功率高,甚至有"RSI必胜"之说。

RSI的计算方法,是采用某一时期(N天)内收盘指数每天的涨跌大小,来反映这一时期内多空力量的强弱对比。RSI将N日内每日收盘指数涨势(即当日收盘指数高于前日收盘指数)的总和作为买方总力量,而N日内每日收盘指数的跌势(即当日收盘指数低于前日收盘指数)的总和作为卖方总力量。其计算公式为:

$$RSI(N)=\frac{A}{A+B}\times 100\%$$

式中:A为N日内股市收盘指数(个股收盘股价)升幅累计值;B为N日内股市收盘指数(个股收盘股价)跌幅累计值。

RSI(N)有两个极限值:一个是N日内股价全部下降,无一日上升,则上式的分子为0,RSI(N)也等于0;另一个极限值是N日内股价全部上升,无一日下降,则分子、分母相等,RSI(N)等于100。这两种情况较少出现,通常情况下RSI(N)在0~100的范围内变化。

RSI选用的天数N可取6天、9天、14天等,天数越少曲线变化越频繁,天数越多曲线则变化相对平稳。

将每日计算出的 RSI 值连接起来就得到 RSI 曲线，如图 8－32。

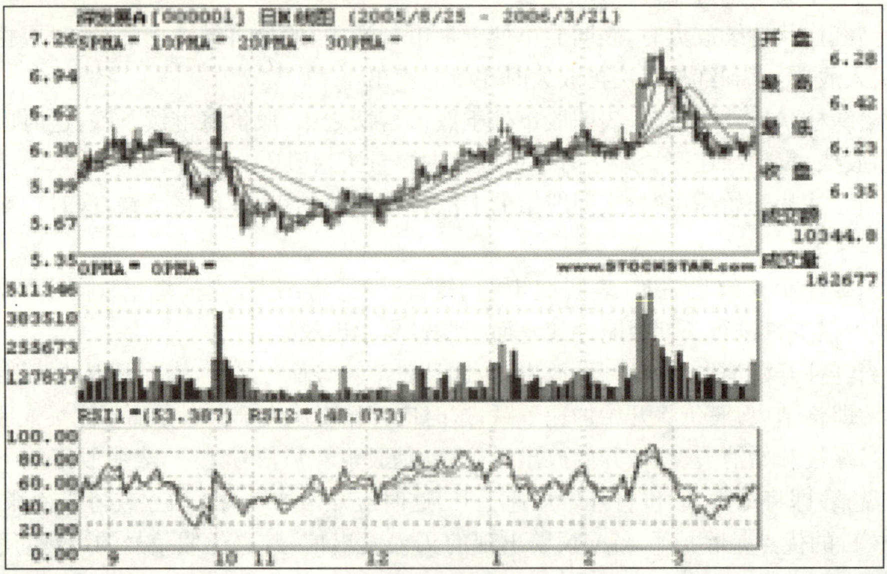

图 8－32　RSI 曲线

(二)应用法则

(1)强弱指标的值在 0 与 100 之间。RSI 取值超过 50，表明市场进入强势；RSI 低于 50，表明市场处于弱市；RSI 高于 80，表明市场超买严重；RSI 低于 20，表明市场超卖严重。

(2)交叉信号：短期的 RSI 在 20 以下的水平，由下往上交叉长期的 RSI 时，为买进信号。短期的 RSI 在 80 以上的水平，由上往下交叉长期的 RSI 时，为卖出信号。

(3)盘整时，RSI 一底比一底高，多头势强，后市可能续涨应买进；反之，是卖出信号。股价尚在盘整阶段，而 RSI 已整理完成，股价将随之突破。

(4)背驰信号：从 RSI 与股价的背离方面判断行情：

①RSI 处于高位，并形成一峰比一峰低的两个峰，而此时，股价却对应的是一峰比一峰高，这叫顶背离信号。股价这一涨是最后的衰竭动作，这是比较强烈的卖出信号。

②RSI 在低位形成两个依次上升的谷底，而股价还在下降，这为底背离信号，股价是最后一跌或者说是接近最后一跌，是可以开始建仓的信号。

在 RSI 出现"顶背驰"和"底背驰"时，虽然 RSI 可小于 80 或大于 20，也应视为重要的卖出或买入信号，此点请注意。

(5)RSI 在 40～60 之间的交叉信号尽量不用，骗线的可能性较大。

四、威廉指数(WMS)

威廉指标最早起源于期货市场，由威廉(Larry Williams)于 1773 年首创。该指标通过分析一段时间内股价高低价位和收盘价之间的关系，来量度股市的超买超卖状态，以此作为短期投资信号的一种技术指标。目前，它已经成为中国股市中被广泛使用的指标之一。

(一)WMS 的计算公式

$$WMS(n)=\frac{H_n-C_t}{H_n-L_n}\times 100$$

式中，C_t——当天的收盘价

H_n 和 L_n——分别为最近 n 日内(包括当天)出现的最高价和最低价

n——选定的时间参数，一般为 14 日或 20 日。

WMS 指标表示当天的收盘价在过去的一段日子的全部价格范围内所处的相对位置。如果 WMS 的值比较大，而当天的价格处在相对较高的位置，则要提防回落；如果 WMS 的值较小，则说明当天的价格处在相对较低的位置，要注意反弹；WMS 取值居中，在 50 左右，则价格上下的可能性都有。WMS 的取值范围为 0～100。

WMS 的选择参数应该至少是循环周期的一半。中国股市的循环周期目前还没有明确的共识，投资者在应用 WMS 时，应该多选择几个参数试试。

(二)威廉指标的应用

WMS 的应用法则从两个方面来考虑：一是 WMS 的数值，二是 WMS 的曲线形状。

1. 从 WMS 的取值考虑

WMS 指标如图 8－33 所示：WMS 的值介于 0～100 之间，以 50 为中轴将其分为上下两个区域，顶部数值为 0，底部数值为 100，与 RSI、KDJ 指标区域划分相反。

(1)当威廉指标进入 80～100 区间时，是威廉指标的超卖区，表明市场处于超卖状态，股票价格已近底部，可考虑买入。WMS＝80 这一横线一般视为买入线。

(2)当威廉指标在 0～20 区间时，是威廉指标的超买区，表明市场处于超买状态，股票价格已经进入顶部，可考虑卖出。WMS＝20 这一横线一般视为卖出线。

这里的 80 和 20 只是一个经验数字，不是绝对的，投资者可以根据各自的风险偏好选择不同的数值。

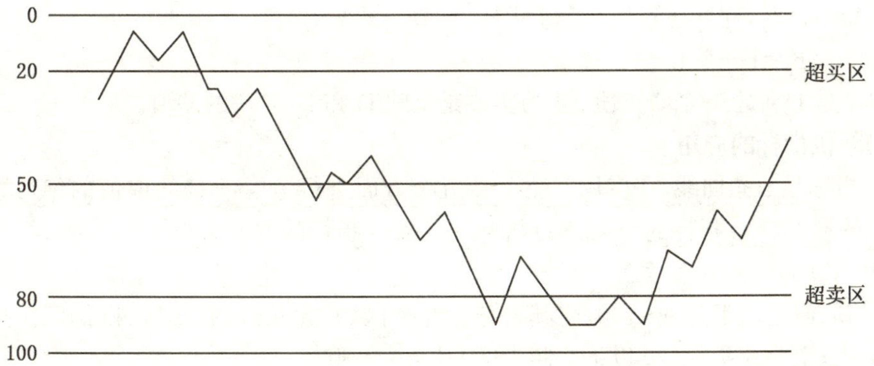

图 8　33　WMS 指标

2. 从威廉指标曲线的形状考虑

这里介绍背离原则以及撞顶和撞底次数原则。

(1)在 WMS 进入低数值区位后(此时为超买)，一般要回头。如果这时股价还继续上升，就会产生背离，是卖出的信号。

(2)在 WMS 进入高数值区位后(此时为超卖)，一般要反弹。如果这时股价还继续下降，就会产生背离,是买进的信号。

(3)WMS 连续几次撞顶(底),局部形成双重或多重顶(底),则是卖出(买进)的信号。

这里需要说明的是,WMS 的顶部数值为 0,底部数值为 100。

五、随机指标(KDJ)

随机指标是分析师乔治·兰德首先提出的技术分析理论。在股票、期货等证券市场中有很好的实战效果。

(一)随机指标的计算公式

产生计算 KDJ 以前,先计算未成熟随机值 RSV。其计算公式为:

$$RSV(n)=\frac{C_t-L_n}{H_n-L_n}\times 100$$

式中,C_t、H_n、L_n 的意义同 WMS 计算公式,但要注意与 WMS 技术的不同之处。

对 RSV 进行 3 日指数平滑移动平均,得到今日 K 值:

$$\text{今日 K 值}=\frac{2}{3}\times\text{昨日 K 值}+\frac{1}{3}\times\text{今日 RSV}$$

对 K 值进行 3 日指数平滑移动平均,得到今日 D 值:

$$\text{今日 D 值}=\frac{2}{3}\times\text{昨日 D 值}+\frac{1}{3}\times\text{今日 K 值}$$

式中,$\frac{1}{3}$是平滑因子,是可以人为选择的,不过目前已经约定俗成,固定 1/3 为初始 K、D 值,可以用当日的 RSV 值或以 50 代替。

KD 是在 WMS 的基础上发展起来的,所以 KD 就有 WMS 的一些特性。在反映股市价格变化时,WMS 最快,K 其次,D 最慢。在使用 KD 指标时,投资者往往称 K 指标为快指标,D 指标为慢指标。K 指标反应敏捷,但容易出错;D 指标反应稍慢,但稳重可靠。

在介绍 KD 时,往往还附带一个 J 指标,计算公式为:

$J=3D-2K=D+2(D-K)$

可见 J 是 D 加上一个修正值。J 的实质是反映 D 和 D 与 K 的差值。

(二)随机指标的应用

KDJ 指标是三条曲线,在应用时主要从五个方面进行考虑:KD 的取值的绝对数字、KD 指标曲线的形态、KD 指标的交叉、KD 指标的背离、J 指标的取值大小。

1. 从 KD 的取值方面考虑

KD 的取值范围都是 0~100,将其划分为几个区域:超买区、超卖区、徘徊区。按一般的划分法,80 以上为超买区,20 以下为超卖区,其余为徘徊区。

根据这种划分,KD 超过 80 就应该考虑卖出,低于 20 就应该考虑买入。这种操作是很简单的,同时又是很容易出错的,完全按这种方法进行操作很容易招致损失。大多数对 KD 指标了解不深入的人,以为 KD 指标的操作就限于此,故而对 KD 指标的作用产生误解。应该说明的是,上述对 0~100 的划分只是一个应用 KD 指标的初步过程,仅仅是信号。真正做出买卖的决定还必须从更多方面进行考虑。

2. 从 KD 指标曲线的形态方面考虑

当 KD 指标在较高或较低的位置形成了头肩形和多重顶(底)时,是采取行动的信号。注意，这些形态一定要在较高位置或较低位置出现，位置越高或越低，结论越可靠、越正确。操作时可按形态学方面的原则进行。

对于KD的曲线投资者也可以画趋势线，以明确KD的趋势。在KD的曲线图中仍然可以引进支撑和压力的概念。某一条支撑线和压力线被突破，也是采取行动的信号。

3. 从KD指标的交叉方面考虑

K与D的关系就如同股价与MA的关系一样，也有死亡交叉和黄金交叉的问题，不过这里交叉的应用是很复杂的，还附带很多其他条件。下面以K从下向上与D交叉为例进行介绍。K上穿D是金叉，为买入信号，这是正确的。但是出现了金叉是否应该买入，还要看别的条件。第一个条件是金叉的位置应该比较低，是在超卖区的位置，越低越好。第二个条件是与D相交的次数。有时在低位，K、D要来回交叉好几次。交叉的次数以2次为最少，越多越好。第三个条件是交叉点相对于KD线低点的位置，这就是常说的"右侧相交"原则。K是在D已经抬头向上时才同D相交，比D还在下降时与之相交要可靠得多。换句话说，右侧相交比左侧相交好。满足了上述条件，买入就放心一些，少满足一个条件，买入的风险就多一些。但是，如果要求每个条件都满足，尽管比较安全，但也会错过很多机会。

4. 从KD指标的背离方面考虑

如果股价不断创新高，而KD处在高位呈现一顶比一顶低的现象，就构成顶背离，是卖出的信号。与之相反，KD处在低位，并形成一底比一底高的现象，而价格还在继续下跌，就构成底背离，是买入的信号。

5. 从J指标的取值方面考虑

J指标取值超过100和低于0，都属于价格的非正常区域，大于100为超买，是卖出的信号，小于0为超卖，是买入的信号。

六、能力潮指标(OBV)

成交量在行情判断上的重要性是众所周知的。如果将每天的价格波动看成海洋的潮汐，把OBV看成潮汐的能量，就可以利用OBV验证当前价格走势的可靠性。

(一)OBV的计算公式

OBV的计算公式是按照递推的方式进行的。首先假设已经知道了上一个交易日的OBV(第一个OBV值一般取0)，然后就可以根据当天的成交量以及当天的收盘价与上一个交易日的收盘价进行比较，计算出当天OBV。其计算公式为：

$$今日\ OBV=前一交易日\ OBV+sgn\times 今日的成交量$$

其中，sgn是符号的意思。如果今收盘价≥前收盘价，则sgn=+1；如果今收盘价＜前收盘价，则sgn=−1。

这里的成交量指的是成交股票的手数，不是成交金额。Sgn=+1时，其交易量计入多方的能量；sgn=−1时，其成交量计入空方的能量。

(二)OBV的构造原理

OBV是根据潮涨潮落的原理。如果多方力量大，则向上的潮水就大，中途回落的潮水就小。衡量潮水大小的是成交量，成交量大，则潮水的力量就大；成交量小，潮水的力量就小。将每天的成交量理解成潮水，潮水的方向由当天的收盘价与前一日的收盘价进行比较而决定。

①如果今收盘价≥前收盘价，则这一潮水是属于多方的潮水。

②如果今收盘价<前收盘价，则这一潮水是属于空方的潮水。

(三)OBV的应用法则和注意事项

OBV的应用法则和注意事项有以下几点：

1. OBV必须与价格曲线结合使用才能发挥作用，不能单独使用。

2. 只关心最近几日OBV曲线的相对走势，从OBV的取值大小不能得出任何结论。

3. OBV曲线的上升和下降对进一步确认当前价格的趋势有着重要的作用。价格上升(或下降)，OBV也相应上升(或下降)，则可以更相信当前的上升(或下降)趋势。价格上升(或下降)，但OBV并未相应地上升(或下降)，则对目前的上升(或下降)趋势的认可程度就要大打折扣，这就是背离现象。OBV已经提前告知趋势的后劲不足。

七、腾落指数(ADL)

ADL(Advance/Decline Line)即上升下降曲线的意思。ADL是以股票每天上涨或下跌的家数作为观察的对象，通过简单算术加减来比较每日上涨股票和下跌股票家数的累积情况，形成升跌曲线，并与综合指数相互对比，对大势的未来进行预测。

(一)ADL的计算公式

ADL采用递推方式进行计算。假设知道了前一交易日的ADL值，即可计算今日的ADL值，然后用来决定涨跌。即：

$$今日\ ADL = 前日\ ADL + NA - ND$$

其中，NA为当天所有股票中上涨的家数；ND为当天下跌的股票家数，涨跌的判断标准是以今日收盘价与前一日收盘价进行比较。ADL的初始值可取为0。

(二)ADL的应用法则

ADL的应用重在相对走势，而不看重取值的大小。这与OBV相似。此外，ADL不能单独使用，要同股价曲线联合使用才能显示出作用。

1. ADL与股价同步上升(下降)，创新高(低)，则可以验证大势的上升(下降)趋势，短期内反转的可能性不大。这是一致的现象。

2. ADL连续上涨(下跌)了很长时间(一般是3天)，而指数却向相反方向下跌(上升)了很长时间，这是买进(卖出)信号，至少有反弹存在。这是背离的一种现象。

3. 在指数进入高位(低位)时，ADL并没有同步行动，而是开始走平或下降(上升)，这是趋势进入尾声的信号。这也是背离现象。

4. ADL保持上升(下降)趋势，指数却在中途发生转折，但很快又恢复原有的趋势，并创新高(低)，这是买进(卖出)信号，是后市多方(空方)力量强盛的标志。

八、涨跌比率(ADR)

ADR(Advance Decline Ratio)的基本思想是观察股票上涨家数之和与下降家数之和的比率，借以看出市场目前所处的大环境，推断股票市场多空双方力量的对比，进而判断出股票市场的实际情况。

(一)ADR的计算公式

$$ADR = \frac{P_1}{P_2}$$

其中，P_1 表示 n 日内每天上涨家数之和；P_2 表示 n 日内每天下降家数之和；n 表示选择的天数，是 ADR 的参数。

选择几天的上涨和下降家数的总和，而不是一天的上涨和下降家数，是为了避免某一天的特殊表现而误导判断。参数的选择没有一定之规，比较流行的选择是 $n=10$。

ADR 曲线在 1 附近来回波动，波动幅度的大小以 ADR 的取值为准。参数选择得越小（大），ADR 波动的空间就越大（小），曲线的起伏就越剧烈（平稳）。

（二）ADR 的应用法则

1. 从 ADR 的取值来判断大盘走势

从 ADR 指标的计算方法上来看，ADR 的取值范围是在 0 以上。从理论上来说，ADR 数值可以得到很大值。但在实际中，除了在一个股票市场形成的初期，当上市的股票很少而且所有股票都大幅上涨的情况下，ADR 的数值可能比较大，如 1991 年上海股票市场刚刚形成时，其 ADR 值曾超过 10 以外，其他时候 ADR 值大于 3 的情况会极少。

一般而言，由 ADR 的数值大小可以把大势分为几个区域：

(1)ADR 数值在 0.5～1.5 之间属于正常区域。该区域表明多空双方势均力敌，大盘的走势波动不大、比较平稳，属于一种盘整行情。

(2)当 ADR 数值在 0.3～0.5 之间或 1.5～2 之间属于非正常区域。当 ADR 处在 1.5～2 时，表明多头力量占优，存在超卖现象，可能要回跌；而当 ADR 处在 0.3～0.5 时，表明空头力量占优，存在超买现象，可能要反弹。

(3)当 ADR 数值在 0.3 以下或 2 以上属于极不正常区域。当 ADR 处在极不正常区域时，主要是突发的利多、利空消息引起股市暴涨暴跌的情况。此时，股市大势属于一种大空头或大多头行情，有严重的超买超卖现象。

(4)当股价进入暴涨行情或暴跌行情时，只是有可能会回档或反弹，但是并非一定会回档或反弹，尤其是行情初期刚刚开始的时候，投资者要关注当时市场氛围等因素。

在多头市场开始时，在上升的第一段和第二段可能 ADR 的取值会极快地增加，应用时应注意常态状况的上下限调整。

(5)ADR 先下降到常态状况的下限，但不久就上升并接近常态状况的上限，则说明是多头市场已具有足够的力量将股价指数向上抬一个台阶。

ADR 取值与买卖策略见表 8－1。

表 8－1　　ADR 取值与买卖策略

ADR 值	市场行情	买卖策略
＜0.3	暴跌	买入股票（空头行情大跌初期除外）
0.3～0.5	下跌	短线买入超跌股
0.5～1.5	盘整	研判个股具体情况操作
1.5～2	上涨	卖出股票或持币观望
＞2	暴涨	卖出股票（多头行情大涨初期除外）

2. ADR 与综合指数的配合作用

(1)ADR 上升（下降）而综合指数同步上升（下降），则综合股票价格指数将在短期内保持原有趋势不变，继续上升(下降)，短期反转的可能性不大。

(2)ADR 上升(下降)而综合股票价格指数不同步或反方向变动时，则二者发生背离，大盘短期内会有反弹(回落)，应采取行动。

3. 从 ADR 曲线形态研判大盘走势

(1)当 ADR 曲线在高位形成 M 头或三重顶等顶部反转形态时，可能预示着大盘由强势转为弱势，大盘即将大跌，如果股价综合指数也出现同样形态则更可确认，其跌幅可以用 M 头或三重顶形态理论来判断。

(2)当 ADR 曲线在低位出现 W 底或三重底等低部反转形态时，可能预示着大盘由弱势转为强势，大盘即将反弹向上，如果股价综合指数也出现同样形态更可确认，其涨幅可以用 W 底或三重底等形态来判断。

相对而言，ADR 指标的高位 M 头或三重顶的判断的准确性要比其底部的 W 底或三重底要高。

ADR 常态分布的上下限因时间参数的大小不同而有所变化。一般来说，参数越大，上下限离 1 越近；反之则越远。因此，ADR 指标参数的选择会影响 ADR 曲线与 1 值线之间的关系，从而直接影响对大盘的研判。

由于 ADR 选择的是多空双方力量相除来表示力量对比，所以 ADR＝1 是双方力量相等处于均衡的表示，即 ADR 是以 1 作为多空双方的分界线的，ADR＞1，说明多方占优；ADR＜1，说明空方占优。这里多空力量大小并不意味着相应的 ADR 取值在 1 两侧作对称分布，也就是说，0.5 到 1 的距离与 1.5 到 1 的距离所代表的趋势强弱的程度并不一致。事实上，两者的力量对比关系是以 1 为中心，以互为倒数的关系对应在 1 的两侧。比如，上涨家数是下跌家数的两倍与下跌家数是上涨家数的两倍在涨跌比率中分别表示为 2/1＝2 和 1/2＝0.5，二者互为倒数。同理，正确反映多空双方力量的对应关系应如下所示。

1/2＝0.5～1～2/1＝2　　2/3＝0.67～1～2/3＝1.5　　1/3＝0.33～1～3/1＝3

2/5＝0.4～1～5/2＝2.5　　3/5＝0.60～1～5/3＝1.67　　3/4＝0.75～1～4/3＝1.33

同 ADL 一样，ADR 不能用于分析个股。

九、超买超卖指标(OBOS)

OBOS(over bought and over sold)也是运用上涨和下跌的股票家数的差距对大势进行分析的技术指标。与 ADR 相比，其含义更直观，计算更简便。

(一)OBOS 的计算公式

OBOS 用一段时间内上涨股票家数总和和下跌股票家数总和的差距来反映当前市场中多空双方力量对比的强弱。计算公式为：

$$OBOS(n)=P_1-P_2$$

其中，P_1 是 n 日内每日上涨股票家数的总和；P_2 是 n 日内每日下跌股票家数的总和；n 为 OBOS 的参数，一般选 n＝10

OBOS 的多空平衡位置是 0，也就是 $P_1=P_2$ 的时候。当 OBOS＞0 时，多方占优势；当 OBOS＜0 时，空方占优势。

(二)OBOS 的应用法则

1. 根据 OBOS 的数值判断行情

当 OBOS 的取值在 0 附近变化时，市场处于盘整时期；当 OBOS 为正数时，市场处于上涨行情；当 OBOS 为负数时，市场处于下跌行情。

当 OBOS 达到一定正数值时，大势处于超买阶段，可择机卖出；反之，当 OBOS 达到一定负数时，大势超卖，可伺机买进。至于 OBOS 超买超卖的区域划分，受上市股票总的家数、参数的选择的直接影响。其中，参数选择可以确定，参数选择得越大，OBOS 一般越平稳，但上市股票的总家数则是不能确定的因素。这是 OBOS 的不足之处。

2. 当 OBOS 的走势与指数背离时，是采取行动的信号，大势可能反转。

3. 形态理论和切线理论中的结论也可用于 OBOS 曲线。

4. 当 OBOS 曲线第一次进入发出信号的区域时，应该特别注意是否出现错误。

5. OBOS 比 ADR 的计算简单，意义直观易懂，所以使用 OBOS 的时候较多，使用 ADR 的时候较少，但放弃 ADR 是不对的。

十、乖离率(BIAS)

(一)BIAS 的计算公式

BIAS 是价格与价格异动平均的偏离程度，其计算公式如下：

$$BIAS(n)=\frac{Close-MA(n)]}{MA(n)}\times100\%$$

其中，Close 是收盘价；MA(n)是参数为 n 的移动平均；分子表示价格与移动平均价的绝对距离。乖离率的参数是移动平均线的参数 n。n 首先影响 MA，然后影响 BIAS。

显然，BIAS 是收盘价偏离 MA 的相对距离。一般来说，参数选得越大，允许价格远离 MA 的程度就越大。

(二)乖离率 BIAS 的构造原理

BIAS 的原理是离得太远了就该回头，因为物体有向心的趋向。另外，经济学中价格与需求的关系也是产生这种向心作用的原因。价格低，需求就大，价格就会上升；反之，价格高，需求就小，价格就会下降。

(三)BIAS 的应用法则

BIAS 的应用应注意以下几点：

第一，考虑 BIAS 的取值大小。这是产生 BIAS 的最初想法，只要 BIAS 超过某个数值，就应该感到危险(机会)而考虑抛出(买入)。问题的关键就在于如何找到这个分界线。

分界线的选择与两个因素有关：BIAS 的参数大小，参数越大，分界线越高；具体证券在市场中的活跃程度，证券越活跃，分界线越高。

第二，考虑 BIAS 的曲线形状。BIAS 形成从上到下的两个或多个下降的峰，而此时价格还在继续上升，是抛出的信号。BIAS 形成从下到上的两个或多个上升的谷，而此时价格还在继续下跌，是买入的信号。这属于指标的背离原则。

十一、心理线(PSY)

PSY(Psychological line)以投资者买卖趋向的心理因素为目标，从人气和升降比率入手，对多空双方的力量对比进行探索。

(一)PSY 的计算公式

$$PSY(n)=\frac{A}{n}\times100$$

其中,n 是 PSY 的参数,表示天数;A 表示在这 n 天之中价格上涨的天数。

例如,$n=10$,且 10 天内有 4 天上涨 6 天下跌,则 $A=4$,$PSY(10)=40$,确定上涨和下跌是以收盘价为标准,如果今天的收盘价比前一交易日的收盘价高,则今天就定为上升。

(二)PSY 的构造原理

PSY 是某段时间内上涨的天数所占的比例。PSY 以 50 为中心。50 以上是多方市场,50 以下是空方市场。PSY 的参数选择具有主观性,一般为 10,参数越大,PSY 的取值范围越集中,越平稳;参数越小,PSY 的取值范围上下的波动就大。

(三)PSY 的应用法则

PSY 的应用应注意以下几点:

第一,在盘整阶段,PSY 的取值应该以 50 为中心波动,上下限一般定为 25 和 75。PSY 取值在 25～75 之间,说明多空双方基本处在平衡状态。如果 PSY 的取值超出了平衡状态,就是超买或超卖,应该准备采取行动。

第二,PSY 的取值如果高得过头或低得过头,都是行动的信号。如果出现 PSY＜10 或 PSY＞90 这两种极端低和极端高的局面,就可以采取买入和卖出行动,这属于极端值现象。

第三,PSY 的曲线如果在低位或高位出现大的 W 底或 M 头,这是买入或卖出的行动信号。

第四,在高位或低位,如果 PSY 与价格形成背离,是行动的信号。

关键术语

证券投资技术分析　K 线　支撑线　压力线　趋势线　黄金分割线　轨道线　百分比线

应知考核

一、单项选择题

1. 道氏理论是技术分析的理论基础,其创始人之一是(　　)。

A. 查尔斯·道　B. 赫尔·琼斯　C. 道·琼斯　D. 威廉姆斯

2. K 线中的四个价格中,最重要的价格是(　　)。

A. 开盘价　B. 收盘价　C. 最低价　D. 最高价

3. 开盘价与收盘价相等的 K 线是(　　)。

A. 锤形线　B. 纺锤线　C. 十字形　D. 光头线

4. 通过一段时期内的平均收盘涨数和平均收盘跌数来分析衡量市场中买卖力量对比的数值指标是(　　)。

A. 移动平均线　B. 乘离率　C. 相对强弱指标　D. 随机指标

5. 下列形态属于持续整理形态的是(　　)。

A. 头肩顶　B. 三重顶　C. V 形底　D. 旗形

6. 以一特定时期内股价的变动情况推测价格未来的变动方向,并根据股价涨跌幅度显示市场的强弱的数值指标是(　　)。

A. 移动平均线　B. 乖离率

C. 相对强弱指标　　D. 随机指标

7. 通过计算股份与移动平均线之间出现的偏离程度,从而得出股价在振荡中因偏离移动平均线而可能产生的回档与反弹的指标是(　　)。

A. BIAS 指标　　B. KDJ 指标　　C. RSI 指标　　D. DMI 指标

8. 在已经得到了趋势线后,通过第一个峰和谷可以做出这条趋势线的平行线,这条平行线就是(　　)。

A. 支撑线　　B. 压力线　　C. 轨道线　　D. 劲线

9. 根据技术分析中黄金分割线理论,股价极容易在(　　)数处产生支撑和压力。

A. 0.382　　B. 4.236　　C. 0.618　　D. 1.618

10. 在下列 K 线图中,收盘价大于开盘价的有(　　)。

A. 光头光脚的阴线　　B. 带有上影线的光脚阳线

C. 十字线　　D. T 字形 K 线

二、多项选择题

1. 反转突破形态有(　　)。

A. 多重底(顶)　　B. 三角形

C. 头肩形底(顶)　　D. 圆弧底(顶)

2. 光头光脚大阳线的出现说明(　　)。

A. 多方占优势　　B. 股价涨了

C. 市场波动很大　　D. 空方占优势

3. 证券投资技术分析基于的市场假设是(　　)。

A. 市场行为能反映一切信息　　B. 股价具有阶段性

C. 历史会重演　　D. 价格呈趋势变动

4. 下列关于道氏理论的观点描述正确的是(　　)。

A. 市场价格指数可以解释和反映市场的大部分行为

B. 股价按趋势运动并保持趋势

C. 三种指数发现主要趋势

D. 用成交量来验证股票价格的运动趋势

5. 技术分析的要素有(　　)。

A. 价　　B. 量　　C. 时　　D. 空

三、判断题

1. 支撑线和压力线是可以相互转化的,也就是说一条支撑线如果被跌破,那么这一支撑线就将成为压力线。(　　)

2. 双重顶、头肩顶和三角形都属于反转形态。(　　)

3. 相对强弱指标 RSI,取值范围在 50～80 之间时,应采取买入的投资策略。(　　)

4. K 线是一柱状的线条,由实体和上下影线组成,当天收盘价高于开盘价的称为阳线,收盘价低于开盘价的称为阴线。(　　)

5. 旗形和楔形都有明确的形态方向,并且和原有的趋势一致。(　　)

四、简述题

1. 简述技术分析的基本假设。

2. 简述技术分析的要素。
3. 简述支撑线和压力线的作用。
4. 简述趋势线的作用。
5. 简述轨道线的作用。

应会考核

■观念应用

【背景资料】

K 线的应用

请在下图中标出日 K 线的开盘价、收盘价、最高价和最低价。

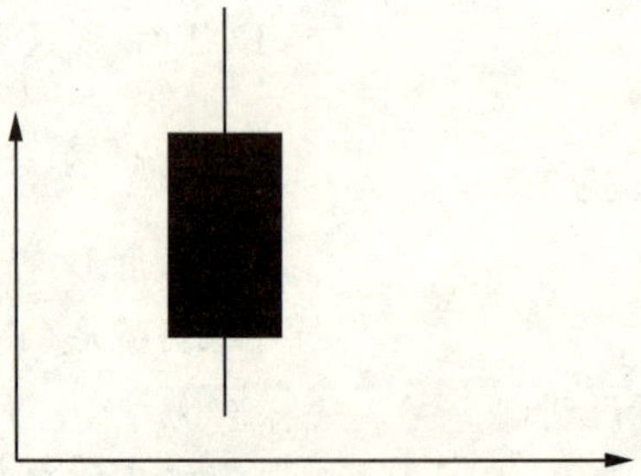

【考核要求】

K 线的含义和画法(解释概念后必须画图)。

■技能应用

证券投资分析主要理论的应用

根据股票价格变化情况画出并标明压力线、支撑线和趋势线。

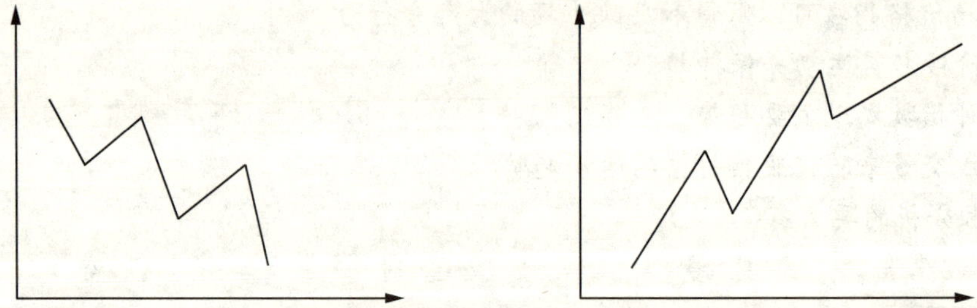

【技能要求】

结合本项目内容,画出上述二个图形。

■案例分析

【情境与背景】

股市走势与投资决策分析

A 企业于 2020 年 1 月 1 日以每张 1 020 元的价格购买 B 企业发行的企业债券。该债券的面值为 1000。请分析图,预计该股后市走势情况,并进行投资决策。

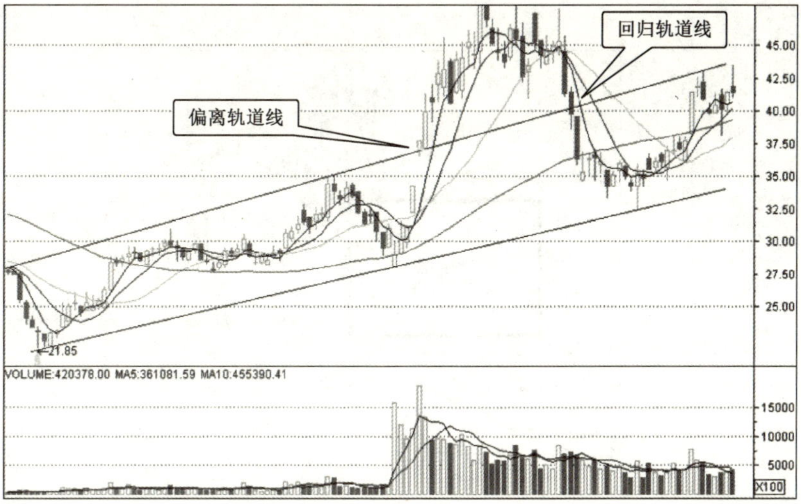

【分析要求】

预测股市走势及投资决策。

项目实训

【实训项目】

证券投资技术分析。

【实训情境】

1. 根据以下价格画出 K 线图。

	开盘价	最低价	最高价	收盘价
18 日	12	11.5	13	12.5
19 日	13	12.5	13.5	13

2. 看图回答问题。

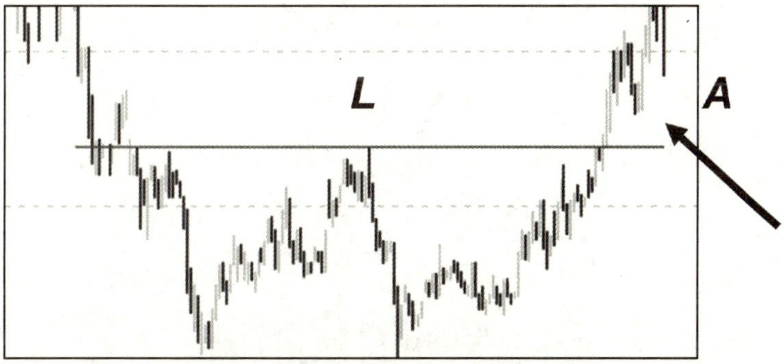

(1)该形态名称____________。直线 L 被称为____________，它起____________作用。

(2)突破直线 L 有无成交量的要求？

(3)A 点称为____________。

3. 下图画框部分的 K 线形态名称是什么？请说出其形成过程、市场含义、对成交量的要求及操作策略。

4. 说出下图的K线走势形成的形态名称及特征,画出颈线。该股在突破颈线后的反弹的技术名称是什么?

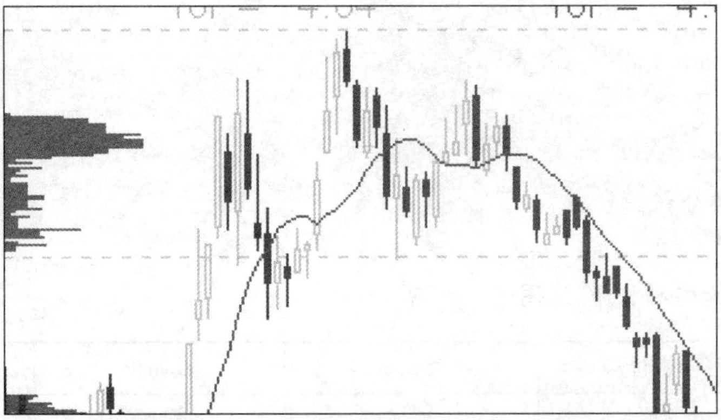

5. 观察下图,运用形态理论、技术指标理论(包括成交量理论、均线理论及其他技术指标理论)说出A点,A点到B点、B点、C点、D点的操作策略及理由。

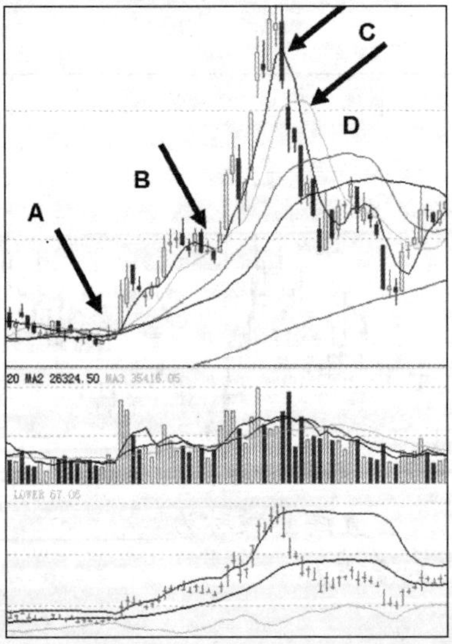

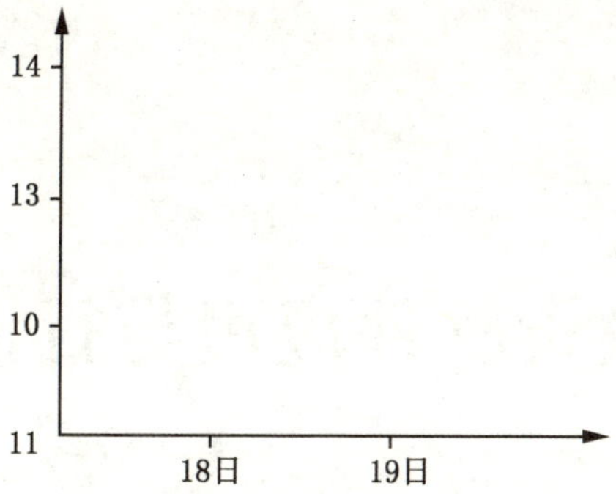

【实训任务】

1. 回答上述五个实训小题。

2. 填写实训报告。

《证券投资技术分析》实训报告		
项目实训班级：	项目小组：	项目组成员：
实训时间：　年　月　日	实训地点：	实训成绩：
实训目的：		
实训步骤：		
实训结果：		
实训感言：		

实验一

证券投资软件应用与行情解读

情境1　证券交易行情分析软件的应用

实验一课件

一、证券行情分析软件

(一)什么是证券行情分析软件?

证券行情分析软件是为掌握证券行市场的变动趋势而采用专门方法对证券市场价格变动状况进行的研究和预测的软件。它是在普通行情软件基本功能的基础上整合了一些特定的功能,如一些分析大盘的指标、公式、新闻资讯、预警系统、选股系统、盘后分析、信息实时发布系统、研究报告、赢富数据等。“盯盘大师”“大智慧”“同花顺”等在线行情分析软件是市场上最受欢迎的免费行情软件,专业提供炒股必需的沪深两市行情,同时具有行情软件专用的深度资讯。

现在的证券行情分析软件包括证券公司现场行情分析软件、网上证券行情分析软件和手机炒股软件3种。手机炒股软件在近年发展较快,但它本质上仍然属于网上证券行情分析软件,因而目前使用最多的仍是网上证券行情分析软件。投资者通过网络平台可以进行证券行情分析,也可以进行网上证券交易,一般来说网上交易系统都是集成在网上证券行情分析系统中的,但也有两个系统分开的。

(二)网上证券交易的优点

随着国际互联网的发展,网上证券交易已成为主要的证券交易方式,相对于传统的交易方式,网上证券交易对投资者来说方便、迅速、安全,还可获得券商多种多样的网上服务。其具体表现在以下几个方面:

1. 网上证券交易不受地域限制

通过INTERNET,将身处各地的投资者有机地聚集在无形的交易市场中,使得投资者甚至全球任何能上网的地方进行证券交易,并使那些有投资欲望但却无暇或不便前往证券营业部进行交易的人士进行投资成为可能。

2. 网上证券交易提高了证券市场的资源配置效率

通过国际互联网,网上证券交易克服了传统市场上信息不充分的缺点。

3. 网上证券交易可以降低证券交易的交易成本

网上交易的引入,使得客户彻底突破传统远程交易的制约,无须投入附加的远程信息接收硬件设备,在普通的计算机上就可以全面把握市场行情和交易的最新动态。另外,网上交易涵盖了证券活动的方方面面，使投资者足不出户就可以办理信息传递、交易、清算、交割等事务，从而节约了大量的时间和金钱。对券商而言，网上交易的大规模开展，可以大幅度降低营业部的设备投入和日常的运营费用。

4. 网上证券交易为股民提供了安全的交易手段。现在网上交易通常采用对称加密和不对称加密相结合的双重数据加密方式，再加上证券公司本身的数据加密系统，使得网上证券交易的安全性无懈可击。

（三）我国网上证券交易的发展

我国券商最早开始尝试开办网上交易业务是在1996年年底，此后一年，网上交易一直停留在观望、开发和试用阶段，到1998年才真正开始发展起来。2000年4月，证监会颁布《网上证券委托暂行管理办法》，对网上交易的业务资格和运作方式做出明确规定后，券商的积极性才调动起来。进入2001年以来，网上证券委托交易业务加快了发展速度。

截至2001年10月底，我国网上证券委托交易量占沪深交易所的比例已上升到5.74%；网上开户数319万，占证券市场总开户数的比例已经达到9.7%；截至2009年6月12日，中国股民开户数已超过1亿，网上交易占证券行业交易市场份额的70%。

随着互联网技术的进一步发展，网上交易投资者的规模仍在扩大，网上证券交易也在进一步发展和成熟。

（四）主要网上证券行情分析软件介绍

1. 钱龙网上行情分析软件

“钱龙”是国内历史悠久的知名证券软件品牌，由乾隆集团创建于1994年。其所有者上海乾隆高科技有限公司、上海乾隆网络科技有限公司，是国内最早从事专业证券实时分析软件研发、销售的行业领导者。“钱龙”作为国内证券业IT产品市场的开拓者、创新者，是与沪深证券市场同步发展起来的。历过20年的发展，“钱龙”旗下的系列产品已经涵盖了实时证券投资分析软件、委托交易软件、金融数据库、专业证券网站建设、实时行情传输等证券信息业各个领域，覆盖了上海、深圳、香港三地的证券市场，在中国的使用量约3 000万人。

2. 同花顺实时行情分析软件

同花顺2008证券行情分析软件是中国唯一官方授权的免费股票行情分析软件，通过国家SSL安全认证的官方指定炒股软件，该软件被评为行情速度最快、功能最强大、资讯最丰富、操作手感最好、用户使用率最高的免费股票行情分析软件。同花顺股票行情分析软件主打行情、数据、交易、社区、资讯等五大股民最需要的金融证券交易客户端核心功能，可令使用者边看盘边与股友社区即时互动，免费查看29个国家的股指和港股。

3. 通达信网上行情资讯系统

通达信软件是多功能的证券信息平台，与其他行情软件相比，有简洁的界面和行情更新速度较快等优点。通达信允许用户自由划分屏幕，并规定每一块对应哪个内容。至于快捷键，也是通达信的特色之一。通达信还有一个有用的功能，就是“在线人气”，可以了解哪些是当前关注的，哪些是持续的，又有哪些是当前冷门的，从而可以更直接了解各个股票的关注度。

通达信是2002年以后网上交易领域市场份额上升最快的厂商，通达信自2002年进入网上交易领域以来，成功完成了多家券商总部级的网上交易系统承建、维护工作。从南方证券超强版开始，通达信一直是网上交易系统业务创新和技术性能指标领先的软件供应商。截至2010年12月，通达信覆盖行情服务器超过3 000台，资讯主站超过2 500个，交易中心服务器超过 1 500 台，为全国 80%以上的证券公司提供软件定制化服务，稳定地为近 800 万名投资者同时在线并发，总使用人数超过 5 000 万名投资者提供国内证券市场的实时行情服务。

通达信是南方市场影响力最大的网上交易厂商，南方地区最主要的几个券商——国信、招商、广发、中投、安信等均采用通达信的网上交易行情系统。

4. 大智慧交易终端

大智慧即大智慧证券信息平台，是一套用来进行证券行情显示、行情分析、外汇及期货信息显示，并同时进行信息即时接收的超级证券信息平台。其面向证券决策机构和各阶层证券分析、咨询、投资人员，并特别关注广大股民的使用习惯和感受。软件包含对证券市场最全面的揭示和最深刻的理解。

5. 指南针网上证券行情分析软件

"指南针行情网"是北京指南针公司独立研发的新一代 WEB 实时行情分析系统。指南针行情网依托于指南针公司提供的包括技术分析、及时行情、Top View 数据、Level－2 行情、多维技术指标类以及基于 Top View 和 Level－2 数据等行情数据信息。提供的信息主要包括：沪深股市实时行情、美股行情、港股行情、全球股市走势、权证基金行情等；同时提供宏观市场分析、行业研究、投资策略报告、晨会纪要汇总、股票投资评级、股票盈利预测等权威证券咨询机构研究分析成果；再辅以最新新闻资讯、公司公告、财务数据、股本构成、大小非情况、主力持仓动向等盘后分析数据，为互联网用户提供最及时、最全面、最权威的证券理财服务。

二、证券行情分析软件的使用

(一)证券行情分析软件的下载安装

基本上每个证券公司都会提供行情交易软件，以供投资者使用。一个证券行情分析软件的下载安装一般包括以下几个步骤(以华安证券有限责任公司为例)。

1. 投资者选择一家证券公司开户

对于刚入市的投资者来说，炒股的第一步就是要选择一个好的证券公司开立股票账户。投资者选择证券公司一般要考虑以下几方面：

(1)必须信誉可靠。为了确保投资者资金的安全，选择具有行业影响力、信誉好、实力强的券商是最为重要的。

(2)服务体系完善、业务种类多、交易速度快速稳定、收费水平合理，这些也是选择证券公司的必备条件。目前证券公司同质化比较严重，服务和业务种类都差不多。在选择证券公司时主要着重从佣金和网上交易系统选择。

(3)工作人员的整体素质和办事效率。

2. 登录该证券公司的网站下载交易软件

每家证券公司都有自己的网站，投资者开户时会得到该公司的网址，输入网址进入证券公司网站，找到软件下载窗口并选择下载适合自己的软件。

3. 安装

双击下载的文件进行安装，行情交易软件和一般的应用软件安装大致相同，这里不再详述。安装结束后，在桌面上将建立有行情交易软件的图标，同时在"开始"菜单中的"程序"下也建立有行情交易软件子菜单。

(二)网上证券交易的安全问题

为了确保投资者的资金安全和信息安全，使用网上证券交易软件时应注意以下几点。

①目前交易软件下载的途径很多，建议投资者到官方网站去下载。辨识合法证券经营机构网站，通过正式公布的网站进入，不要通过搜索引擎找到的网址或其他不明网站的链接进入。

②正确设置交易密码。不要选诸如身份证号码、出生日期、电话号码等作为密码，建议用字母、数字混合密码，尽量避免在不同系统使用同一密码。

③谨慎操作，避免在公用的计算机上使用网上交易系统。

④及时查询、确认买卖指令。做好交易记录，对网上银行、网上证券等平台办理的转账和支付等业务做好记录，定期查看“历史交易明细”并打印业务对账单，如发现异常交易或差错，立即与有关单位联系。

⑤在交易结束后，及时退出交易系统。

⑥同时开通其他委托形式。投资者还可同时开通柜台委托、自助委托、电话委托、可视电话委托等，以免影响交易顺利进行。

⑦不过分依赖系统数据，注意分析、核实从网上获取的各类信息。

⑧对异常动态提高警惕，做好防黑、防病毒工作。如果不小心在陌生的网址上输入了账户和密码，并遇到类似“系统维护”之类提示时，应立即拨打有关客服热线进行确认，万一资料被盗，应立即修改相关交易密码或进行银行卡、证券交易卡挂失。

（三）网上证券行情分析软件的使用

1. 软件操作

行情分析软件的使用熟练程度是一个从业人员专业与否的重要参考指标之一，所以必须熟练掌握网上证券行情分析软件的操作，明白软件中涉及的名词等内容。

（1）进入/退出/隐藏系统

①进入系统

要进入行情交易软件，有以下几种方法：

A. 双击桌面上的行情交易软件图标，即可直接进入；

B. 从程序组中进入，即沿着“开始”—“程序”—行情交易软件，也可进入系统。

②退出系统

要退出行情交易软件，有以下几种方法：

A. 按 Alt+F4；

B. 用鼠标单击菜单“退出系统”；

C. 用鼠标点击窗口右上角的关闭按钮“×”。

程序提示：“您确实想退出系统吗？”选择“是”或“否”。

③隐藏系统

为了方便某些用户的使用，有些软件还提供了一键隐藏功能，即通过一个快捷键（俗称“老板键”）将程序界面完全隐藏（在任务栏、托盘区都不留痕迹），再按此快捷键时，又将程序恢复为原来的界面。

默认的快捷键为：Alt+Z。用户也可以根据自己的意愿设定为其他的快捷键，在“工具”菜单下“系统设置”里设置。

（2）基本操作

①系统的操作可以通过直接键盘操作、鼠标操作和菜单操作分别完成；

②对于键盘操作可以根据热键和主画面的菜单提示进行；

③鼠标操作主要为双击选中，用户可以通过鼠标点击各个菜单项、各个股票、各个K线等等，同时可以击点鼠标右键，弹出快捷菜单，用户可以直接选中快捷菜单的功能。

(3)几个基本键盘操作说明

①↑、↓键：K线图里放大和缩小图形；表格里，上下移动选中行。

②←、→键：图形窗口里控制光标的左右移动；表格里，左右移动选中表格列。

③Page Up、Page Down：K线图里，上一个股票、下一个股票；表格里，上一页、下一页。

④Enter：进入所选菜单。

⑤Esc：有光标时去掉光标；无光标时回到上个浏览页面。

⑥Home、End：有光标时光标移至显示窗口最前端、最后端；无光标时切换技术指标。

⑦+、－键(小键盘上)：在“大盘分时页面”切换指标；在“个股分时页面”切换小窗口的标签。

2. 软件操作的常用快捷键

记住一些常用的快捷键，可以使投资者在看盘时更灵活地切换各种分析界面，提高投资分析的效率。表9－1是网上证券行情分析软件操作的部分快捷键。

表9－1　　网上证券行情分析软件快捷键

快捷键	功　能	快捷键	功　能
F1/01+Enter	成交明细	F2/02+Enter	价量分布
F3/03+Enter	上证综指	F4/04+Enter	深证成指
F5/05+Enter	K线/分时切换	F6/06+Enter	自选股
F7/07+Enter	个股全景	F8/08+Enter	分时图下：闪电图；K线图下：周期切换
F9或F12	交易系统切换	F10/10+Enter	公司资讯
F11	基本资料	1+Enter	上海A股行情报价
2+Enter	上海B股行情报价	3+Enter	深圳A股行情报价
4+Enter	深圳B股行情报价	5+Enter	上海债券行情报价
6+Enter	深圳债券行情报价	7+Enter	上海基金行情报价
8+Enter	深圳基金行情报价	9+Enter	香港证券行情报价
60+Enter	沪深A股涨幅排名	61+Enter	上海A股涨幅排名
62+Enter	上海B股涨幅排名	63+Enter	深圳A股涨幅排名
64+Enter	深圳B股涨幅排名	65+Enter	上海债券涨幅排名
66+Enter	深圳债券涨幅排名	67+Enter	上海基金涨幅排名
68+Enter	深圳基金涨幅排名	69+Enter	香港证券涨幅排名
80+Enter	沪深A股综合排名	81+Enter	上海A股综合排名
82+Enter	上海B股综合排名	83+Enter	深圳A股综合排名
84+Enter	深圳B股综合排名	85+Enter	上海债券综合排名

续表

快捷键	功　能	快捷键	功　能
86＋Enter	深圳债券综合排名	87＋Enter	上海基金综合排名
88＋Enter	深圳基金综合排名	89＋Enter	香港证券综合排名

情境 2　证券行情解读

一、行情相关基本概念

(一)价格

价格又称证券行市，是指证券在证券市场上买卖的价格。行情分析软件上一般会提供证券的如下价格信息：

现价：股票最新的价格。

今开：今天的开盘价格。

最高：今天的盘中最高价格。

最低：今日的最低价格。

收盘：证券的收盘价，一般在 K 线中可以看到。

(二)上涨及下跌

1. 上涨及涨幅

我们把当天证券交易价格相对前一天升高叫上涨，而涨幅就是指目前这只证券的上涨幅度。涨幅的计算公式：

$$涨幅=\frac{现价-上一个交易日收盘价}{上一个交易日收盘价}\times 100\%$$

2. 下跌及跌幅

我们把当天证券交易价格相对前一天下降叫下跌，而跌幅就是指目前这只证券的下跌幅度。跌幅的计算与涨幅的计算是一样的，差别就在于涨幅计算结果为正数，而跌幅计算结果为负数。

(三)成交量

成交量是指一个时间单位内具体的交易数。市场成交量的变化反映了资金进出市场的情况，成交量是判断市场走势的重要指标，在行情分析软件上成交量的变化通常可以由以下几个指标反映。

1. 外盘。外盘是指主动买入股票的成交量，即股票买家主动以卖方委托申报卖一的价格成交的，单位是手。说明买盘比较积极。通常在国内股票软件中，红色数字表示外盘。

2. 内盘。内盘是指主动卖出股票的成交量，即股票卖家主动以买方委托申报买一的价格成交的，单位是手。说明抛盘比较踊跃。通常在国内股票软件中，绿色数字表示外盘。

3. 总量。总量是指交易日该股票到目前为止买进量与卖出量的总和(内盘＋外盘＝总量)，单位是手。

4. 量比。量比是指衡量相对成交量的指标。它是指股市开市后平均每分钟的成交量与过去5个交易日平均每分钟成交量之比。量比的计算公式为：

$$量比=\frac{现成交总手}{过去5个交易日平均每分钟成交量\times 当日累计开市时间(分)}$$

量比分析要点：

①量比为0.8～1.5倍，则说明成交量处于正常水平；

②量比在－2.5～1.5倍则为温和放量，如果股价也处于温和缓升状态，则升势相对健康，可继续持股，若股价下跌，则可认定跌势难以在短期内结束，从量的方面判断应可考虑停损退出；

③量比在2.5～5倍，则为明显放量，若股价相应地突破重要支撑或阻力位置，则突破有效的概率颇高，可以相应地采取行动；

④量比达5～10倍，则为剧烈放量，如果是在个股处于长期低位出现剧烈放量突破，涨势的后续空间巨大，是"钱"途无量的象征，东方集团、乐山电力在5月份突然启动之时，量比之高令人讶异。但是，如果在个股已有巨大涨幅的情况下出现如此剧烈的放量，则值得高度警惕。

⑤量比达到10倍以上的股票，一般可以考虑反向操作。在涨势中出现这种情形，说明见顶的可能性压倒一切，即使不是彻底反转，至少涨势会休整相当长一段时间。在股票处于绵绵阴跌的后期，突然出现的巨大量比，说明该股在目前位置彻底释放了下跌动能。

⑥量比达到20倍以上的情形基本上每天都有一两单，是极端放量的一种表现，这种情况的反转意义特别强烈，如果在连续的上涨之后，成交量极端放大，但股价出现"滞涨"现象，则是涨势行将死亡的强烈信号。当某只股票在跌势中出现极端放量，则是建仓的大好时机。

⑦量比在0.5倍以下的缩量情形也值得好好关注，其实严重缩量不仅显示了交易不活跃的表象，同时也暗藏着一定的市场机会。缩量创新高的股票多数是长庄股，缩量能创出新高，说明庄家控盘程度相当高，而且可以排除拉高出货的可能。缩量调整的股票，特别是放量突破某个重要阻力位之后缩量回调的个股，常常是不可多得的买入对象。

⑧涨停板时量比在1倍以下的股票，上涨空间无可限量，第二天开盘即封涨停的可能性极高。在跌停板的情况下，量比越小则说明杀跌动能未能得到有效宣泄，后市仍有巨大下跌空间。当量比大于1时，说明当日每分钟的平均成交量大于过去5日的平均值，交易比过去5日火爆；当量比小于1时，说明当日成交量小于过去5日的平均水平。

(四)股本

1. 股本。表示该股的总股本，是股份公司发行的全部股票所占的股份总数。股本可以说是公司债权人的最低限度的担保额，是衡量公司信用的标准。同时，股本也是公司经营的物质条件，是公司成立、生存和发展的物质条件。

2. 流通。表示该股的流通股本，流通股本就是可以买卖的股票数量。

3. 换手。就是"换手率"，也称"周转率"，是指在一定时间内市场中股票转手买卖的频率，是反映股票流通性强弱的指标之一。

换手率的计算公式为：

$$换手率=\frac{某一段时期内的成交量}{流通股}\times 100\%$$

换手率数值越大，不仅说明交投的活跃，还表明交易者之间换手的充分程度。一般来说，当股价处于低位且日换手率达到4%左右时应引起投资者的关注，而上升途中换手率达到

20%左右时则应引起警惕。

(五)委比、委差

1. 委买手数。委托买价最高前五档委托手数相加之总和。

2. 委卖手数。委托卖价最低前五档委托手数相加之总和。

3. 委差。委差是指委买委卖的差值。在交易报价中委买委卖是最优的买卖盘的提示，它是未成交的价和量，从某种程度上讲，委差是投资者意愿的体现，在一定程度上反映了价格的发展方向。委差为正，价格上升的可能性就大；反之，下降的可能性大。

4. 委比。委比是用以衡量一段时间内买卖盘相对强度的指标。

委比的计算公式为：

$$委比=\frac{委买手数-委卖手数}{委买手数+委卖手数}\times 100\%$$

委比值变化范围为+100%至-100%。当委比值为正值并且委比数大，说明市场买盘强劲；当委比值为负值并且负值大，说明市场抛盘较强；委比值从-100%至+100%，说明买盘逐渐增强，卖盘逐渐减弱的一个过程。相反，从+100%至-100%，说明买盘逐渐减弱，卖盘逐渐增强的一个过程。

(六)市盈率

1. 市盈

行情软件上显示的市盈表示该只股票的市盈率。市盈率是指普通股每股市价与每股利润的比率。

市盈率的计算公式为：

$$市盈率=\frac{每股市价}{每股利润}$$

市盈率是反映股份公司获利能力的一个重要财务比率，投资者对这个比率十分重视。这一比率是投资者做出投资决策的重要参考因素之一。一般来说，市盈率高，说明投资者对该公司的发展前景看好，愿意出较高的价格购买该公司股票，一些成长性较好的高科技公司股票的市盈率通常要高一些。但是，也应注意，如果某一种股票的市盈率过高，则意味着这种股票具有较高的投资风险。

2. 净资

表示该股目前的净资产，是支撑股票市场价格的重要基础。每股净资产值越大，表明公司每股股票代表的财富越雄厚，通常创造利润的能力和抵御外来因素影响的能力越强。

3. 收益

是指每股收益，又称每股税后利润、每股盈余，指税后利润与股本总数的比率，是普通股股东每持有一股所能享有的企业净利润或需承担的企业净亏损。每股收益通常被用来反映企业的经营成果，衡量普通股的获利水平及投资风险，是投资者等信息使用者据以评价企业盈利能力、预测企业成长潜力，进而做出相关经济决策的重要的财务指标之一。

收益(一)表示当年该股第一季度的每股收益，收益(三)表示截止第三季度该股的每股收益。

(七)分笔成交中的B、S标记

1. B、S含义或红、绿箭头：在分时成交明细中的"B"(或红箭头)表示是主动性买单(Buy)；"S"(或绿箭头)表示是主动性卖单(Sell)。无BS标记的表示是不明单，系统根据当时的叫买叫卖价无法得知是主动性买单还是卖单。

2. 成交量颜色紫色：紫色表示是500手以上的大单，股民也可以通过股票软件当中的“系统设置”来调整颜色。

3. 灰色数字：在分时成交明细中的最右边，股民会看一个灰色的数字，它的含义就是说这一个分笔成交包含了几笔成交的数量(深市股票)，比如说灰色数字是3，表明这次成交一共有3笔。

(八)股票名称前的N、DR、XR、XD和S

1.“N”：股票名称前加注“N”的股票均为当日上市的新股。深、沪两市每逢新股上市首日，在该新股的中文名称前加注“N”以提醒投资者。

2.“DR”：股票名称前加注“DR”的股票为当日既除权又除息的个股。

3.“XR”：股票名称前加注“XR”的股票为当日除权的个股。

4.“XD”：股票名称前加注“XD”的股票为当日除息的个股。

5.“S”：在我国是指尚未进行股权分置改革或者已进入改革程序但尚未实施股权分置改革方案的股票。

(九)方格条下的6种不同符号

方格条下面有6种不同的符号在滚动：

1. 红色向上的箭头：表示整个市场涨势在增加。

2. 红色向下的箭头：表示整个市场涨势在减弱。

3. 红色等于号：表示整个市场涨势保持持平。

4. 绿色向上的箭头：表示整个市场跌势在增加。

5. 绿色向下的箭头：表示整个市场跌势在减弱。

6. 绿色等于号：表示整个市场跌势保持持平。

(十)复权

复权就是对股价和成交量进行权息修复，按照股票的实际涨跌绘制股价走势图，并把成交量调整为相同的股本口径。股票除权、除息之后，股价随之产生变化，但实际成本并没有变化。

二、分时走势图

(一)指数分时走势图

1. 指数分时走势图的概念

指数分时走势图就是把股票市场的交易信息以指数实时地用曲线在坐标图上加以显示的技术图形(见图9-1)。坐标的横轴是开市的时间，纵轴的上半部分显示的是股价或指数，下半部分显示的是成交量。指数分时走势图是股市现场交易的即时资料，是分时走势图(即时走势图)中的一种。

2. 白色曲线和黄色曲线

白色曲线表示上证交易所对外公布的通常意义下的大盘指数，也就是加权数。黄色曲线是不考虑上市股票发行数量的多少，将所有股票对上证指数的影响等同对待的不含加权数的大盘指数。当指数上涨时，如果黄色曲线在白色曲线走势之上，则表示发行数量少(盘小)的股票涨幅较大；而当黄色曲线在白色曲线走势之下，则表示发行数量多(盘大)的股票涨幅较

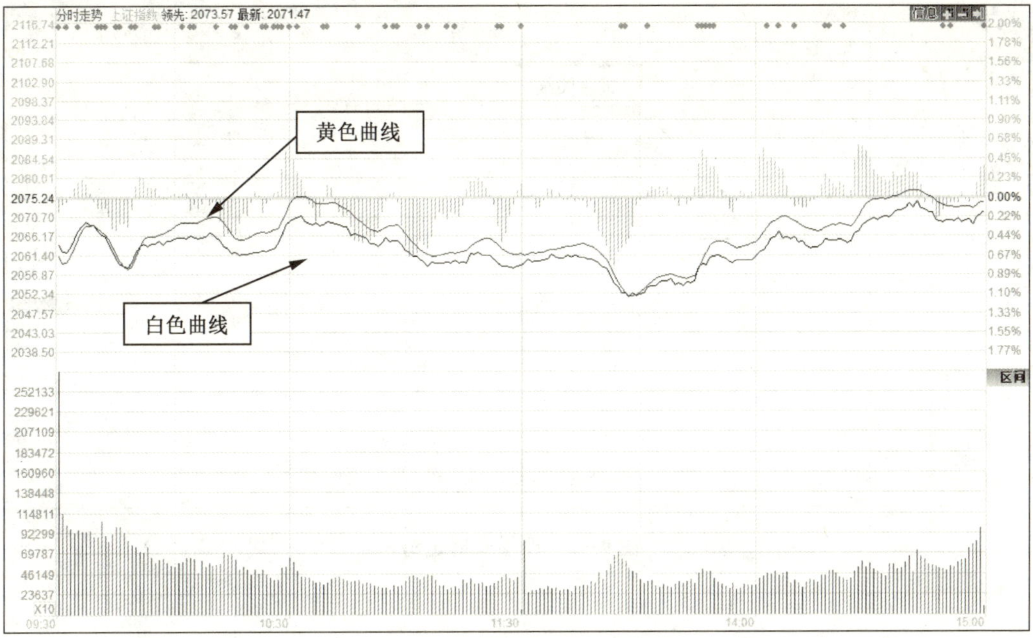

图9—1 指数分时走势

大。当指数下跌时，如果黄色曲线仍然在白色曲线之上，则表示小盘股的跌幅小于大盘股的跌幅；如果白色曲线反居黄色曲线之上，则说明小盘股的跌幅大于大盘股的跌幅。

3. 红色、绿色柱线

红色、绿色的柱线反映当前大盘所有股票的买盘与卖盘的数量对比情况。红柱增长，表示买盘大于卖盘，指数将逐渐上涨；红柱缩短，表示卖盘大于买盘，指数将逐渐下跌。绿柱增长，指数下跌量增加；绿柱缩短，指数下跌量减小。

4. 成交量的黄色、蓝色和白色柱线

(1)成交量的黄色柱线表示指数拉升时分时对应的成交量。

(2)成交量的蓝色柱线表示指数打压时分时对应的成交量。

(3)成交量的白色柱线表示指数多空平衡时对应的成交量。

(二)个股分时走势图

1. 个股分时走势图

它是把股票市场的交易信息以个股实时地用曲线在坐标图上加以显示的技术图形(见图9—2)。

2. 白色曲线

它表示该种股票的分时成交价格。

3. 黄色曲线

它表示该种股票的平均价格。

4. 成交量的黄色、蓝色和白色柱线

它同指数走势图中的意义一样。

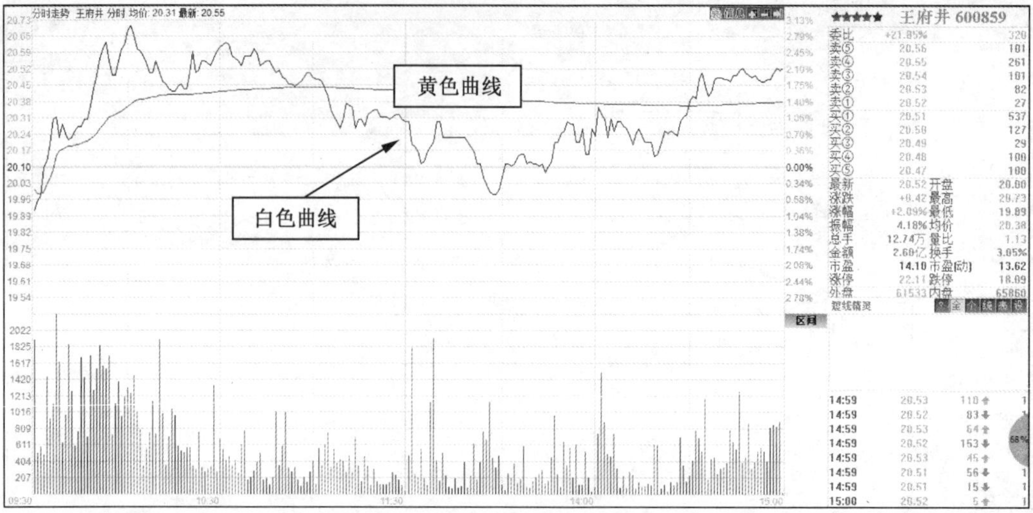

图 9—2 个股分时走势

情境 3 看盘的基本方法与技巧

对一个投资者而言，看盘水平的高低会直接影响其操作效果，即使是中线投资者也不能忽视其存在的价值。很多投资者经常会碰到这样一个问题：虽然天天盯着盘面看，但不知道如何抓住机会。一般来讲，看盘方法有很多，看技术指标，看基本面，看盘口买卖力度，看资金流向等，但这些方法没有定式，也没有好坏之分，只是要适合自己的投资风格和能力范围，找出最适合自己的看盘套路。看盘最重要的就是千万不要忘了看盘的目的，就是要为买卖决策服务。下面我们就介绍几种看盘的方法与技巧。

一、学会看开盘

无论是个股还是大盘，开盘都为当天的走势定下了主基调，其重要性不言而喻，因此必须掌握开盘看盘技巧。

(一)开盘三种形态

1. 高开

说明人气旺盛、抢筹码的心理较多，趋势有向好的一面，但如果高开过多，使前日买入者获利丰厚，则容易造成过重的获利回吐压力。

不同位置的高开，对短线投资者的操作意义各不同：比如在底部突然高开，且幅度较大，常是多空双方力量发生根本性逆转的时候，因此，回时反而构成进货建仓良机；反之，若在大势已上涨较多时发生大幅跳空，常是多方力量最后喷发的象征，表明牛市已走到了尽头，反而构成出货机会；而在股价上升趋势中，高开一般会维持股价的趋势。

此外，结合前一个或几个交易日的走势，以及不同的高开幅度和量能情况，又有不同的操作意义。

(1)如果前一交易日大跌(跌幅超过 5%)，次日高开，表面该股下跌动力不是很足，今日可能会反弹，即使继续下跌，幅度也不会很大。这种形态是否可以短线参与，需要结合近期走势，如果是高位，可能是下跌中继；如果是底部，可以参与。

(2)如果前一交易日涨停，次日高开，涨幅小于1.5%，表面该股继续上涨动力不足，今日可能会出现震荡走势或调整，建议短线选择高抛。

(3)如果前一交易日小涨或下跌，次日出现7%以上的高开，那么有两种可能性：一是有尚未公布的重大利好消息；二是主力在试盘或拉高出货。可以根据开盘后的15分钟股价走势来判断属于哪一种，如果股价迅速封至涨停，持有；否则，可以考虑出货。

(4)如果前一个或几个交易日涨幅不大或微跌，某一天突然出现高开，幅度在1.5%～3%之间，那么当日的股价可能会拉升。可以少量介入，走势明朗后加仓，但是也要防止当日冲高回落。

(5)如果开盘成交量特别大，而且大幅高开(涨幅大于5%)，有两种可能：一种是有尚未公布的重大利好消息；二是主力刻意拉高出货。

(6)如果开盘成交量跟平时差不多，且出现高开，这个要结合大盘来判断，比如普涨行情可能这样，持股待涨即可；如果大盘下跌，表明很多投资者看重这个价位，积极补仓或抢反弹，需要观望。

(7)如果开盘成交量萎缩，但是股价却出现高开，这往往是前一交易日跌幅过大或者主力已经控盘的征兆，表明他们已经控盘，换手通常比较小，对短线投资者来说，是一个积极买入的信号。

2. 平开

平开表示市场与前一交易日收盘结果一致，暂时认同前一交易日的收盘价，多方和空方处在平衡状态中，没有明显上攻和下跌的方向。

主力机构的真实意图只有在盘中交易时才能表露出来，这时候以观望为主，如果在盘中发现异动，再决定操作策略。

3. 低开

低开表明获利回吐心切或亏损割肉者迫不及待，走势有转坏以及洗盘的可能，这里需要强调的是结合看均线系统的趋势给以判断。

如果股价在顶部(某一时段内相对高位)大幅跳空低开表明人气不旺，常是多方力量衰竭、空方力量增长的征兆。主力机构获利回吐心切，以出货为主，趋势有转坏的可能，日后虽有可能短时间内反弹，但摆脱不了一路下泻的局面。短线投资者可以果断抓住这个机会，出货了结。如果股价在底部(某一时段内相对低位)跳空低开，常是空头歇斯底里一击，反而构成见底机会，低开很可能是主力机构在建仓和洗盘。这时往往是短线投资者抄底吸筹的良机。

此外，同样可以结合前一个或几个交易日的走势，以及不同的低开幅度和量能情况，其各有不同的操作意义。

如果前一交易日涨停，而次日出现低开，说明短线涨幅已大，则该股票继续上涨的可能性不大，出现调整的概率大。建议不要介入该股，以观望为主。这些对突发性涨停的股票比较有效，比如因为板块联动、尾盘涨停，但是对于超强势个股，比如重组题材股，这种方法不奏效，这种股票往往在涨停次日低开横盘整理，下一个交易日继续涨停。

如果前一交易日大幅上涨，而次日出现低开，如果幅度不大(在2%以内)，这个可能是主力的洗盘动作，要视盘中的走势而决定是否介入。如果低开后开盘30分钟内快速拉升，可以少量参与;如果低开后开盘 30 分钟内继续下探,则观望。

如果前一个或几个交易日涨幅不大或微跌,排除大盘因素,某一天突然出现大幅低开(幅度超过 5%),那么可能是有重大利空,建议短线回避。

(二)看开盘 5 分钟

集合竞价决定了开盘价,而开盘后的 5 分钟决定了一天的主基调。

1. 一般而言,开盘 5 分钟内上涨的(超过 3%),整天都会比较强势。尤其是高开之后迅速高走,往往意味着该股要冲击涨停。介入可以获得不错的短线收益。

2. 一般而言,开盘 5 分钟内下跌的,整天都会比较疲弱。尤其是低开之后迅速走低,如果跌幅超过 5%以上的,往往意味着该股要打到跌停。

3. 股价处于底部区域:高开之后迅速下跌,有可能是机构在故意打压建仓;高开之后迅速上涨,则意味着将要大涨;低开之后迅速下跌,有可能会展开下一波下跌;低开之后迅速上涨,有可能是主力利用集合竞价在打压,该股值得介入。

4. 股价处于高位区域:高开之后迅速下跌,有可能是主力在出货;高开之后迅速上涨,则意味着可能会继续拉升;低开之后迅速下跌,需要小心了;低开之后迅速上涨,或许来个梅开二度。

(三)看开盘 30 分钟

在开盘后的 9:30~10:00 时间段,这 30 分钟的走向往往预示着这一天的走势趋向。据此判断市场走向,尤其对于短线炒作具有重要的意义。

如果开盘三线始终在开盘平行线上方游动,且一波比一波高,为涨势盘面,收阳概率大;如果开盘三线始终在平行线下方一路走低,此为跌势,收阴概率大;如果 9:40、9:50 两条线都比开盘价高,而 10:00 线比开盘价低(俗称开盘三线二上一下),表明当天行情买卖双方皆较有力,行情以震荡为主,多方一旦逐步占据优势就会上涨;如果 9:40、9:50 两条线比开盘价低,而 10:00 线比开盘价高(俗称开盘三线二下一上),则表明空方力量大于多方,而多方也积极反击,底部支撑较为有力,收盘一般为有支撑的探底反弹阴线;如果 9:40 这条线比开盘价低,而另外两条线比开盘价高(俗称开盘三线一下二上),则表明当天空方的底线被多方击破,反弹成功且将呈现逐步震荡向上的趋势。

1. 开盘后第一个 10 分钟

开盘后第一个 10 分钟(9:30~9:40),是多空双方极为关注的时间段,当然也是短线投资者最应留心的时段。这 10 分钟之所以重要,是因为此时参与交易的股民人数不多,盘中买卖量都不是很大,因此用不大的资金量即可达到目的,花钱少、效益大。

在强势市场中,多方为了充分吸筹,开盘后往往会迫不及待地买进;而空方为了完成派发,也会故意拉高,于是造成开盘后的急速冲高。

在弱势市场中,多方为了吃到便宜货,会在开盘时即向下打压,而空头也会不顾一切地抛售,造成开盘后的急速下跌。因此开盘第一个 10 分钟的市场表现有助于正确判断市场走势的强弱。

2. 开盘后第二个 10 分钟

经过第一个 10 分钟的搏杀,开盘后第二个 10 分钟(9:40~9:50)多空双方会进入休整阶段。

一般会对原有趋势进行修正,如空方逼得太猛,多方会组织反击,抄底盘会大举介入;如果多方攻得太猛，空方也会予以反击，获利盘会积极回吐。因此，这段时间通常是买入或卖出的一个转折点。

3. 开盘后第三个10分钟

随着参与交易的股民人数逐渐增多，多空双方经过前面的较量，互相摸底，第三个10分钟(9:50～10:00)的买卖盘变得较实在，因此可信度较大。这段时间的走势基本上可成为全天走向的基础。短线投资者应充分关注这段时间量价的变化，为自己的决策做好准备。比如，如果量价保持良好，量升价增，可以追进；如果量价关系异常，可以继续观望。

二、学会看K线图

(一)K线图和成交量结合看

1. 价格随成交量的递增而上涨，为市场行情的正常特性，此种量增价涨的关系，表示股价将继续上升。

2. 股价下跌，向下跌破股价形态、趋势线、移动平均线，同时出现大成交量是股价将大幅下跌的信号，强调趋势的反转。

3. 股价随着缓慢递增的成交量而逐渐上涨，渐渐的走势突然成为垂直上升的爆发行情，成交量急剧增加，股价暴涨，紧接着，成交量大幅萎缩，股价急剧下跌，表示涨势已到末期，有转势可能。

4. 温和放量。个股的成交量在前期持续低迷之后，出现连续温和放量形态，一般可以证明有实力资金在介入，但这并不意味着投资者就可以马上介入，个股在底部出现温和放量之后，股价会随量上升，量缩时股价会适量调整。当持续一段时间后，股价的上涨会逐步加快。

(二)K线图和MA结合看

1. 买进时机

(1)价格由下向上突破5日、10日移动平均线，且5日均线上穿10日均线形成黄金交叉，显现多方力量增强，已有效突破空方的压力线，后市上涨的可能性很大，是买入时机。

(2)价格由下向上突破5日、10日、30日移动平均线，且3条移动平均线呈多头排列，说明多方力量强盛，后市上涨已成定局，此时是极佳的买入时机。

(3)在强势股的上升行情中，价格出现盘整，5日移动平均线与10日移动平均线纠缠在一起，当价格突破盘整区，5日、10日、30日移动平均线再次呈多头排列时为买入时机。

(4)在多头市场中，价格跌破10日移动平均线而未跌破30日移动平均线，且30日移动平均线仍向右上方挺进，说明价格下跌是技术性回档，跌幅不致太大，此时为买入时机。

(5)在空头市场中，价格经过长期下跌，在5日、10日移动平均线以下运行，恐慌性抛盘不断涌出导致价格大幅下跌，乖离率增大，此时为抢反弹的绝佳时机，可以少量买进。

2. 卖出时机

(1)在上升行情中，价格由上向下跌破5日、10日移动平均线，且5日均线下穿10日均线形成死亡交叉，30日移动平均线上升趋势有走平迹象，说明空方占有优势，已突破多方两道防线，此时为卖出时机。

(2)价格在暴跌之后反弹，无力突破10日移动平均线的压力，说明仍将继续下跌，此时为卖出时机。

(3)价格先后跌破5日、10日、30日移动平均线，且30日移动平均线有向右下方移动的趋势，表示后市的跌幅可能会较深，继续看跌，为卖出时机。

(4)价格经过长时间盘局后，5 日、10 日移动平均线开始向下，说明空方力量增强，后市将会下跌，为卖出时机。

(5)当 60 日移动平均线由上升趋势转为平缓或向下方转折，预示后市将会有一段中级下跌行情，为卖出时机。

(三)K 线图和 MACD 结合看

1. MACD 低位两次金叉买进

MACD 在低位发生第一次金叉时，股价在较多情况下涨幅有限，或小涨后出现较大的回调，造成买进的投资者出现套牢亏损情况，但是当 MACD 在低位第二次金叉出现后，股价上涨的概率和幅度会更大一些。因为在指标经过第一次金叉之后发生小幅回调，并形成一次死叉，此时空方好像又一次占据了主动，但其实已是强弩之末，这样在指标第二次金叉时，必然造成多方力量的发力上攻。

使用方法：随股价上升 MACD 翻红，即白线上穿黄线(先别买)，其后随股价回落，DIF(白线)向 MACD(黄线)靠拢，当白线与黄线黏合时(要翻绿未翻绿)，此时只需配合日 K 线即可，当此时 K 线有止跌信号，如收阳、十字星等。(注意，在白黄线即将黏合时就要开始盯盘口，观察卖方力量)若此时能止跌称其为“底背驰”。底背驰是买入的最佳时机!

反之，当股价高位回落，MACD 翻绿，再度反弹，此时当 DIF(白线)与 MACD(黄线)黏合时(要变红未变红)若有受阻，如收阴、十字星等，就有可能出现“顶背驰”。顶背驰是最后的卖出良机！此时许多人以为重拾升势，在别人最佳卖点买入往往被套其中。

但在操作时要注意：

①背驰时不理是否击穿或突破前期高(低)位。

②高位时只要有顶背驰可能一般都卖，不搏能重翻红，除非大阳或涨停。

③其为寻找短期买卖点的奇佳手段，短期幅度 15%以上，但中线走势要结合长期形态及其他。

2. 高位 MACD 死叉卖出

股价在经过大幅拉升后出现横盘，形成的一个相对高点，投资者尤其是资金量较大的投资者，必须在第一卖点出货或减仓。此时判断第一卖点成立的技巧是“股价横盘且 MCDA 死叉”，死叉之日便是第一卖点形成之时。

第一卖点形成之后，有些股票并没有出现大跌，可能是多头主力在回调之后为掩护出货假装向上突破，作出货前的最后一次拉升。判断绝对顶成立技巧是当股价进行虚浪拉升创出新高时，MACD 却不能同步，第二红波的面积明显无前波大，说明量能在不断下降，二者的走势产生背离，这是股价见顶的明显信号。

此时形成的高点往往是成为一波牛市行情的最高点，如果此时不能顺利出逃的话，后果不堪设想。必须说明的是，在绝对顶卖股票时，绝不能等 MACD 死叉后再卖，因为当 MACD 死叉时股价已经下跌了许多，在虚浪顶卖股票必须参考 K 线组合。这个也是 MACD 作为中线指标的缺陷之处。

一般来说，在虚浪急拉过程中如果出现“高开低走阴线”或“长下影线涨停阳线”时，是卖出的极佳时机。需要提醒的是，由于 MACD 指标具有滞后性，用 MACD 寻找最佳卖点逃顶特别适合那些大幅拉升后做平台头的股票，不适合那些急拉急跌的股票。另外，以上两点大都出现在股票大幅上涨之后，也就是说，它出现在股票主升浪之后，如果一只股票尚未大幅上涨，没有进行过主升浪，则不要用以上方法。

(四)K线图和KDJ结合看

通常，大盘在长时间或者快速单边走势后，出现放量或者极端反向走势，同时配合经典的技术佐证，如跳空星型大K线周KDJ线的K值到达85以上，是见顶的典型信号。

当KDJ指标的J值升势改变掉头向下，先卖50%；K值升势改变走平时可准备卖出，K值改变掉头向下，清仓；当KDJ指标形成死叉时，这是最后的卖点。

但是，有时大盘或个股在高位正式见顶反转向下，形成下跌的走势，并且它们的MACD指标也在高位形成死亡交叉，大家就不能因为大盘或个股的KDJ指标发出超卖信号而盲目抄底，因为技术上经常会出现“底在底下”的情况，所以这种KDJ指标经常会失灵。

三、学会看盘口

盘中个股走势是一天的交投产生的形态，能够清晰地反映当日投资者交易价格与数量，体现投资者买卖意愿，为了能更好地把握股价运行的方向，我们必须看懂盘中走势，解读盘口。解读盘口语言的核心是观察委买盘和委卖盘，股市中的主力经常在此挂出巨量的买单或卖单，然后引导股价朝某一方向走。许多时候，大资金时常利用盘口挂单技巧，引诱投资人做出错误的买卖决定，委买卖盘常失去原有意义，例如有时刻意挂出大的卖盘动摇持股者的信心，但股价反而上涨，充分显示主力刻意示弱、欲盖弥彰的意图。因此，注重盯住盘口是关键，这将使我们有效地的发现主力的一举一动，从而更好地把握买卖时机。

1. 上压板、下托板看主力意图和股价方向

大量的委卖盘挂单称为上压板；大量的委买盘挂单称为下托板。无论上压下托，其目的都是为了操纵股价，诱人跟风，且股票处于不同价区时，其作用是不同的。

(1)当股价处于刚启动不久的中低价区间时，主动性买盘较多，盘中出现了下托板，往往预示着主力做多意图，可考虑介入追势；若出现了上压板而股价却不跌反涨，则主力压盘吸货的可能性偏大，往往是大幅涨升的先兆。

(2)当股价升幅已大且处于高价区间时，盘中出现了下托板，但走势却是量增价平，此时要注意主力诱多出货；若此时上压板较多，且上涨无量时，则往往预示顶部即将出现股价将要下跌。

2. 连续出现的单向大买卖单

连续的单向大买单，说明有大资金在活动。

大单相对挂单较小且并不因此成交量有大幅改变，一般多为主力对敲所致。成交稀少的较为明显，此时应是处于吸货末期，进行最后打压吸货之时。

(2)大单相对挂单较大且成交量有大幅改变，是主力积极活动的征兆。如果涨跌相对温和，一般多为主力逐步增减仓所致。

(3)在涨势中常有大单从天而降，将卖盘挂单连续悉数吞噬，即称扫盘。在股价刚刚形成多头排列且涨势初起之际，若发现有大单一下子连续横扫了多笔卖盘时，则预示主力正大举进场建仓，是投资人跟进的绝好时机。

(4)在买卖成交中，有的价位并未在委买卖挂单中出现，却在成交一栏里出现了，这就是隐性买卖盘，其中经常蕴含主力的踪迹。单向整数连续隐性买单的出现，而挂盘并无明显变

化,一般多为主力拉升初期的试盘动作或派发初期激活追涨跟风盘的启动盘口。

一般来说,上有压板,而出现大量隐性主动性买盘(特别是大手笔),股价不跌,则是大幅上涨的先兆。下有托板,而出现大量隐性主动性卖盘,则往往是主力出货的迹象。

3. 无征兆的大单解读

一般无征兆的大单多为主力对股价现有运行状态实施干预所致,如果是出现连续大单的个股,现行运作状态有可能被改变。如出现不连续的情况也不排除是资金量较大的个人大户或小机构所为,其研判实际意义不大。

(1)股价处于低位(复权后),买单盘口中出现层层较大买单(多为100手,视流通盘大小而定),而卖单盘口只有零星小单,但突然盘中不时出现大单炸掉下方买单,然后又快速扫光上方抛单,此时可理解为吸货震仓。

(2)股价处于高位(复权后),卖单盘口中出现层层较大卖单(多为100手,视流通盘大小而定),而买单盘口只有零星小单,但突然盘中不时出现小单持续吃掉上方大卖单,然后又快速炸掉下方出现较大买单,此时可理解为主力诱多减仓。

4. 买卖盘异常

有时买盘较少,买处只有10~30手,在卖单处也只有几十手,却不时出现抛单,而买一却不是明显减少,有时买单反而悄然增加,且价位不断上移,可以肯定主力同时买、卖单对敲。此类股票如蛰伏于低位,可作中线关注,在大盘弱市尤为明显,一般此类主力运作周期较长,且较为有耐心。

5. 机会买单解读

如200手以上连续向上买单而卖单较少。卖一价格被吃掉后又出现抛单,而买一不见增加反而减少,价位甚至下降,很快出现小手买单将买一补上,但不见大单,反而在买三处有大单挂出,一旦买一被打掉,小单又迅速补上,买三处大单同时撤走,价位下移后,买二成为买一,而现在的买三处又出现大单(数量一般相同或相似)且委比是100%以上,如果此价位是高价位,则可以肯定主力正在出货。小单买进,大单卖出,同时对敲维持买气。

6. 交易单手数的解读

一般主力常选择110、111,112、113、114、118、119等交易单进行操盘,原因是单子过大,容易引起市场注意,单子太小容易产生合并,百手单恰到好处。但由于证券市场的长庄模式开始没落,也许主力将改变手法,在使用时应谨慎分析,以免本末倒置。

四、学会看尾盘

尾盘的表现会直接影响次日盘面的优势,因此尾盘的分析也不容忽视。

(一)涨势中的尾盘信息解读

1. 尾盘价增量平

这种尾盘表现对次日发展趋势有两种情况,若均线系统在形成多头排列初期,价增量平属于惜售现象,是买盘远大于卖盘的表现,可积极介入,一旦失去当日买入机会,可次日介入,但不宜追涨。这主要是前日在尾盘拉升,成交量不能有效放大的条件下,次日多会出现高开上冲后再回调的走势,因此,在这种情况下可在回调中大胆介入。若均线系统形成多头排列末期,即周KDJ进入超买区,特别J值超出100时,尾盘出现价增量平纯属涨势高潮散民惜售,庄家借机拉高出货现象,此时,不可追进,也不必杀出,这种情况次日通常也会有高开冲高的过程，在此过程中派发手中的筹码。

2. 尾盘急跌量大

这种情况称尾盘跳水。此种情况如果是发生在涨幅过大，即5日乖离率大于+8以上时，并且全天呈现一路下跌时的尾盘。应大胆离场，切忌摊薄操作及抢反弹，此种尾盘次日多为跳低开盘，并有可能形成顶部。若5日乖离率小于+3，并且全天盘面涨势较强，价量配合良好，仅在尾盘一刻钟出现急跌，往往是主力进行尾盘洗盘动作，不宜贸然杀出，应耐心持股次日再定进出，次日在没有利空的条件下，仍会高开高走。

3. 尾盘价增量增

在涨势中尾盘价量俱增，是人气看多的征兆，又称尾盘抢盘。若5日乖离率小于+5时，投资者可大胆追涨，次日仍会高走。即便是5日乖离率大于+8时，这种盘面次日也会高开上冲，短线也有机会。

(二)在上升盘局中(股指不破10日均线，且10日均线走平)的尾盘信息解读

1. 尾盘价跌量增

这种盘局走势中尾盘出现价跌量增，不宜贸然抢进，次日多为平低开盘居多，是耐不住久盘的投资者出局的一种盘面表现。如果该种盘面发生在10日均线处，或者跌破10日均线，且30日均线与10日均线相近时，当日的盘面有可能是上升盘局中的下跌转折点，投资者可弃股观望。若该走势虽然跌破10日均线或发生在10日均线处，而30日均线仍以原上升的角度上升时，此时，中线可不出局，等待30日均线处的盘面表现再次决定买卖。

2. 尾盘价增量增

在上升盘局的末期，大盘在尾盘突然发动攻势，若此时的盘整期不小于在上升过程的时期，并且调整的浓度未破25日均线时，是调整结束的迹象可进场。若调整时间大于上升时间，并且调整的深度过深时，这种抢尾盘多为主力诱多表现，次日应清仓，这种走势多伴有顶部出现。

3. 尾盘价增量平

在上升趋势的盘局中尾盘价增量平多为指数股所为，次日走势仍会牛皮盘整，不宜进出。

(三)在下降的盘局中(股指在10日均线之下，且10日均线走平)的尾盘信息解读

1. 尾盘价增量增

这种下降趋势中的盘局出现价量俱增，要视30日均线的位置与角度，若30日均线走平，且与10日均线相距较近时，这种盘面表现多为结束调整信号，可介入，次日有望上攻均线。若30日均线尚未走平，这种尾盘可视为反弹行情，中线不宜进场。

2. 尾盘价跌量增

该盘面如果发生在一个调整时间等于或大于下跌时的时间，要慎防诱空行为，不宜贸然杀出，应视次日的盘面变化再作抉择，若此种尾盘发生在一个调整时间小于下降时的时间，这种盘面多为弱市特征，次日继续下跌的概率极大，不宜抢进做反弹或摊薄操作。

3. 尾盘价增量平

这种情况多属主力所为，无成交量的配合空头能量得不到释放，反弹必然受阻，次日很难挑战均线，一般而言，不参与这种弱反弹。

(四)在跌势中(下降趋势)的尾盘信息解读

1. 尾盘价跌量平

若均线系统刚形成空头排列初期，出现尾盘价跌量平，纯属买盘不济，投资者对后市信心不足的盘面表现，这种无量下跌不能单纯理解为惜售，反而，卖压得不到释放，会引起大跌发生。若股指出现连续下跌之后，而周 KDJ 进入了超卖区时，这种价跌量平多为惜售所致，此时，不宜恐慌抛出，而买入则要等待次日探底时择机而行。

2. 尾盘价跌量增

发生这种情况时，投资者应视周 RSI 的位置而定，若周 RSI 未处低位，而跌势中尾盘出现价跌量增，仍是恐慌性抛盘，次日也必将低开盘，因此，不宜抢反弹，而应果断离场。若周 RSI 已进入超卖区，尾盘无重大利空条件下，价跌量增，有可能是主力的诱空行为，一旦次日出现平开或高开的情况下，反弹有望展开，投资者可择机而入。

3 尾盘价增量增

在下跌的初期，一旦均线形成空头排列，这种价量俱增的尾盘少见，即使有也多为主力拉高出货的行为，不宜追涨，如果这种尾盘发生在跌势末期，是反弹征兆，由于没有经过长期的横盘，这种反弹不宜看得太高。

在运用尾盘买卖技巧时，一定划分清股价的阶段和均线，技术指标的位置，并进行综合分析。

实验二

证券投资策略与操作技巧

情境1 证券的投资原则

实验二课件

一、自有资金原则

证券投资具有较高的收益,但也有较大的风险。证券投资的风险是难以预料的,而且有些风险也是不能以多样性的分散投资来加以避免的。因此,投资者在投资证券时,应以闲置的自有资金作为入市的资金,这样,才能在没有任何心理压力的情况下进行投资。

(一)投资者运用自有资金

如以自有资金进行投资,则可以被迫作长期投资,等行情上涨以后,或在低位补进摊低成本以后获利出售;如以借入资金进行投资,万一债权人追着要收回资金,则投资者将面临债务的催讨压力,不得不在低位赔本卖出证券。

(二)投资者应运用自有闲置资金进行投资

因为证券价格随时会变化,而股票价格的波动更大,如果投资者把短期内急用的资金也用来购买证券,就必须看准行情,在短期买进卖出,来回做差价,以获取投机差价收益;万一行情看错,短期内买进又亏本卖出,则会遭受很大的投机风险。

二、充分准备、充实知识原则

股市如战场,不打无准备之仗是胜者用兵的第一原则。投资者在从事证券投资前,必须尽可能全面地做各种相关知识准备,了解诸如证券投资的范围、特点、条件、种类、影响因素、场所、费用、程序、方法、法规、术语等一系列问题;在证券投资过程中,还必须结合实践不断巩固、完善自己的投资系统。

三、长期投资原则

在股票投资过程中,投资者要把眼光放远一些,而不要让投资的目光放在短时间内的股价日常变动上。

由于我国目前的股市还很小,因而容易被投机者利用,进行投机操纵,从而形成短时间内的股价巨幅波动。对于广大中小投资者而言,由于不可能在第一时间内获得准确的内幕信息和其他各种消息,因而在投机操作过程中处于不利地位;等到各种信息公开发布时,广大中小散户往往在高位被套牢。

四、投资分散组合原则

在证券投资过程中，如果你投资的资金确定后，为了尽量降低投资风险，投资者应将资金分散投资于各种不同有价证券上。股票投资的收益比较高，但投资者所承担的风险也较大，所以，投资者所投的资金不应局限于一只股票上。为了降低非系统风险，投资者应选择不同类型的几种股票进行投资；而保守的、谨慎的投资者为降低投资风险，会更多地购买债券。

情境 2　证券投资策略

证券投资策略是我们基于对市场规律和人性的理解认识，利用这种认识根据投资目标制定的指导我们投资的规则体系和行动计划方案。

一、消极型投资策略

对股票投资来说也称非时机抉择型投资策略，其下又分为简单型长期持有策略和科学组合型长期持有策略两种。

①简单型长期持有策略，以买入并长期持有战略为主，一旦确定了投资组合，就不再发生积极的股票买入或卖出行为。

②科学组合型长期持有策略，又称指数化投资策略，是指按照某种证券价格指数编制原理构建投资组合，不主动对个股和买卖时机进行选择，只是跟踪目标指数的变动，以取得目标指数所代表的整个市场的平均收益为投资目标。

二、积极型投资策略

积极型投资策略也称时机抉择型投资策略，其下又分为概念判断型投资策略、价格判断型投资策略和心理判断型投资策略三种。

(1)概念判断型投资策略是指以基本分析为基础的投资策略，其分为价值投资策略与成长投资策略。

①价值投资策略是指投资价格低于其内在价值的企业，以追求较为固定的投资回报为目标。根据是否介入被投资企业的管理又分为消极价值投资和积极价值投资两类。消极价值投资是指不介入企业的管理；积极价值投资是指透过持有的股份影响企业的改造重组以提升企业价值。

②成长投资策略以投资成长股为主要对象，以获取企业成长时的股价增长为主要目标。

(2)价格判断型投资策略是以技术分析为基础的投资策略，根据操作与趋势的关系分为顺势交易策略与逆向交易策略两种。

顺势交易策略是买入近来的强势股，卖出近来的弱势股，其表现形式俗称“追涨杀跌”；而逆向交易策略则卖出近来的强势股，买入近来的弱势股，其表现形式俗称“低买高卖”。

(3)心理判断型投资策略以投资者的悲观与乐观程度作为时机抉择的主要依据。

三、混合型投资策略

1. 积极指数投资策略

它是指在盯住选定的股票指数的基础上做适当的主动调整，这种策略也称加强指数法。

2. 心理判断与概念判断复合型投资策略

它是指以独立的投资概念为品种选择依据基础，以心理判断为进出时机抉择依据的投资策略。

3. 心理判断与价格判断复合型投资策略

它是指将技术分析与心理分析相结合的时机抉择投资策略。

4. 概念判断与价格判断复合型投资策略

它是指以独立的投资概念为品种选择依据基础，以技术分析为进出时机抉择依据的投资策略。

四、集中投资策略

选择少数几种可以在长期拉锯战中产生高于平均收益的股票，将大部分资本集中在这些股票上，不管股市短期跌升，坚持持股，稳中求胜。简言之，"集中持股，长期持有"。这也是巴菲特惯用的投资策略，他的成就举世公认。

情境3　证券投资的操作技巧

科学的投资操作方法可以适当弥补投资者在投资理论和分析水平上的不足；糟糕的投资操作方法，可以将投资者在理论和分析水平方面的优势消耗殆尽。因此投资者要想在证券市场上获胜，必须要了解并掌握一些行之有效的投资方法。在实务操作中，投资者应熟练地运用各种投资方法，以便在证券投资中立于不败之地。

一、分散投资法

（一）投资三分法

在一些西方国家，流行的投资三分法是：1/3资金存银行以备急需，1/3资金购买股票、债券等有价证券作中长期投资，1/3资金购置土地、房屋等不动产，长期持有以获取增值利益。在有价证券的投资上，投资者也往往把资金合理地分成三部分：1/3资金投资于安全性高的国家公债或优先股；1/3资金购买具有潜在成长能力的普通股；1/3资金用于投资或投机操作，长期获取买卖股票差价收益，对于保守型投资者来讲，也可以把这部分资金用作投资的预备金。

在我国由于可供投资的品种不多，又受经济条件的限制，因此，购买房地产的还很少，投资于实业、开公司的也不多。所以，对于广大中小投资者而言，把1/3资金存银行或持以现金，以备不时之需，1/3资金购买安全可靠的债券，1/3资金投资于经营管理好、经济效益高的公司股票是明智之举。这样，投资者既能获取投资收益，又不至于遭受很大损失，同时，也可以抓住有利时机投资获利。

（二）因素分散法

因素分散法是指投资者将其投资资金分散在不同时间、地点、不同行业（企业）等不同因素上以实现收益与风险的合理组合，具体指：

1. 投资行业和企业分散

因为每一行业都有周期性，即行业的生命周期，包括开创期、扩张期和停滞期。

①开创期。由于技术创新、整个行业成长迅速，利润高，但竞争激烈，企业经过合并和退出，只有几家公司能生存，因此风险大，股价波动也大。

②扩张期。只有少数几家财力雄厚、经营效益好、技术先进的公司，其成长仍在继续，利润稳定上升，股价可能因此而上扬。

③停滞期。成长速度放缓，甚至出现衰退。由于竞争相当激烈，以致利润微薄，有些行业因为产品过时，因此股价呈平稳甚至下跌走势。

由于各行业间景气程度不同，生命周期不同，因而各行业在财务状况、业绩及获利能力方面有高低之分，导致各行业股价变动有很大差异，投资者可以选择处于开创期和扩张期的行业股票，其获利潜力大，上涨空间亦大，但不宜集中投资于某一行业，而应分散投资于几个具有成长性行业的股票。

同时，也不要把全部资金集中购买某一个企业的股票，即使该企业业绩好，也不能集中购买，因为自然风险和市场风险是难以准确预测的，而政治风险和军事风险更难以估计。

2. 投资时间分散

上市公司收益回报消息的公布具有时间上的不一致性，而各上市公司也经常会发布各种信息，这些消息和信息传播都会影响股价，如有利多消息的传出，股价会升高；反之，股价会下降。

因此，投资者可在不同时点上进行投资，即使在某一时间买进股票因遭公共风险而受损失，但仍可在另一时间买进股票获利而补偿损失。

3. 投资区域分散

许多投资者在购买上海股票的同时，还兼购深圳股票。就是因为上海和深圳上市公司由于受市场、税负、法律、政策等因素影响而产生不同的经营业绩，如上海股票价格盘整或下降时，深圳股票价格可能呈上升或平稳走势。

(三)阶梯形滚动投资法

阶梯形滚动投资法又称梯形投资法，是指确定证券组合中证券期限结构的方法。采用这种方法，投资者需将全部资金平均投放在各种期限的证券上。

(四)哑铃形分散投资法

哑铃形分散投资法是指将投资资金集中投资于短期债券和长期债券，而放弃中期债券的投资方法。短期债券和长期债券可谓瑕瑜互现、各有利弊。例如长期债券收益率高，利率变化小，价格起伏不大，资本损失小，但流动性、灵活性差，当投资者急需现金时，难以及时变现；短期债券则具有高度的流动性和灵活性，变现能力强。把长期债券和短期债券结合起来，在一定程度上克服了两者的缺点，从而发挥了各自的优势。这种证券持有方式如果用图表示，形似两头大、中间小的哑铃，故称为哑铃形分散投资法。

二、摊平法

投资者在买进股票之后，如遇股价行情急剧下跌，便会遭受亏损，但在未卖出了结之前，还没有完全失败，只要认真地分析股市状况，认为股市发展仍有希望，就可耐心持股等待，总会有扳回成本的机会，甚至可以转亏为盈。

如果投资者想尽快捞回成本或赚取利润，就可运用摊平法，使投资成本降低，以获取利润。

(一)逐次等额买进摊平法

在股票市场上,再高明的投资者都不可能做到在股价跌入最低谷时买进和最高峰时抛出。为了能应付瞬息万变的股市,最好的自我保护方法是分期分批购买。

自第一次买进高价圈的股票以后,由于股价下降被高档套牢,投资者可等股价下跌到一定程度之后,再次买进与第一次数额相等的股票。

运用这种投资方式,重要的是,在第一次投资时,只能投入全部资金的一部分,便能有留存资金作等额摊平之用。如果投资者准备分三次来购买摊平,那么第一次买进股票花 1/3 资金,第二次、第三次再各花 1/3 资金购买股票。

这种方法主要在股价下降时应用,以利于减少风险,主要着眼于股价行情不可能永远只跌不涨,如果投资者判断股价会反弹,那么可以运用这种方法。

(二)倍数买进摊平法

在第一次买进股票之后,如行情下跌,则第二次再买进第一次倍数的股票,以便摊平。可以做两次或三次,分别称为两次加倍买进摊平和三次加倍买进摊平。

(三)加倍卖出摊平法

在投资买进股票后,发现已成跌势,就卖出倍数的股票,以便摊开成本,加速获利步伐。第一次买进股票后,行情下降,加倍卖出后继续下降,只要降到第一次与第二次差价的一半,就能保本,若继续跌落,就会获利。

三、计划投资法

计划投资法又称公式投资法,是指证券投资者按照某种公式来制订投资计划,它根据股票价格波动幅度作出股票买卖的决定,从而可以减少整体股票投资的风险。

(一)等级投资计划

这种等级投资计划是公式投资计划中最简单的一种。

当投资者购买股票时,首先要确定股价变动的某一等级或幅度(如确定上升或下跌 5 元、10 元或者 15 元为一个等级),每当股价下降一级时,便购进一定量股票;股价每上升一个等级,就卖出预定数量的股票。这样,投资者可以使他的平均购买价格低于平均出售价格。

等级投资计划,是根据事先确定的等级来买卖股票的,投资者可以不顾及投资时间的选择。然而,这种计划不适用于持续上升或持续下降的股票市场。因为在持续上升的多头市场中,投资者会由于分次出售而失去本来可以得到的更大利润。而在持续下跌的空头市场中,投资者要连续购进。如果股价继续下滑,回升无期,投资者就要遭受损失,因此,这时投资者要停止再购买。一旦下降到平均成本以下,且反弹无望,投资者应售出持有股票,以免遭受更大的损失。

(二)等额投资计划

等额投资计划是指投资者在一定时期,不论股价如何变动,都定期以相同金额购入某种股票。当股价较高时,买进股数就减少,而当股价较低时,买进股数就多,这样就使投资者在整体水平上购买股票的平均成本低于股票的平均市场价格,从而使投资者用固定的资金买到了较多的股票。

这种投资计划主要适用于股价波动幅度大并且是股价呈上升趋势的那些股票。如果股价波动幅度大，股价呈上升趋势，那么投资者有更多的机会在低价时购买较多股票，从而在股价上升中获利；反之，如股价持续下跌，那么在整个投资期间投资者就会亏损。

因此，这种投资方式适合于一些刚入市的新手操作，投资人只要定期投资，而不必考虑投资的时间。但是，运用这种投资方式，投资者很难获取巨额利润，并且要求定期定量地投入资金。当股价持续下跌时，可能会发生亏损。

（三）固定金额投资计划

固定金额投资计划是指投资者以一个确定的资金总额进行投资的计划。这种投资方法以股票价格为操作对象，依据“逢低进，逢高出”的原则，当股价高时，卖出股票；当股价低时，买进股票，这样不断循环操作，投资者便可获利。

从长期看，随经济周期性变动，在经济复苏和繁荣时期，上市公司盈利上升，股价也上涨，而同时银行存款利率也上升，从而导致债券价格下降，因此，卖出股票，同时买进债券可获价格差额；反之，在经济衰退和萧条时期股价下跌，而债券价格可能上升，从而卖出债券，购进股票，同样也可获利。但固定金额投资计划不适用于股价持续上升或者持续下降的股票。

（四）固定比例投资计划

固定比例投资计划也称耶鲁投资计划，是固定金额投资计划法的变形。其具体操作是将投资资金分成两部分：一部分是保护性的，主要由价格波动不大、收益比较稳定的债券构成；另一部分是风险性的，主要由价格波动频繁、收益相差较大的普通股票构成，两者之间维持固定的比例。

固定比例投资法在股价作小幅度波动时也能获利。采用这一投资法需要注意是：

1. 要选择好股票与债券。

2. 根据自己的投资目标和实际情况确定二者的比例关系，一旦确定就不轻易改变。

3. 确定合适的股票市值涨跌幅度对组合中的证券进行调整。

4. 使用这一方法在股价较低时风险较小，在股价较高时风险较大。

（五）变动比例投资计划

与固定比例投资计划法相反，它主张投资者应根据股市具体情况调整与债券的比例。这种投资方法是将投资资金分别投资在股票及债券上，并确定两者恰当的比例，以后随着股价的变动随时调整股票在投资总额中的比例。

变动比例投资计划按照在股票买卖行动点的行动规则的不同，可划分为非标准型计划和标准型计划两种。前者是随股价的上涨或下跌，积极减少或增加投资组合中的股票比例；后者是在股价呈上涨但未超过平均价值时，并不降低股票比例；反之，在股价虽下跌但尚未低于平均价值时，不考虑增加股票比例。

（六）哈奇计划法

哈奇计划法又称10%转换法或赚10%法，属于趋势投资计划，但仅适用于短期股价趋势。它是以发明人哈奇的名字命名的股票投资方法。

哈奇计划法的概念可归结为两点：

1. 涨则跟进，以赚差价

在上涨行情中任何一点买入都是正确的，除了最高点。跌则撤出，以减免损失。在下跌行情中，任何一点卖出都是正确的，除了最低点。

2. 追涨杀跌只适用于变化幅度较大的趋势，而不适合于日常的震荡，以10%的变动幅度

来滤除日常震荡引导投资地位的改变

10%只是一个经验数值，它应当由市场实际及投资人选择的趋势的长短来调整。

四、其他投资方法

1. 渔翁撒网法

渔翁撒网法是短线操作中使用的一种组合投资方法，它是指投资者在各种股票价格交错起伏不定时采取的一种广撒网、以求收益互补的投资方法。

渔翁撒网法的缺点是，由于资金分散，可能降低总体投资收益；而且，不加分析地抛出有利可图的股票，往往会出现轻易地把手中的优良股票在价格低微时卖出而把劣质股票长期留在手中的情况。所以，运用渔翁撒网法时必须注意，不要随便卖出优质股，也不要随意购进劣质股。

基于渔翁撒网法的缺点，便产生了反渔翁撒网法，此法的操作要领是，有选择地买进多种股票，随后哪种股票价格上升就增加买进；哪种股票价格不动或下跌，就卖掉它。

2. 金字塔投资法

金字塔投资法又称三角形操作技巧。其基本原理是：以正三角形的变化作为购入股票的决策依据，以倒三角形的变化作为卖出股票的决策依据。

在正三角形状态下，当股票价位低时，买进的数量较大；当股票价位逐渐上升时，买进的数量逐渐减少，从而降低投资风险。

正三角形购买法有两点好处：如果市场预测准确，股价一直处于上升趋势，那么各次投入资金购买股票，都会获取差价收益；由于股市多变，并不会尽如人意，如果投资者第二次、第三次买入后，股价下跌了，但由于第二次或第三次买入的股数较少，其损失会少一些，或者盈亏相抵，甚至略有赚头。在倒三角形的状态下，当股票价格下降时，投资者应该逐渐减少股票的出售量；反之，在股价逐渐升高时，就可以相应地放大出售量，从而赚取更多的差价。

倒三角形卖出法的优点是在市场人气旺盛的时候卖出股票，容易脱手，又能减少风险。当然，当持股已有足够的差价利润时，切不可探求过高的出售价格而坐失良机。

3. 拔档操作法

所谓“拔档”，是指投资者卖出自己持有的股票，待价位下降以后再回补来。投资者“拔档”的主要目的是趁价位高时，先行卖出，以使自己赚自己的一段差价。通常“拔档”卖出与买入之间，相隔时间一般不会太长，短期的可能只有一两天，最长也不过一两个月。这是多头降低成本、保持实力的操作方式之一。

“拔档”有两种操作方法：一是行情上涨一段后卖出，回降后补进的“挺升行进间拔档”；二是行情下跌时，投资者趁价位仍高时卖出，等股价跌低时再买回的“滑降间拔档”。“挺升行进间拔档”多为主力大户在推动行情上涨之时，见价位已涨升不少，或遇到沉重的上升阻力，干脆自行卖出，迫使股价短暂冷却，以化解涨升阻力，一旦股价小幅回落，再行大批补回，以使行情再度猛升。“滑降间拔档”是指投资者在高价套牢或做多头者自知实力弱于卖方，在股价下跌或尚未跌低以前，先行将所持股票卖出，待价位跌落后，再予以补回，从而降低投资成本，以达到转败为胜的目的。

4. 停损了结法

停损了结法是指将所持股票全盘卖出，以免股价继续下跌而遭受更大的损失。

停损了结适用于熊市初期，因为这时股指处于高位，后市的调整时间长，调整幅度深，投资者此时果断止损，可以有效规避熊市的投资风险。

5. 保本投资法

保本投资法是在证券行市变动不确定之时，先定出获利卖出点和停止损失点，以确保既得利益，减少损失。采用此法最重要的不在于买进的时机选择，而在于做出卖出的决策，因此，获利卖出点和停止损失点的决定是采用保本投资法的关键。

保本投资法适合于经济景气欠明朗，股价走势与实质因显著脱节以及股市行情变化难以捉摸时采用。

6. 跟庄操作法

所谓庄家，是指持有巨额资金，掌握着某种股票较多的流动筹码。在一定时期内，对该种股票进行集中操作，从中谋取利润的机构或者大户，也称作市商。

通常，庄家操作一般经过“吸筹、拉升、出货”三个阶段。投资者如果能踩准每个阶段，搭庄家的轿子，那么获利的可能性也是有的。

(1)吸筹阶段。这个阶段逢低介入，采取守株待兔的手法，是中线投资者跟庄的好办法。

(2)拉升阶段。短线投资者跟庄应选在庄家开始拉升时。如果判断是被套庄家的自救行为，拉高时切勿参与。有实质性利好题材支撑的庄股，拉升后仍在大成交量的配合下做强势整理时，则可持股耐心等待再涨，力争做足行情。

(3)出货阶段。庄家的出货方式多种多样：①震荡出货；②边拉边出货；③打压股价出货；④声东击西出货。

投资者应赶在庄家抛出股票之前尽快将手中的股票卖出，否则，一旦庄家股票出手，股市失去庄家雄厚资金的支撑，股价必然下跌。

7. 博傻主义方法

这种策略的指导思想是，不怕自己是傻瓜而买了高价货，只要别人比自己更傻，愿意以更高的价格进货，自己就可将股票卖给后一位傻瓜而赚钱。博傻主义方法只宜在股市行情处于上升阶段采用。

博傻主义方法的具体做法是在较高价位上买入股票后，等行情继续上涨到有利可图时即可迅速卖出，由于这种策略是在高价时投入，有人形象地将此称为傻瓜赢傻瓜的办法。

需要指出的是，采用这种投资策略的风险很大，如果高价棒到手后而传不出去，就会被套牢而蒙受损失，因此心理承受能力较弱和收入不够宽裕的投资者，不宜采用此种投资方法。

参考文献

[1]费玄淑. 证券投资理论与实务[M]. 大连:东北财经大学出版社,2017.
[2]王玉霞. 证券投资学[M]. 大连:东北财经大学出版社,2017.
[3]邢天才,王玉霞. 证券投资学[M]. 大连:东北财经大学出版社,2017.
[4]中国证券业协会. 证券市场基础知识[M]. 北京:中国金融出版社,2012.
[5]中国证券业协会. 证券交易[M]. 北京:中国金融出版社,2012.
[6]中国证券业协会. 证券投资分析[M]. 北京:中国金融出版社,2012.
[7]中国证券业协会. 证券投资基金[M]. 北京:中国金融出版社,2012.
[8]中国证券业协会. 证券发行与承销[M]. 北京:中国金融出版社,2012.
[9]李英. 证券投资学[M]. 北京:中国人民大学出版社,2016.
[10]陈文汉. 证券投资学[M]. 北京:人民邮电出版社,2019.
[11]岑仲迪,顾锋娟. 证券投资学[M]. 北京:清华大学出版社,2019.
[12]翟文文. 证券投资学[M]. 北京:高等教育出版社,2017.
[13]曹建元. 证券投资学[M]. 上海:上海财经大学出版社,2016.
[14]中国证券业协会. 金融市场基础知识[M]. 北京:中国金融出版社,2018.
[15]中国证券业协会. 证券市场基本法律法规[M]. 北京:中国金融出版社,2018.